JN285054

権力状況の中の人間

平和・記憶・民主主義

石田　雄　著

影書房

権力状況の中の人間

――平和・記憶・民主主義――

目次

Ⅲ　世論・集合的記憶・ナショナリズム

Ⅳ　対話の中で考える

はじめに
——人間の理想と権力の現実——

肉体の平均的耐用年数（すなわち平均寿命）を超える程度にまで生きながらえた私が、最近とくに強く感じているのは「人間としての賞味期限はない」という考え方を、常に確認しておきたいということである。「定年」とは組織がきめた組織にとってのその人の「賞味期限」であるにすぎない。元来「人間としての賞味期限」は、人間らしく生きようとする限り、生涯終るはずはないといえよう。しかし「人間らしく」生き続けるということは、実は「人間としての義務」を果す責任を負うことをも意味するだろう。その義務を私は次のようなものだと考えている。権力状況の中で最もめぐまれない地位にいる人まで、一人ひとりがより人間らしい生活ができるような、すなわちその人たちの人間の尊厳がより尊重されるような社会を次の世代に残すために力を尽くすことであると。

ここでは、すべては比較級で語られていて、理想の状態を想定していないから、この努力は、これで十分だということはありえない。だからこの義務は無限に続き、したがって「人間としての責務」にも限りがなく、「賞味期限」もないということになる。

より一層人間の尊厳が尊重されるような社会をめざす営為を、人間の理想を志向する努力といいかえてもよいであろう。このような形で人間の理想を設定することについては、恐らく広い合意が得られると思う。「人間の尊厳」を「人権」と言いかえると、西欧的伝統に規定された価値として批判が出てくる可能性があるかもしれない。ここでは、広く「人間」がより「人間らしく」あろうとする方向が、それぞれ異なった文化的伝統に応じて多様に概念化されうることを認めた上で、先に進もう。「人間の尊厳」を中心として、より人間らしい生活を可能にする社会をめざすという理想が広い合意を得られたとしても、その具体的内容は何であり、それはどのようにして決められるかという点になると、必ずしも合意は容易ではない。

ましてその理想を達成する方法・手段として何が適合的かということになると、意見はさらに多様になる。よく言われるプラトンの「哲人政治」のように、哲人・賢人にその判断を委ねるということは、多くの権威主義体制の苦い経験を経た今日では、もはや一般的承認はえられない。誰がその賢人を選定するか、また賢人は常に賢くあり続けるかという難問に逢着するからである。

当然のこととして、何が「人間らしい」生活であるかの内容について、あるいはそれを実現する方法について多様な意見がありうると思う。その多様性の意味を認めた上で、異なった意見の間で展開される討論が重要であることもいうまでもあるまい。ただ警戒しなければならないものとして、今日有力な見解に自由市場至上主義とでもいうべきものがある。多様な意見の自由な競争に委ねれば、市場原理にしたがって合理的な収斂の結果、真理の発見に至るという考え方である。これは「見えない手」による自己調整に期待する経済的自由主義の類比による見方である。しかし現実の権力状況の下では、しばしば公正な競争のための前提条件が欠けている。すなわち多様な意見は、権力状況の中で平等の位置づけを持っていないのである。自由市場至上主義は、公正な競争を可能にする前提を準備することなくしては、自由な競争も意味を持たない点を無視していることが問題である。自由な経済制度の前提として独禁法など公正確保の措置が必要なのも、この問題と関連している。

言論の自由競争という考え方は、財貨の自由市場の論理を比喩的に用いたものであるが、実は財貨の市場と言論の市場とは密接な相関関係にある。言論が現実には商品という形で流通するからである。メディアに登場する意見は、新聞の購読者数、テレビ番組の視聴率に影響され、活字出版物の場合においても販売部数に左右されることは否定できない。どのような意見も自由競争で優劣がきめられるという主張は、このような社会的条件を無視した言説である。

言論の自由競争に関する問題を具体的に考えるために、あえて極端な例をあげてみよう。「君が代」に反対するのも自由なら、「君が代」を大声で歌うことも自由だという意見がある。またある公立中学校で、人権教育として差別の事例に関して在日韓国人の話をきく計画をしたところ、これは一つの偏った意見だから日本社会には差別はないという意見の人もよぶべきであるという主張がされ、結局この企画そのものが成立しなくなったという例がある。このような主張をする人は、多様な意見の表明が権力の真空状態の中でなされ、その間に自由な競争が起こるという幻想を利用しようとしているといえる。

現実の学校の状況をみよう。『校長教頭試験問題集』（下村哲夫編著、学陽書房、二〇〇〇年、三一八頁）によれば「国旗・国歌の扱いについて、あなたは教頭として、どのように教職員を指導して、まとめていきますか」という質問に対して、文部省の期待通りの答えをしないと教頭にはなれない。教頭になろうとしなければ、この問に答える必要はないが、その場合にはより少ない給料、退職金、年金に甘んじなければならない。

言論の自由が法的にも規制され、一つの意見が政治権力によって強制されようとする場合には、その問題性は明らかである。ところが言論の自由が建前として存在する場合に、その法的自由が現実に機能しているかということになると問題は複雑になる。

そのような法制度の下では、多様な意見が言論の自由市場における競争で淘汰され真理の発見に至るのだという楽観論は、今日の権力状況における見えにくい強制力を無視したものにほかならない。今日の権力状況の特徴は、制度化された、あるいは匿名の暴力や、法的・行政的規制だけでなく、一見自由な選択を許すようにみえながらも積極的・消極的な社会的誘因を通じて社会的規制が加えられる場合に至るまで、極めて複雑な組みあわせから成り立っている点にある。その配置状況を若干の例示によって概観すれば次のようになる。

まず制度化された暴力は国家権力による死刑に最も典型的に示される。権力の非暴力化という要請から死刑制度の廃止が求められるのは当然である。次に匿名の暴力の例としては、「赤報隊」という匿名集団による朝日新聞阪神支局の攻撃と記者の殺傷（一九八七年五月）をあげることができる。この種の攻撃に対する組織防衛意識からメディアにおける自主規制がなされる可能性まで含めれば、その影響には恐るべきものがある。

もう一つ匿名の暴力に関する例をあげよう。二〇〇〇年に日蘭修交四〇〇年記念行事の一つとしてオランダの博物館で作られオランダで公開された日本占領下インドネシア（当時の「蘭印」）における「戦争の記憶」という展示が千代田区の施設でなされる予定であったところ、「反日的」で好ましくないと脅迫の匿名電話があったため、「安全確保」に自信が持てないというので中止に至った事実が報道されている。実はこのことは、一九七一年昭和天皇がオランダ訪問の際、その車にビンが投げられフロントガラスがこわされたことが、オランダにおける「戦争の記憶」の日本に対する厳しさを示したという過去からまったく学んでいなかったことを意味している。

法制や行政指導（たとえば文部省の「学習指導要領」によるものなど）については、比較的目につきやすいが、それが様ざまな社会的誘因と結びついてくることによって問題は複雑になる。たとえば、先にあげた「君が代」の事例でも、それを歌わない自由を行使すれば、教師の場合には処分や昇給への不利があり、親の場合でもそれなりの社会的心理的制約を覚悟しなければならない。それに反して大声で歌う自由を行使する人は、有利な社会的効果を期待できるという点で、決して平等な条件の下での自由な競争ではない。

具体的な権力状況の中で、多様な意見の占めている位置の不平等は、不利な立場にある人には容易に意識されるが、有利な立場の人は意識しないか、あるいは無視しがちである。不満や反対意見があれば自由に言えばよい、世論がその当否を判断するだろうというのは、通常有利な立場にある側の言い分である。なぜなら権力状況で有利な立場にある意見は、匿名の暴力の脅威による反対意見の抑圧から、制度的な支持さらにはメディアの多数意見によるバックアップまで、様ざまな形でその優位性が守られているからである。

国会の討論における言葉や官僚答弁の論理が市民の日常生活の言葉から離れており、永田町や霞ヶ関の常識が市民の常識と異ることは、しばしば容易に意識されるところである。しかしメディアで支配的な発言が、実は無意識のうちに多数者の偏見を反映し、それにおもねるものであることは、注意しないと見すごされやすい。権力状況のもたらす問題の中で、より警戒を要するのは、むしろ意識しない形で加速される多数の同調性である。

このように複雑な組みあわせから成り立っている権力状況の現実から眼をそむけ、あるいはその問題性を無視する態度は、人間の理想を実現しようとする努力の効果を減殺する。こうした権力状況無視と一見対極にあるようにみえながら、実は同じ効果をもたらす態度として権力状況を宿命的で動かないものとする見方がある。

権力状況の重さを十分に意識する点では、この見方は権力状況無視と反対であるが、まさにその重さを意識する結果、人間としての理想の追求を非現実的なものとしてあざ笑う態度である。あるいは冷徹に権力状況の現実をみれば、それに屈服するほかはないという諦念を示す場合もある。これらの場合は、権力状況無視の態度と同じように、権力状況に何の変化ももたらすことはできない。

歴史的事例でみれば、「平和は理想で戦争は現実」（大町桂月『太陽』一九〇四年三月一日号）、「平和は目的で戦争は手段」（井上哲次郎『中央公論』同年六月号）という論理は、現実を動かせないものとすることによって理想の意味を失わせることになっている（詳しくはⅡの第一論文「平和の両義性」参照）。このように現実を動かせないものとみるならば、理想をいうことは、単なるリップサーヴィス以上の意味を持たなくなり、現実主義の名の下に現実追随主義が支配することになる。

弱い者は声をあげようとしても、所詮強いものに抑えられて、その意見が聞き入れられる筈はないという考え方は、権力状況の現実をみている点では、これを無視する態度の対極にあるようにみえる。しかし、この二つの態度は、権力状況を「自然的所与」とみる点では共通している。

権力状況無視の態度は、それを「自然的所与」として意識に上らせないのに対して、第二の態度は意識しながらそれを動かすことの出来ない与えられた条件とするという意味で天災のような「自然的所与」とみているのである。

この二つの見方に共通している欠点は、権力状況がどのように複雑で、一見どんなに日常生活から離れているようでも、それはあくまで人間が作り出したもので、したがって人間が変えることが出来るものだということを見おとしている点にある。

元来権力は、人間が他の人間の行為に影響力を及ぼす関係から成り立っている。その関係は強い側の一方的意志だけから構成されているものではない。一時的外見的にはそのようにみえる場合も少なくないが、長期的・大量的には服従する側の承認なくしては権力は存続しえない。

重要なことは、権力の中心から離れ、疎外された立場にある人たちが、権力状況を自分の力で変えることが出来るものとしてとらえ、変えようとする意思を持つことである。人間の尊厳がより尊重されるような社会を次の世代に残すためには、権力状況の中で疎外されている人たちの声が影響を持ち得るように状況を変えなければならない。

人間の理想を実現するためには、権力状況に働きかけ、これを変えていくことが必要であるが、ここに一つの面倒な問題がある。権力状況に働きかけこれを変えていく個人や集団は、逆に権力にとりこまれる危険性に直面しなければならないからである。

現在の権力状況は、人間の理想を実現するためには変えなければならない、という意味では、理想と現実は対抗関係にある。しかし理想現実のためには、ただ権力から距離を持ち、それと対抗していればすむというわけにはいかない。権力状況を変えるためには、一人ひとりの人間が権力状況を作り出す主体とならなければならない。

権力状況を変えるため、それを作り出す主体となることは、意識するかどうかに関係なく、政治とかかわりをもつことになる。ところが「政治にタッチする人間、すなわち手段としての権力と暴力性とに関係をもった者は悪魔の力と契約を結ぶものである」とM・ウェーバーはいう（『職業としての政治』脇圭平訳、岩波文庫、九四頁）。

これを具体的にみれば、権力状況を変えるために権力とかかわりを持つ者が、ミイラとりがミイラになる危険性にさらされているということでもある。「権力は腐敗する」という金言は、単に権力状況の頂点にあり現状維持に関心がある者に妥当するだけではなく、そのような状況に挑戦しようとする側にも妥当する。

したがって自分の信ずる理想の追求に熱心な余り、その実現にむけた権力への接近、あるいは権力の行使に伴う危険性を見失うことがないか、常に自ら問いなおさなければならない。同時に他面では権力の腐敗への憎悪や、権力への遠さによる無力感から、権力を批判することだけを考え、あるいは権力に無関心になることも戒めなければならない。われわれはこのような両極の誤りを共に警戒するという緊張の中で行動するほかはない。

このようにみてくるならば、人間の理想と権力の現実とは、決して単に対抗関係にあり、二者択一的な選択の対象になるというものでないことは明らかである。両者は相互交錯の関係にあり、一方がなければ他方もその真の意味を見出すことはできない。具体的な日常性の中で活動する人間は、その時どきに理想と現実の緊張の中で、自己の判断によって行動を選択するほかはない。その選択は一つの方向をめざしながらも試行錯誤の過程を示すのは当然である。

この本に収められた諸論は、第二次大戦を体験した著者が、二〇世紀末から二一世紀のはじめにおける日本の現実の中で示した前述した緊張を伴う模索の軌跡である。具体的には「冷戦終結」後の八〇年代末以後、私がこの本の主題に関して書いた諸論を集めている。その意味では丁度一〇年前に公刊した『平和・人権・福祉の政治学』（明石書店、一九九〇年）に続くものである。時間的に、前著に収められた論文以後に公表したものを収めたという意味では連続的であるが、二つの点で前著とは異なる。一つは「冷戦後」という状況の変化によるものであり、もう一つは「記憶」という新しい主題への関心が加わったことである。

さて、この本に収められた長短多様な文章は、特定の時点で特定の対象にむけて、特定の場における私の判断を示したものである。読まれる場合には、各文末に附記された発表の時期と場所に留意して頂ければ幸いである。編集の便宜上六部にわけて、各部において収められた文章は、発表の時期が早いものから順に配列してある。

第一部は福沢の表現をかりて「議論の本位を」定めるために、人間の理想と権力の現実にかかわる著者の基本的な考え方を示す文章を収めた。冒頭の短い報告は、むしろ第二部に入れた方がよかったかもしれないが、価値志向の中核としての平和主義を冒頭に明らかにする意味と、同時にこの本を出そうと決意する直前になくなった庄幸司郎（影書房前社長）さんから依頼された報告であったこともあり、最初に収めることにした。庄さんは彼に独自なやり方で市民運動に力を尽くした尊敬すべき人物であり、私と影書房の松本さんとの半世紀に及ぶ共通の友人でもある。この本を庄さんを記憶するよすがとするという意味をこめて冒頭においた。

第二部は、どちらかといえば平和志向という理想の面に力点をおいたものを集めた。これに対して第三部にはナショナリズムや集合的記憶というような現実分析にかかわるものを収めている。しかしこの両面は、すでに述べたように密接にからみあっているので、二つの部分への分類は便宜のものにすぎない。

第四部は、その題の示す通り、対話の中で展開された私の考え方を活字にしたものである。私は個人史を述べることは、稀にしか行なっていないが、それは個人の記憶が、それぞれの時点で再構成されたものに外ならないという考え方にしたがって、自分で警戒しているためである。この部に収められた対話の中の二つは、問われるままに軍隊体験について述べた稀な例である。

第五部、第六部は出来事、人、本との出あいに因《ちな》んで記した文章を収めている。本書の主題に関係したものに限るという意味で選択されてはいるが、異なった人や本に触発されて、多様な局面について論じたものである。

この部分に限らず、すべての文章が、特定の場、特定の時点における私の具体的判断を示すものであることは、すでに述べた通りである。書いた主体としては、一貫した姿勢の多面的な表現であると考えているが、著者の思考の全体構造を体系的に示すことは、この本ではなされていない。その点に関しては、他の二つの拙著、すなわち『社会科学再考――敗戦から半世紀の同時代史』（東京大学出版会、一九九五年）および『記憶と忘却の政治学――同化政策・戦争責任・集合的記憶』（明石書店、二〇〇〇年）をみて頂きたい。

『社会科学再考』は戦後日本の社会科学が発展してきたあとを反省することによって、その方法的な問題点を明らかにしようとしたものであり、『記憶と忘却の政治学』は、前著における方法的反省、とくに国民国家の思考枠組と発展主義を超えようとする志向を、具体的に記憶をめぐる戦前、戦後の状況を分析する中で実現しようと試みたものである。

これら二つの本は、私なりに自分の考え方を体系的に整理しようとした企てであって、体系的な見方に関心のある方は、これらを参照して頂きたい。それに対して、この本に収められた諸論は、具体的な時点で、具体的な主題についての発言であるという意味で、より日常性に近いレヴェルで理解して頂くことに役立つものと期待している。すなわち、この本に集められた文章が、前にあげた二著と補いあう関係になればというのが著者の希望的な願いである。

以上本文への誘いのために書いた積りであったが、かえって抽象論になって、本文を読む意欲をそこなうことになったのではないかと恐れる。ただ、ここで意図したのは、以下の多くの論文を貫く基調を明らかにし、この本の題について説明することであった。

くりかえし述べたように、この本に収められた文章は、もともと折にふれて書かれたものであるから、どこから読みはじめて頂いても結構である。あるいは第一部、第四部などの話し言葉による部分などが最も親しみやすいかもしれない。ともあれ、「プディングの味は食べてみなければ分からない」。

まずは読んで頂いた上のことである。

I

「議論の本位を」

憲法第九条の活性化へ

みなさん（「平和憲法（前文・第九条）を世界に拡げる会」の集会に集まった方たち」は、この問題にたいしてすでに特別に関心をお持ちの方たちだと思いますので、ズバリ問題点だけを、二点に絞って問題提起とさせていただきます。

まず第一は平和憲法の第九条の問題ですが、憲法の精神を拡げるといっても、もう一度平和憲法を活性化するということをしなければ世界に拡げることは出来ない。平和憲法を活性化するという場合、戦争体験が風化したということもあって、かなりのイマジネーションを必要とする。イマジネーションを必要とするというのはどういう意味かといいますと、一つは戦争体験の中で、戦争というものは、われわれが殺されるという立場に追いこまれないと、その悲惨さが分からず、国外で人を殺すような戦争では悲惨さを自覚できないということを知ったことです。これは一五年戦争を振り返ってみましても、一五年戦争の最初の四分の三は日本の国外で戦争がおこなわれていて、戦争というものは、市民、老人子どもを含めて理由なく殺されるものだということが実感として分からなかったのですが、最後の段階になり、空襲を受けることになってはじめて戦争というものは無差別に人が殺されるものであると知り、その廃虚の中からはじめて、無差別に人を殺す戦争への反省から平和憲法というものが生まれたという事情があるわけです。そのことから考えてみますと、やはりイマジネーションで憲法第九条が出来たときの初心というものを考えなおす必要があると思います。

一九四六年、『改造』一月号に森戸辰男氏の「平和国家の建設」という論文が載っていた。そこで「戦争できぬ国」と、「戦争を欲せぬ国」とに分けてあり、戦争が出来ない国に日本はされてしまった。だけれど日本は戦争をしない国にならなければならないという提案がされていた。そのときの彼の表現によれば、いまやわれわれは、餓えと寒さに脅かされる尾羽打ち枯らした貧乏国となってしまった。だけどそのことによって、「窮乏諸民族〔第三世界のこと〕の衷心からの味方」となることができるのであって、窮乏諸民族つまり第三世界の人たちと共に世界の再建に尽くさなければならない。そしてすべての人がまったくの丸裸になってしまった国家として、われわれは軍国主義だけではなく、軍国主義の仮面に過ぎないところの武装平和にたいしても、堂々と批判ができるし、又、そうしなければならないというのです。これは正に廃虚となった日本で言われたことで非常に共感をよび起こすことになったのです。

御承知の通り、『毎日新聞』の四六年五月の世論調査では、七〇%が平和憲法の戦争放棄の条項は必要であるといっている。反対している二八%の中でも五分の一の人が、自衛権まで放棄しているから反対なのであって、こんにちの解釈のように、自衛権はあるということになると、八割近い人が平和条項に賛成している。

ところが、これもご承知のとおり、それから四五年たって「経済大国」となると戦争体験が風化してくる。そこで戦争のことをイメージするためには、去年（一九九一年）の湾岸戦争ではバクダッドの市民はどういう目にあったかを考えることが必要です。ところがこれもまた報道規制の影響で、よほどのイマジネーションをかきたてないとわからない。

戦争およびそれに準ずる構造的暴力の被害を考える場合は、第三世界のことを考えなければならない。しかもそれを考えるためには、なによりも被害者の立場に立って考えなければならない。自分が被害者の場合はよく分かるのですが、加害者になった場合には被害者のことは分からない。日本が湾岸戦争のために出した百三十億ドルが人殺しに使われているということも日本ではよく分からない。ところがピースボートの人たちがアラブの世界に入ったとたんに、まず市場で集まっていた民衆にそのことを言われたということです。とにかく日本人が実際に殺されていない戦争の場合、イマジネーションをかきたてないと戦争とはどういうものかということは分からないのです。

ただ急いで付け加えますと、若い人は戦争を知らないから駄目だというのではなくて、たとえば在日韓国・朝鮮人の戦後補償の要求を実現しようとする運動などでも若い人が大いに活躍していますので、私は悲観していないのです。

第二は国際貢献のことです。「国際貢献」と政府・与党によって称されているものを一言でいってしまえば、アメリカの派兵に協力する以外の何ものでもないのです。日本が国際社会で行動する場合に、一国の情報と判断に依存することが危ないということは、第二次大戦で日本がドイツの情報と判断だけに依存したことが、侵略を拡大し国の外と内で悲惨な結果を招く上で重大な影響を及ぼしたことを思い浮かべるだけでも十分だと思います。特に、こんにちの「国際貢献」という派兵協力をする場合に、アジアに向かって行くという危険性が非常に大きいと思います。いま私の手元に、九一年九月二〇日の韓国の日刊紙『東亜日報』の社説がありますが、時間の関係で引用はいたしませんが、自衛隊の海外派兵に反対するということが書いてあります。とくにアジアの問題を考える場合は、アジアに対する過去の責任の解決がついていないということを忘れてはいけない。

たとえば、石成基《ソクソンギ》さんという戦争中に軍属として徴用され、マーシャル群島で右腕を失った在日韓国人の方ですが、韓国籍であるというだけで何の補償も受けていないということで障害年金を請求されておりますが、請求代理人の新美隆さんと金敬得《キムキョンドク》さんが書かれたその請求書の最後のところに「日本が真に戦後の平和憲法の精神に立脚して国際社会における名誉ある地位を求めようとするのであれば、国際社会への貢献をうんぬんする前に、請求人のような、戦前の日本国家の植民地支配、侵略戦争による犠牲者に対し、最低限、日本国民と等しい補償をなさなければならない。それなくして、日本国家の不義は永遠に消えないのであり、日本の内外に住むアジア人や、国籍や民族を異にするその他の人々からの信頼を得られないのである」と述べられています。

最後に「ＰＫＯ法案」についてですが、私なりの戦争体験から申しますと、自衛隊を絶対に、いかなる名前においても海外に派兵させてはならないということです。

それは自衛隊が戦争を目的とした組織だからです。このことは一九八八年に自衛隊の潜水艦「なだしお」が民間の釣り船「第一富士丸」と衝突事故を起こしたときに、三〇人の船客が亡くなったのにたった三人しか潜水艦によって救われなかったということを思い起こして下さればよく分かると思います。

遭難者の中には、アメリカの潜水艦だと思い「ヘルプ・ミー」といったが何もしてくれなかったと嘆いていた人もいたという報道もありましたが、私のように軍隊経験をもった者からすれば、これはある意味では当然のことでして、軍人というのは短時間に敵をなるべくたくさん殺すことを任務としていて、少しでも味方に怪我人が出るかもしれないようなことはしない。つまり潜水艦というのは船形が丸くなっていますから、なかなか救助しにくいことは当たり前ですが、とにかく危ないことはしない、味方はなるべく殺さないで敵を出来るだけ多く殺すというのを本分としています。ですから、そのようなものを海外に派遣して、戦争以外の国際協力をしようなどとはとんでもない話です。

私はかねてから国際救助隊、あるいは災害救助隊というように人命救助のために特別に訓練した人達を海外に派遣すればよいと言っているわけです。とにかく絶対に自衛隊を海外に派遣してはいけません。

私の軍隊経験から、昔の日本の軍隊は天皇制の軍隊だったから悪いことをしたんだろう、民主主義の軍隊なら良いかもしれないと思っていました。しかし、アメリカの「フルメタルジャケット」というベトナム戦争を扱った映画は、前半は海兵隊の訓練で、最後に上官を殺してしまう場面の出てくる物語りです。その映画を見ながら、やっぱり暴力の専門家を養う訓練は、民主主義の国家に於いても暴力の行使をなんとも思わないような人間を作りあげるほかはないことをしみじみ感じました。「暴力の専門家」という言葉は、アメリカの政治学者が言っているのです。つまり暴力の専門家でない救助専門家というものを育てていかなければ、世界の平和に貢献をする国際貢献にならないのです。

ただここでも時間の関係で、まだ希望はあるという事例を一つだけ付け加えておきますと、前に

「国連平和協力法案」が廃案になり「政令」で自衛隊の飛行機を飛ばそうという事態になった時、市民がチャーター便を（自衛隊機の）代わりに飛ばすことにし、ある集団が市民に呼びかけたら、たちまちのうちに四千五百万円ものカンパが集まり、チャーター便を飛ばすことに成功したという事実のあることです。また「アジア人権基金」が、フィリピンのピナツボ火山爆発その他の災害救援活動を行うために一億円以上のカンパを集め、若い人たちが積極的に災害救助に参加しているという事実もあります。ですから今後はこうしたボランティア活動をもっと進めていき、それに日本の企業の役に立つだけでその地域の住民にはむしろ被害を生ずるような種類のＯＤＡで無駄遣いをしないで、ちゃんと地域住民のためにお金を出していくような体制をつくっていけばお金の使い方によっては立派な国際貢献ができると思います。

（一九九一年一一月六日、「平和憲法（前文・第九条）を世界に拡げる会」準備会での発言。『平和憲法を世界に』一九九二年五月、影書房刊に収録）

追記　日本軍軍人・軍属として戦争に従事させられながら、援護法や恩給法の適用から除外されていた在日の旧植民地出身者にも弔慰金等が支給される「平和条約国籍離脱者等である戦没者遺族等に対する弔慰金等の支給に関する法律」が、二〇〇〇年六月に公布された。これにより石成基さんに見舞金等四〇〇万円が支給されることとなった。しかし石さんが日本国籍を有していれば、現在まで約八〇〇〇万円の年金と、今後も毎年約四〇〇万円の年金を受給できる筈である。その意味で国籍差別は厳然として残されている。

市民としての政治哲学をめざして

権力によって抑圧されている立場から政治を見直す

まずは政治哲学という言葉自体に、多少私は抵抗感もないではないので、その点の理解からはっきりしていきたいと思います。つまり、哲学というとプラトン、アリストテレスがどう言ったとか、俗に大きな物語と言われるような、偉い人の話を前提にするということに受け取られがちですけども、そういうことではない。また、人生論的な心構えの問題でもなくて、要するに政治哲学とここで言っているのは、市民として政治を考えていく場合に、とことんまで、現実から考え抜いていくと、結局はその人の価値観や思想の問題に行き着いてしまう。そういう意味で、哲学がなければならない。つまり、哲学の貧困な政治学はどこかが抜けているし、あるいは、思想のない政治学はどこかがぬけているのではないかと思います。

今日の日本では政治学の多くが、あるいは、今の政治学に関する本の多くがと言ってもいいのですが、社会工学的な、権力のための技術論になっている面が非常に多いので、そのことに私自身不満を持っているわけで、そういう意味で市民としての立場から、とことん現実政治を分析していって、価値的な前提までも問い直していこうとすると、いったいどうなるかということを中心にお話ししてみたいと思います。

私ぐらいの年齢になりますと、昔の大学の同窓とか、ゼミで一緒だった人間というのは、みんな管理職になっているわけです。あるいは、私の後輩が今や管理職になったり、高級官僚になったり、それから政治学者になったりしているわけで、そういう場合にやっぱり、目線がいつの間にか支配エリートの目線で見ているわけです。私は今はもう退職して、市民運動をやっているという立場から見ると目線がぜんぜん違ってきます。それを哲学の問題といえば哲学だし、思想の問題といえば思想の問題であり、価値観の問題といえば価値観の問題なのですけども。

私事になって恐縮ですけど、私の父が一九三六年の二・二六事件の直後に警視総監になったのですが、一年足らずで病気になって辞めました。三七年の一月に辞めましたが、三八年の二月に、当時、東京帝国大学の経済学部の教授でマルクス主義的な研究をやっていた大内兵衛さんが逮捕されました。実は大内さんは父の熊本五高時代の同窓で、学生時代から長い間親友として付き合っていたわけです。それで、逮捕されたというので、すぐに大内さんが留置されている淀橋警察署に訪ねていったら、そこで父はショックを受け帰ってきました。つまり警視総監として、警視庁の管轄の警察署はみんな知っていたつもりだったわけです。もちろん、視察もしていたでしょう。

ところが、自分の友人が留置所に入れられた時に、どんな処遇を受けているかというのを見て、ものすごいショックを受けたわけです。スリとか強盗とか、そういう人達と一緒に狭い留置所にいれられていたわけです。それですぐ、かつて自分が座っていた警視総監の椅子に座っている安倍源基に会いにいきました。詳しいやりとりは知りませんが、「何しろ思想犯ですからね」というようなことを言われて、父はショックを受けたようです。結局、淀橋署はあまりに混んでいるから、早稲田署に移しましょう、先輩のおっしゃることですから、出来るだけのことはしましょうということにはなったんですけど、これは程度の問題にすぎないのです。

つまり、警視総監として見ていた警察と、留置された人間の側から見た警察とは、いかに違うかということです。それは、政治学をやる場合でも、警視総監の立場から権力を持っている立場から見る場合と、留置された人間から見る場合とは違う。それまでは、おそらく父もどうせ留置されるような奴は悪い奴に違いないと思ってたと思います。だから、仮に視察に行っても留置所がどんなだというのはあまり気にしなかったと思います。それが、自分の友人がそこに入ってみて初めて、びっくりしたわけです。

それで戦後、少し罪ほろぼしをしなければならないというので、父は国選弁護人になりまして、弁護士を付けられない刑事被告人の弁護をやりました。すると、やっぱり、世の中がまるで違って見えるわけです。今まで死刑囚なんてとんでもない奴だと思っていたけど、小菅にしょっちゅう通ってましたから、結局、死刑囚というのは、社会的な条件から罪を犯してしまったのだと思うようになりました。

大内さんがたまたま留置所で知り合った、練達のスリがいて、速く逃げるから「飛行機のT」というのですけど、その人が戦後またスリで捕まって、大内さんから父のところに、悪いけどぼくの友人のために弁護してくれと頼まれました。これは国選ではなくて、父が自分で希望して弁護に立つことになりました。つまり、どの立場で見るかということで、世の中の見方がいかに違うかということです。それを考えておかないと、政治学者というのは政治的エリートの立場から見てしまう。ある政治学の教科書に、今の政治をよくするためには、政治エリートがもっとイニシアティブを発揮しなければいけないと書いてあったので、私はその点に疑問を持ちました。政治家はとにかく選挙によって責任をとるが、しかし、その政治学の本にあげられている政治エリートというのは、そのほかに高級官僚と政治学者、政治評論家、というような人達が含まれていました。そんな人達は、一体誰に対してどのように責任をとることができるかというのが私の疑問です。

その本の著者は、たまたま、政治改革を推進する審議会に入って活躍してた人だったのですが、政府の審議会に入ってそれをやる人は、官僚と政治家と、それから財界指導者ですね。そうすると、とかくエリートの目でしか見られなくなってしまうわけです。それが非常に政治学の危ないところで、市民の立場からすると、恐しくてしかたがないことになる。そんな意味で政治哲学というのは、私なりに政治の現実をとことんまで、あえて言うなら権力によって抑圧されている立場から見直して、その基礎にある価値観までを問題にすることを市民としての政治哲学と解釈してお話ししたいと思います。

強者の支配が、今日の政治動向の基本的な流れを規定している

　さて、それでは今まで述べたような立場からみると、今日の政治動向はどのような特徴を持つものと考えられるでしょうか。

　国際的には日本が「普通の国」になっていくというのが一つの動きであり、国内的な経済ではいわゆる新自由主義の方向にむかって経済を立て直さなければならない。これが、日本の大きな二つの政策転換の方向だと思うのです。ところが、両方ともに矛盾した両面性があって、つまり「普通の国」になるというのは、軍事力を強くして一人前の国になるというナショナリズムの線に沿っているようだけれども、実は新ガイドライン関連法案で示されるように、従属的なナショナリズムなのです。つまり、アメリカの軍事戦略の下請けというのか、それに組み込まれた形で日本の軍事力を増強していくということなので、従属的なナショナリズムというのは、それ自身、形容矛盾みたいなものです。

　一方では冷戦が崩壊した結果、アメリカの単独の覇権が世界を支配するということになると、その覇権のもとでナショナリズムを主張する。だから、心理的には矛盾するわけで、「ノーと言える日本」と言いたいわけだけども、言えないという面があって、軍事的に明らかに縛られている。そうすると、その心理的な補償は日の丸・君が代という、そういうものとのセットで出てくるという一つの矛盾があると思うのです。

　同じような矛盾というのは、新自由主義経済、つまり市場原理に従って、自由市場でやればいいん

だという考え方にもある。グローバリゼーションによってリストラをやって、日本の経済をアメリカのグローバルスタンダードに従って組み替えなければならないというのが今の経済政策の主流になっているわけですけど、ここにも矛盾があるわけで、つまり一方ではグローバリゼーションに対応するためにリストラをやっていき、他方では公的資金をドンドンいれていくというのは、およそ自由市場の原則に矛盾するわけです。一方では談合とか公的資金の投入とか、そういうのが残りながらリストラをやる面だけグローバリゼーションとか市場原理とかと言っている。こういう矛盾がまかり通っているのが現状なのです。

どなたにも明らかな「普通の国」への方向と新自由主義経済という経済政策と、これを両方合わせて共通している特徴は何かというと、それは強い者が勝つということです。優勝劣敗というのは世の習いであって、弱肉強食はしょうがないのだというのが、一つの共通した流れです。つまり、アメリカは世界第一の強国であるから、その強い者が支配するのは当たり前で、それにくっついて日本も大国化していって、そして弱い所に抑圧を加えていくというのが当たり前ではないかということになる。

それと同じ考え方が国の中で、強い者がドンドン強くなり、弱い者は切り捨てられるというのは自由主義経済なんだから当然ではないかということになってくるのです。この強者の支配というのが、いわば今日の一つの政治動向の基本的な流れを規定しているのではないかと思います。しかし強者であるからいいのだというだけでは自由市場は成立しない。市場原理というのは、つまり公正な競争の前提条件があってはじめて競争の意味があるわけで、競争の公正さを保証するものがなければいけないのです。例えば独禁法というのがあって、強い者がむやみに支配するというのはまずい。それだと自由競争にならないから独占状況をなくす必要があります。それから競争の結果、例えば人の命が危なくなるということがあってはいけないから、危ない薬は売ってはいけないという公的な規制をしてはじめて競争というのは意味を持ってくる。

それともう一つは、談合というのは公正な競争にはならない。だから談合をやめることが必要になる。つまり、誰でもが、公平なルールでもって競争できるという条件がなければ自由市場というのはそもそも成立しないわけです。ところが強い者が談合して、他の者を排除する。あるいは、危ない血液製剤がドンドン売られても、それは厚生省によって規制されないということがあったり、あるいは普通の人間は老人がどんなに困っていても、三カ月で病院を出される。ところが、橋本龍太郎のお母さんは国立病院で何年も移らないで置いてもらえる。これはどう考えても、公正な扱いではないわけです。だれでも三カ月以上安心して同じ病院にいられるようにしないのはおかしいのではないかという問題があります。

私は長い間、日常生活から政治をどう見るかということを言ってきたのですけど、いよいよもう現在では、弱者切り捨てのギリギリのところまできているという気がするのです。今、弱者が自己防衛をしないと、切り捨てられる破滅の寸前のところまできていると思うのです。

では何故、今になってそういう条件が出てきたのかというと、私は仮に三つの要因をあげることができます。一つは戦後、例えば労働組合というものがあって、むやみに首を切られた場合には組合として力を合わせて抵抗するというシステムが働いてきたわけです。そして組合でもうまくいかないという人は、例えば創価学会というようなものに頼って、何とか生きていこうということをやってきたわけですけど、それぞれの組織がみんな巨大化して、官僚主義化して、その頂点の人がみんな国会の赤いジュウタンを踏むようになると、もう抵抗の組織としての機能がなくなってしまう。組合の人たちももう与党化しているし、創価学会も今やその頭は与党化する。そういう時代になってくると、オール与党化によって、既存の抵抗組織がみんな与党に組み入れられて、つまり強い者の支配の道具なってしまった。それで、弱者が抵抗する組織上の支えがなくなってしまったというのが第一の要因です。

第二の要因は、右肩上がりの経済が、例えば革新自治体とか、そういう形で福祉支出を生み出すゆとりを認めていたわけですけど、そのような経済成長の時代が終った。例えば東京や神奈川のように自治体の財政がどうにもならなくなるし、国家財政もこれは無駄使いの問題が沢山ありますけど、それを別にして言えば、余裕がなくなってきた。

それから第三が、これはある意味では最も重要な点なのですが、日本国憲法の中で平等原理、あるいは生存権の保障というものが主張されていたのですけど、それがいつの間にか自由市場・競争原理というものが強調される中で弱くなってしまった。それには実は、思想上の問題だけではなくて現実の問題もあるわけで、明治維新で大きな変革があって、四民平等といわれた時代から、だんだん平等ではない社会が出来ていったというのと同じようなサイクルが戦後にもみられる。敗戦直後に、財閥解体、農地改革というもので、強力な平準化といいますか地均しが行なわれ、それを基礎にして平等主義の原理、あるいは誰でもが最低の生存権を保障されなければいけないという原理がその上に乗っかっていたわけです。

それが、だんだん、世代交替を経るうちに、またしても家柄というものが意味を持つようになり、代議士という最も選挙の洗礼を受ける者でさえ、二世、三世議員というものが生まれてくる。いわんや、ビジネスの世界でもそうだし、それから日本は学歴社会で平等社会だと言われていたけど、東京大学の入学者の家庭の収入をみると、もうすでにかなり前から年収一千万円を超えるものがふえていて、過半数が管理職ということになっています。ということになると、文化的な資本を使った再生産が行なわれていくということになってきて、それがだんだん蓄積されていって、ますます強い者は強くなっていき、弱い者は弱くなっていくという状況が生まれてきたわけです。

誤った期待感が、権力の鉄の三角形を支えていく

強者の支配を支えている思想的な条件でいいますと、平等社会という神話の上に成り立っているのですけど、今、強い者、エリートになっている者は、努力の結果そうなったか、つまり努力して学歴をよくして、あるいは努力して企業を発展させてそうなったのか、あるいは能力がもともとあってそうなったのかである。逆に言うならば、今困っている弱者というのは努力がたりなかったか、あるいはそもそも能力がなかったかのどちらかだと、こういう考え方です。

これが一番端的に現われているのは、石原慎太郎都知事が重度の身心障害者の施設を見た時に、あの人たちに人格はあるのかと言った、あの言葉に現われているわけですね。そこで実は、安楽死のことにも彼は触れているわけです。ナチの時代に精神障害者は、みんな安楽死で殺してしまった。日本では、ナチと日本の軍国主義の違うところですけど、そういう計画性はなかったのです。しかし、敗

戦最後の年の松沢病院、つまり精神障害者の施設ですけど、松沢病院における死亡率は四〇%を超えているのです。ということは、まあ、自然に殺したということです。それでつまり、社会進化論的な思考の中では自助の原則によれば、結局、障害があったり、貧乏になったりしたのは、そもそも生まれながらにして能力がないか、あるいは怠け者であったからそうなったんだということになる。だから、そんな者は社会の負担になるという考え方です。

戦争中は、お国のために役に立たない人はなるべく早く死んでもらおうということでしたが、それと同じことが戦後は生産効率に現われた。日本の経済の競争力を付けるためには、生産に役に立つ人は大いに社会的な誘因を与えて収入も多くして競争を刺激する。逆に役に立たない人は、死んでもらおうということなんです。新聞を見ていると、「年寄りは死んで下さい国のため」という川柳を作った人がいるのですけど、こういうことになるわけです。

それを実は、法律で示しているのが、公的介護保険法なんです。これは憲法意識の変化と関係しています。つまり日本国憲法は権利ばかりを強調して、義務をちゃんとうたっていないという一部の風潮があるのですけど、この公的介護保険法の第四条に「国民の努力および義務」というのがあります。これは今までの法律ではまったく考えられない。特に、福祉関係の法律ではまったく考えられない規定です。そこには、「国民は、自ら要介護状態になることを予防するため、加齢に伴って生ずる身心の変化を自覚して常に健康の保持増進に努めるとともに、要介護状態になった場合においても、進んでリハビリテーションその他の効果適切な保健医療サービスおよび福祉サービスを利用することにより、その有する能力の維持向上に努めるものとする」とこうなっています。

つまり、自分で健康に留意して、介護を受ける必要のないようにしろという義務を国民に課するというのは、考え方として大変なお節介のようにみえるが、実は責任回避です。介護を受けるような人は、この国民の努力義務を怠って悪くなったのだ、情けない奴だ。だけどまあ、かわいそうだからお情けで助けてやろうという考え方につながるわけです。それはおそらく憲法の生存権を保障した考え方とはまったく違う。こういう考え方が出てくるというのは、驚くべきことです。

そのような考え方が出てきた原因をたずねていけば、みなさんがご承知のように、鉄の三角形と言われる、政・官・財の三つがきちっと結び付いているその強者の立場から出てくるわけです。その結び付きは、政治家に対する財界からの献金と、それから官僚から財界に天下り、あるいは政治家になるという関係です。そして今度は、政府、すなわち官僚から財界に補助金が出るという、そういう献金・補助金・天下りというようなベルトでもって、この鉄の三角形が結び付いている。そして、恐ろしいことには、この鉄の三角形は非常に短期的な、狭い利益関心によって支えられているということが重要なわけです。

要するに政治家は、次の選挙のことしか考えない。あるいは自分の選挙基盤のことしか考えない。よその選挙区のことは、どんな話が来ても知らない。それから、自分の選挙基盤になっている業界が大事であって、献金もしないような人のことは考える必要はない。それから官僚は、自分の在任期間がまっとうできればいい。そして自分の省の利益が守られればいいという考え方です。さっきの公的介護保険法にしても、その時の立案の中心になっていた審議官は、市民集会に出てきて、みなさんの意見は今後とも充分に取り入れて間違いのないように致しますと言っていたけども、その法律が通った途端に内閣に転出してしまう。厚生省の郡司元課長が川田龍平さんに質問された時に、「その後のことは、その後の課長のことですから、私がどうこう言う筋合いではありません」と言いましたが、そういうことになる。

　すると、役人も自分が職にいる間のことしか考えない。それから実業家も自分がめでたく退職金をもらえば、また次の所に天下っていけば、それでいいということになる。昔は中には会社は永遠ですと言って自殺した人もいますけども、だんだんそうではなくなってきて、短期的な利益しか考えないし、他の企業と競争しどうやって勝ち抜くかということしか考えない。そうした短期的な利益でこの鉄の三角形が結びついている。そして、もっとややこしいのが、それが連鎖的に抑圧移譲をやっていくということです。

　例えば企業は、儲けるためにドンドン作って売る。その後のことは考えない。そうすると、産業廃棄物が出る。その産業廃棄物は、産廃業者が安く引き受けて処理する。安く引き受けて処理するから、なるべく金を使わないようにする。それで、瀬戸内海の豊島に持っていって不法投棄をする。あるいは野焼きをして、ダイオキシンを出すというような形でだんだん、そのつけが下へ下へおしつけられていく。だから、産廃業者に文句を言うと、俺たちはあの大企業の後始末をしているんだというわけです。それに安く後始末をするためには、それなりの利益がなければできないのだという話になる。そのつけが、だんだん弱い方へ弱い方へと向かって行くと、それがついには、日本を超えてアジアの隣国にまでいくわけです。

　日本で、水俣病で使えなくなった水銀を、今度は輸出しようとする、あるいは日本で禁止になった

ＤＤＴ、農薬があまっているから、それをアジアに輸出する。それは後で輸出禁止になりますけど、その間に売ってしまえというわけです。それからまた、公害が出そうな企業は工場を日本から撤去してアジアに持って行くという形で、次から次へとしわ寄せが弱い方へ弱い方へ行く。これは日本の歴史の長いつけが今も続いているのです。水俣病を生んだチッソという会社は朝鮮窒素といって、野口遵という人が朝鮮に作った大きな窒素会社があるのですけど、そこと同じ系列です。敗戦後に朝鮮窒素の人が引き上げてきて、水俣のチッソの工場長その他の幹部になったわけです。そうすると、朝鮮でのやり方が、つまり労働者を人間と思って使ってはいけない、牛か馬と思って使えというのが野口の口癖だったといわれている。朝鮮の植民地で労働者を牛や馬のように使っていた、その同じやり方を日本でやろうとした。さすがに日本では組合がありますから、正規の労働者はそうはできなかったけど、臨時工や下請けを使ってやったのです。あそこは機械を修理する場合にでも、機械を止めないでやっていたので、大変な事故を何回も起こしているんです。ましてや工場の外に対しては、どんなことがあっても知らないという態度をとる。つまり、本工、臨時工、下請け、そして、その外に漁民や一般の人がいるわけです。そうすると、さっきの短期的な利益と関係するんですけど、細川一さんという医学博士でチッソの付属病院長だった人が、有名なネコの実験で排水口の所の貝をネコに食べさせたら、いわゆる「ネコおどり」というのを始めて、水俣病はやっぱり排水口の汚染によるものだということを発見したわけです。

　ところが会社はそれの発表を禁じて、あそこには海軍が爆弾を捨てたからそうなったなどと、いろんな理屈をつけて責任を認めなかった。それで原因の究明がずっと遅れたわけです。しかし、もしその時に、あの排水口で処理施設を作っていれば、数百万の金で済んだはずだと専門家はいっています。ところが、それをしないで汚染し続けたために、今では数百億円の補償金を出しても、なお補償しきれないということになってしまった。これはいかに短期的な利益の関心が長い目で見ると、会社にとっても大変なマイナスになったかという一つの例ですけど、それと同時に次々に抑圧移譲といいますか、弱い者へ弱い者へとしわ寄せがされていったということの一つの例だと思います。

例えばＨＩＶの問題にしても、結局、ミドリ十字という会社と厚生省と族議員との結びつきの問題です。そういうふうに鉄の三角形がただ単に頂点で強い力を持っているだけではなくて、底辺にまで裾野を広げているという、大変にやっかいな問題で、そしてそれが例えばヨーロッパの場合なんかとちょっと違っています。ヨーロッパの場合だと、歴史的に階級の違いが日本よりははっきりしている。言葉とか、いろんな点ではっきりしているけど、そういう意味で、今でも階級的な連帯感というのがあり得るわけです。それが社会民主主義的な考え方を支える一つの条件ですけれども、日本の場合には一つは平等神話がより強い。いい学校を出て、勉強すればだれでも出世できるんだという信念が広まっていて、ずっと続いているし、権力の連鎖が少しずつからみ合って、次から次へとつながっていく。だから例えば実際にはゼネコンから下請け、孫請け、そのまた下請けというところの間に大変な中間搾取が行なわれているのだけれども、だけどやっぱりゼネコンに金が下りれば、ひょっとしたらちょっとは自分たちの方にも景気がよくなってくるだろうという期待感をもって、その権力の鉄の三角形を支えていくという心理になるわけです。

これは小さな商店街でも、やっぱり景気をよくしてもらわないと困る。それにはドンドン公共事業をやって、景気を刺激してほしいということになっているのだけれども、実はそれは抑圧移譲で、次から次へとリストラの影響が下へ下へと及んでいく。だから、いくら上の方では公的資金を銀行に注ぎ込んでも、末端の中小企業には貸し渋りという形で資金が来ないという、こういう構造が問題だと思うのです。

権力の支持基盤は自ずから痩せ細っていく

それならば、これまで述べたような強者の支配の行方というのは、どうなっていくかを考えてみましょう。切り捨てやすいところから、順々に切り捨てていく、別の言い方をすれば、弱い者ほど先に切り捨てられる。それを切り捨てることを正当化するのは、社会進化論の考え方と、生産効率の考え方なんです。この問題を考える上で重要な文献としてあげておきたいのは、要田洋江さんという人が書いた『障害者差別の社会学』というのが今年（一九九九年）、岩波から出ました。その中で障害者のお母さんたちの会と付き合って、長い間観察した結果を分析しているわけですけど、障害者のお母さんは例えば自分の夫の家族に対して、申し訳ないという気持ちを持つ。そうすると、それはもはや差別をする偏見に手をかすことになる。つまり子供をなるべく外に出さないで隠しておこうと、人目に付かないようにしておこうと。そういう対応をすることが、子供に自分は恥ずべき存在であるという意識を植えつけることになるわけです。そうではなくて、子供の人格を、人間としての尊厳を認めて、それをどうやって伸ばしていけるかという形で発言した時に、はじめて子供を助けて人格を伸ばしていけるようになるというわけです。

ところが、社会進化論的な考え方、効率第一主義の考え方で行くと、これは世の中の効率から見てマイナスだ、お金の無駄である。だから、これは切り捨てるべきだということになる。そうすると、重度の障害を持った人はまず切り捨てられる。次々に切り捨てられていく。そうすると、例えば老人もいらないから、これも切り捨てられる。だんだんに切り捨てていく。結局、権力はますます効率化していくけど、ある意味ではますます痩せ細っていく。絶対的な権力は絶対に腐敗するという有名な金言がありますけど、権力が切り捨てていって、それで不満が起こってくる。不満というのは、一番困っている人たちではなかなか声をあげられないから、それよりもちょっと上の人たちが、あるいはそれに関わってくる人たちが声を上げる。すると、その不満をまた潰していく。そうすると、だんだんに潰す部分が増えていくわけですね。それで権力はますます痩せ細っていく。

それの一番いい例がマルコスであり、あるいはスハルトであったわけです。いわゆる開発独裁と言われるもので、開発に役に立たないものはドンドン切っていくということになると、結局最後は権力の支持基盤が自ずから痩せ細ってくる。だから、お金だけは無茶苦茶集中するけども、権力の支持基盤は見る見る内に痩せ細っていく。それに対する対抗として考えなければならないのは、力を大切にするか、人間性を大切にするかの、ちょうど両方の極になるわけですけど、人間性を大切にしようと考えると、実はぎりぎりの障害者が自己表現をしようとしている、それがものすごく重要なことになってくるわけです。

例えば、大江健三郎さんが、あれだけの文学作品を残したというのは、実は光さんという障害を持った子どもさんがいたということが、その中に非常に大きな要素になっていると思います。つまり、光さんを見ることによって、人間が生きるということはどういうことなんだということを見つけていって、そしてそれが彼の文学作品に展開されていく。それは、たまたま光さんが作曲ができるとか、あるいは大江さんが文学者であるとかということだけではないのです。例えば、宮城まり子さんがやってきた学園に集められている障害を持った人たち、これはもはや子供さんだけではなくて大人も含んできますけど、その人たちがそれぞれの絵を描くことによって、ある人は音楽をやることによって、それぞれが自己表現をしていくという中で、自分の人間性を展開していく。そこに無限の人間の可能性というものを考えさせる契機があるわけです。

だから、権力の側から見ていくか、それとも権力からもっとも遠い人間の人間性から見ていくかという、その対抗関係だと思うんです。それを最もよく現わしているのは、軍事的配慮と、非軍事的配慮というか、人間的配慮との対抗だと思うんです。どういうことかというと、例えば日本で自衛隊の存在理由は災害救助であると言っている人が相当いるのですが、冷戦が終わってからソ連に対抗するという存在理由がなくなったので、自衛隊法を改正して、災害救助というのを自衛隊の目的の中に入れたわけです。私は、入れないよりは入れた方がいいと思うけど、しかし軍隊というのは殺人効率をいかによくするかという組織なのです。人を殺すことを、いかに有効に早く、能率よくやるかということなので、それは弱い者は切り捨てることと結び付くのです。

それが、一番よく分かったのは、「なだしお」という潜水艦が釣船とぶつかった時のことです。あの当時、非難ごうごうだったわけですけど、なぜぶつかったのかということと、ぶつかってから後、なぜ助けなかったのかということですね。あれが自分よりも大きな船だったら、ぶつからないように注意したと思うのです。自分が沈んでしまいますから。だけど、自分よりも弱い船だったから、そんな気にしなかった。それから、軍事的組織では敵を殺すのは一人でも多い方がいいし、味方は一人でも死なない方がいい。すると、その中間にある人を救うために、味方が危ないことをする必要はないということになる。また、潜水艦というものは、そもそも人を救うようにはできていない。

つまり、強い者が殺人効率をよくするためには、強い人を中心に考えなければならない。ところが、災害援助というのは、弱い人から助けていかなければならない。そうすると、そこでぜんぜん価値の方向が逆になってしまうわけです。子供であり、妊婦であり、年寄りであり、障害のある人を先に助けて、強い者は後から助けるというのが災害救助の原則です。だけども、そこに強い者を倒すための戦車を持っていっても役に立たない。小田実さんが言っていたところによれば、阪神の震災で自衛隊の給水車が来たのだけど、それは戦争のための給水車だから、厚い鉄板で囲まれていてむやみに重くて中にあまり水が入っていない。水だけたくさん入る本当の給水車の方がいいというわけです。それは災害を助けるための訓練と必要な装備というのは戦争のための訓練や装備とはまったく違う。そういうことを考えないと間違ってくる。

日本が侵略されたらと言うけれども、だけどいったい、あの北富士で実弾射撃をやっている大砲を日本の中で、どこに対して打つというのですか。必ず日本のように人口密度が高い所では人間がいるわけです。司馬遼太郎が戦車隊に入った時、避難民が道にいっぱいになったらどうするんですかと聞いたら、ひき殺していけと言われたと書いています。日本の国民をひき殺していかなければ動けないわけだし、そういう条件を考えないで武器を作るというのは、それを作る企業のために儲けさせてあげているとしか考えられない。そういうことで、強い者の支配というのは、とことんまでいくと、大変なことになってしまうということを、まずイマジネーションで考えておく必要があるわけです。

自分たちで権力に反対し、自分たちで公共的に規制を作っていく

願わくは、マルコスやスハルトのところまで行かないで、何とかしなければならない。そうすると、一つは権力が腐敗するのに対して、市民が何らかの規制をするということなので、これはある意味では大変に困難なことなんですが、しかし、やらないわけにはいかない。例えば水俣の場合には、川本輝夫さんが多くの患者の支援を得ながら水俣から上京してきて、チッソの本社に座り込んで社長と直談判をした。長い間、チッソのところで座り込みをやって、これに支援者がいっしょに座り込んだ。また、川田龍平さんは自分のプライバシーを犠牲にして名乗り出ることによって、厚生省に迫っていって、そしてこれもリボンで厚生省を包囲するという、いかにも若者らしい支援があったわけですけど、とにかく、そういう形でＨＩＶの問題を徹底的に解明する方向に行ったわけです。

それから、知花昌一さんは、象の檻といわれた基地にとられた土地をとりかえそうと頑張ることによって、あるいは日の丸を焼くことによって、沖縄の問題を訴える。それから、中谷康子さんという、自衛隊で事故死した方のお連れ合いですけど、クリスチャンの立場から夫が護国神社に祀られることを拒否するということで、長い間裁判闘争をされた。みんな、国賊だといわれ、脅迫をされたりしな

がらやっていったわけです。それ以外に、もう、方法がないのではないかと思います。

例えば、さっきの公的介護保険の問題なんですけど、これは二重三重に、介護を要する人を苦しめる。まず第一に、六五歳以上の人は年金から保険料を天引きされるわけです。つまり立法の趣旨としては、今までの福祉は措置として権利ではなかったけども、今度は権利になるのだというけど、とんでもない話で、権利どころか年金を差し引かれるわけで、一番ひどい場合には一カ月一万五千円の人が今の計算によれば、一カ月一割差し引かれるということになる、当然生活がすぐに苦しくなってしまう。

第二番目に、介護認定というややこしい手続きをしていかないといけない。認定されなければ、介護は受けられない。もし、潜在的に介護を必要とする人が全て申請をしたら、そのうちの四割しか介護サービスは受けられない。それだけの条件しかない。それから第三番目に、介護を受けるには、その都度、一割を自己負担しなければならない。そうすると、今まで無料で介護を受けていた人は、二重に取られるわけですね。年金が減り、そして自己負担分を払わないといけない。

それに、特養ホームに入っている人は、一定の要介護度以上の人でないといけない。その要介護度に達しない人は出される。ただし、五年間は猶予がある。つまり、五年の間に死んで下さいということなのです。そういう介護保険をそのままで認めていいのかというと、これはどうしても自治体で、今までの介護水準を下げるなと運動をするほかない。それから自治体で、今まででも税金を払っているわけですから、それにその税金が減るわけではないのですから、そうするとその分を自治体で何とか考えなさい、ということをやらなければどうにもならない。

そこで今、私は市民運動にかかわっているわけですが、そういうふうに、権力に対して抵抗しながらどう変えていくかということと、もう一つは公正確保のための公共的な規制力をどういうふうにして作っていくかという問題ですね。これはどういうことかと言いますと、例えば危ない薬があれば、当然厚生省が規制しなければならないんだけど、それをやってくれないとすれば、それは消費者運動でもって危ないから使うのはやめましょうという自衛手段を講じなければならないという問題が出てくる。

介護保険の問題で言えば、実はここでも政・官・財の結び付きがあるわけです。というのは、いわゆるシルバービジネスというのが一挙にこの際に公的介護に参入して、それで金儲けをしようということになっている。ところが、お年寄りはすでに今までにも出ていることですけど、企業の食い物にされるわけです。今の有料老人ホームでもしばしば広告通りの期待したサービスがうけられず、それでも老人は苦情を言うだけの自分の能力もないし、泣き寝入りという場合もあります。また待機者の多い特別養護老人ホームの場合、家族はそこで引き取ってもらったので有り難いと、だから文句は言えないと考えてしまう。

これは障害者の場合も問題なんですけど、文京区で実際に起こったことで、障害者の施設で大変な人権侵害あったわけです。声を出す人には口にテープを貼って口をきかないようにするとか、物理的な暴力をふるうとか、おまけに不正に区から人数をごまかして補助金を取っていたという問題が暴露されている。その施設をやっていた人は、区長の背後にあった政治的に非常に影響力のある人だったのです。ところが、それが何故問題にならなかったかというと、その施設に預けている人の家族が、先ほどの『障害者差別の社会学』で扱っていたように、恥ずべき存在としてそこに預かってもらっているのは有り難いと思い、それに対して文句を言ったら追い出されるかもしれないと恐れ、追い出されたら困るという弱みがあるわけです。同じように、介護保険の場合に第四条でもって、介護を受けるような者は不心得な者だということになってくると、文句は言いにくくなるわけです。

一番問題になるのは、ケアマネージメントというところで、あなたはどういうサービスを受けたらいいでしょうというケアプランを立てるわけですが、それを業者に任せると、自分のところで儲かるようなサービスばかりをやるようになる。それから、もうすでに起こっているのですけど、お年寄りの所へ行って、私たちにおまかせ下されば手続きも全部やりますから、やらせて下さいという勧誘をする。すると、厚生省の方では、選択の自由があるというけれど、とんでもない話で、第一、選択するだけの余地はない、基盤整備率は四〇%しかないわけです。先ほどお話しした、どのくらいの供給の可能性があるかというものですね。そうすると、そんな選択の余地はない。それで、極端に言うと、何をされるか分からない。介護されているんだから、我慢しなさいということになりかねない。

もちろん、苦情処理機関というのがありますが、それは区ではなくて、東京都に行くわけです。しかし、なかなか時間もかかるし、それがうまくいくかどうかは疑問なんです。そうだとすると仕方がないから、自分たちで作ろうじゃないかということになるわけです。それは市場原理の公的規制を自分たちでやろうということです。だから、公的介護市民オンブズマンというのを作りまして、そこに電話を入れて下さいということにする。するとそこに、ボランティアの弁護士さんや福祉関係者がいて、そして極端に言えば業者に騙されないようにしましょうというのを先日、私たちはボランティアで作ってみたのです。とにかく、そういうことをしないと守っていけないわけです。それはまだ、組合が強くて野党が強くてという時代には、それは野党がやってくれたかもしれないけど、総与党化の時代の中では、自分たちで作り出さないといけない。

もう一つの例をあげますと、これは巻町の例なのです。東海村の事故で原発というものがいかに危険なものかということが分かったわけですけど、巻町は二七年間、反対し続けたわけです。その中で、一つ面白い例があるのですが、二七年間やってる中で、町議会議員の選挙もやったし、町長選挙もやったし、いろんなことをやったわけですけど、とかく新聞などでは最後の住民投票を注目して、立派だ立派だというが、そこに行くまでには大変な努力があったのです。その一つの例が、まずテストとして、原発の賛否を問う自主投票をしようとした場合にみられます。その自主投票のため町の体育館を貸して欲しいといったところ、町長は原発に賛成派だから、体育館は貸さない。それは地方自治法違反だと、地裁に行って訴訟を起こしました。結局、後で勝ちましたが、しかし、御承知のように裁判は時間がかかるわけです。判決が出るのを待っていたら危ない。そこで、有志が百万円ずつ金を出してプレハブを建て、そのプレハブで自主投票をやったのです。そうしたら、非常に反対の多い結果が出たんです。それで町長に迫って、町長のリコールをやろうとしたら、町長もこれはダメだというので辞めました。それで新しい町長が、これはいろんな話があるんですけど、六つの団体からなる住民投票を実現する会というのがあって、これは必ずしも原発反対だけではないんですけど、そこから出て、そして今の町長が当選したんです。そして、実はその会の事務所が今でもそのプレハブなのです。

本当なら、公共の施設は公共のために使われるはずなのだけれども、それを使わせてくれないのなら、自分たちで公共の施設を作りましょうということで守っていかないと、もう今や守れないという段階に来ているので、そこである意味で大変にしんどい状況にあるわけですけど、それをやらないといけないし、また、いろんなボランティア組織も出てきています。まあ、ボランティアの中には政府の関係しているのもありますのでいちがいには言えませんが、NGOとか国際的な連携もできて、自分たちで権力に反対し、自分たちで公共的な規制を作っていこうという動きはそれなりに出てきている。

巻町の場合には、もちろん地域的な限定はありますけども、その巻町の人に聞くと、それぞれの町で反対なら反対してくれればいいのであって、私たちは全体のことは、国家の政策はどうなんてことは言いません。ただ、私たちはここは困ります。他のところでも、困る方があればそれを言って下さればいいんじゃないですかというわけです。それをやるしか、しょうがないでしょうというわけです。結局自分たちの子孫のことまで考えて、それぞれの地域を自分たちの力で守るという努力をひろげていくほかはないでしょう。

逆ドミノで持ち上げる、「社会学的対話」が必要

さて、これからどうするかを考える場合、短期的な利益の方に思考が偏ってしまうということが大きな問題であって、市民運動をするにしても、我々一人一人がいかに長期的な社会科学的な思考力を身に付けるかということが重要になってきます。

権力の鉄の三角形を支えている構造が利益関心が狭いということから起こっているということの裏返しで、視野をどうやったら広げられるかということですね。これは空間的にどうやったら広げられるかということと、時間的にどうやったら長く先のことまで考えられるかという問題です。空間的に言うと、国民国家という思考枠組というものが、いわば大きな枠となって、それが今度はちょうど水晶の結晶を壊していくと、みんな同じ形を成しているように、例えば日本の繁栄というものが水俣の繁栄にまで行くわけです。水俣で水俣病患者が一番辛かったのは、あなた方は水俣の繁栄を潰すんですかということだったのです。

夜間高校に通っていた准看護婦の人なんですけど、スピーチコンテストで優勝したというので、卒業論集に載ったんですけど、それが問題となって、結局それは廃棄されました。「水俣病という名前に対して」という題のスピーチです。つまり、水俣病という名前をやめて下さいという趣旨で、これは市民投票もありまして、大多数の意見なのですが、その後に、水俣病の名前を広げるのは患者さんが騒ぐからだというのです。そこで、患者さんはよく分からないけど、大変なお金をもらっているらしいと、こういうことを書いたのです。それに対して若い患者の会の人が、大変に立派なコメントをしている。若い患者のコメントではその人は准看護婦でお金に困っているに違いない、だから、水俣の患者がお金をもらうのが羨ましいのだ、結局、自分は困っているから、自分が踏み付けたい人を探しているのだと。つまり丸山眞男の表現によれば抑圧移譲なんです。抑圧移譲の相手を探しているのだ。こういう見事な分析をしているのです。

それはともあれ、水俣病の患者が何が一番困ったかと言ったら「水俣の繁栄」なのです。極端な例ですが、水俣病で病院にせっかく入った人を、家族が担いで帰ってしまった。それは回りからの圧力で、あそこに水俣病の患者が出たといったら、魚が売れなくなるという理由からです。つまり、「水俣の繁栄」といったらいろんなのがありまして、一つはチッソが繁栄しないと水俣は繁栄しない。それから水俣病のこと言うと魚が売れなくなる、だからそんなことに騒ぐなというわけです。

そうすると、日本の繁栄ということを言う場合でも、同じ論理がはたらくわけです。つまり日本の繁栄が大切だから、足を引っ張るようなことはするな、例えば「従軍慰安婦」に補償金を出す、そんなことをしたら我も我もと出て来て、大変なことになってしまうぞ、全部そういう論理です。とにかく、弱い者に補償をしたら、とめどもなく金がいる。そんなことをしていたら、国際競争に勝てないだろう、そういう論理で潰してくる。それは排他的な自分たちの町、あるいは自分たちの国という論理で、実は強者の支配をしているのです。長い目で見れば、外から見ればとんでもないことを内でしているということになります。

日の丸、君が代の問題にとってみても、あの法律が成立した時、たまたまBBCの国際放送をテレビでみていたら、これは日本の新しいナショナリズムで大変なことだ、アジアの隣国では大変に心配しているということを報道しているわけです。ところが、日本のメディアで見る限り、もう日の丸、君が代は定着したということになってしまうわけで、これは日本のメディアの問題をまた別に論じなければならないわけですけど、残念ながら日本語で書かれたものは大部分は日本人だけが読むのであって、それでおまけに三大紙や五大紙がテレビともリンクしていて、競争して画一化が進んでしまう。うっかりすると、あいつらは非国民だとか、あいつらは赤だとか言われる。それで実際、右翼に攻撃されたりしますから、そうすると恐いから、自主規制して全部横並びになってしまう。

そうすると、国民国家という閉鎖的な社会、つまり水俣の繁栄というのと同じように、閉鎖的な社会の中の同調的な議論しか通用しなくなってしまう。それを外から見ると、どういうふうに恐ろしく見えるかということを考えてみなければならない。たまたま私はフォークランド戦争の時にドイツにいて、ＢＢＣの放送をきいていたら、あの時サッチャー政権とＢＢＣが大喧嘩をしていました。ＢＢＣはフォークランド戦争に反対しているわけです。そのくらいのことをやらないと、なかなか国内の少数意見というのは出てこない。だけど日本の場合には残念ながら、ＮＨＫだけではなくて、民放もみんな横並びになってしまっている。実はこれが非常に恐いことです。

もう一つは社会科学的なセンスを育てなければいけないというのは、記憶の問題です。例えば、日の丸は定着しているというんですけど、一九三五年の標語には、「日の丸高く、銃後は堅く」というのがありましたが、つまり戦場で日の丸を高く揚げ、戦場でない自分たちは国を固く支えていくのだということです。あるいは、一九四二年の標語ですけど、「日の丸を広げて世界を包め」というのがあって、これはもう完全に侵略的なもので、その他に一九四二年の教科書初等科修身巻一には、「敵軍を追ひはらつてせんりやうしたところにまつ先に高く立てるのは、やはり日の丸の旗です」とあり、一九四三年の巻二には、「戦地で兵隊さんたちが、はるかに日本へ向かつて声をそろへて「君が代」を歌ふ時には、思はず涙が日にやけたほほをぬらすといふことです」とあります。

つまり、戦争と日の丸、君が代が結びついていたという記憶が、きれいに忘れさられている。これは集合的記憶といいますか、集団的記憶といいますか、つまりそのような国民の記憶の中で自分の都合のいいことだけを憶えて、都合の悪いことはみんな消してしまう。また、毎年八月一五日に日本の戦没者を偲ぶわけですけど、ところが二千万人とも言われるアジアの殺された人には思いをいたさない。これは日本だけのことではなくて、アメリカでも例の原爆を落としたエノラ・ゲイを展示するときに、被爆者の黒こげになった弁当箱などを展示しようとしたら、在郷軍人が反対して、結局それはダメになった。エノラ・ゲイというのは、戦争を終らせて、アメリカの神話によれば、百万の兵隊の命を救ったというのですけど、その栄光の記憶だけが残り、その下で何が起こったかということは忘れる。

同じことが日本で、南京陥落で日の丸を立てたという栄光の記憶だけは残るけども、南京大虐殺があったということは忘れる。記憶の問題は空間的な閉鎖性の問題とも結びついてくるわけですけど、ただ単に時間的な幅が狭くなるということだけじゃなくて、その中に選択的な忘却と記憶という操作がされるということです。

それともう一つは、これはメディアと関係するわけですけど、関心が断片化される。つまりメディアの場合にはＮＨＫでさえそうなってしまったけれども、ものすごく分刻みで、次から次へと違う主題が出てくる。ましてや、去年何があったか、一〇年前に何があったかということは、もう憶えていない。ということは、一〇年後に何が起こるか、それから自分たちの子孫に何が起こるかということまでは考えが及ばない。ここのところを、やっぱり超えていかないといけない。視野を広くし、そして幅を広くし、そして時間的な距離を遠くすることです。

ただ、それは心がけの問題ではなくて、実は最初に言った視点をどこに取るかということと関係しているわけで、つまり視点をどこに取るかということは実際そこの場に行ってみないと分からない。例えば私の父の場合ですと、自分の友人が留置所にいるということで、そこへ行ってはじめて分かったわけです。そうすると、そういう場に、これは必ずしも行かなくても、そういう体験を持った人から聞くということでもいいわけで、問題は自分の視座を意図的に動かせることが大事です。つまり、繁栄して、平和で、けっこうけっこうという視点から見るのと、今、リストラで困っている人はどうなっているかとか、あるいは障害者はどうなっているのかという問題から見ていく場合と全然違うわけで、それには視点を動かす努力をしなければならない。

視点を動かす努力をするとはどういうことかというと、それはやはり、それなりのコミュニケーションがなければならない。これをＰ・ブルデューは、「社会学的対話」と言っているんですが、これは抑圧されたところに行って、自分の理論枠組みで社会調査するというものでもないし、そうかといって、そこにいる人の言うことをそのまま聞いてくればいいというのでもない。その人たちと対話することによって、その人たちの持っている問題、その人たちの目から見た問いかけを発見するということが大事なんだというわけです。

これは結局、コミュニケーションの問題になるわけですけど、コミュニケーションといっても全ての人が横並びに並んで、はい仲良く話をしましょうというのは簡単だけども、問題は現実の権力状況の中では連鎖的に不平等な関係が、非対称的な関係が続いているわけで、その非対称的な関係の中で、より不利な立場にある人の目から、より上の人を見たらどうなるかということです。そこで私は、これを逆ドミノと言っているんですけど、抑圧移譲で次から次へとつけを下に降ろしていくことをドミノとすれば、それを一番底の方から逆ドミノで持ち上げていく。それでないと、やっぱり変わらないだろうという気がするのです。そのためには、いろんなネットワークが必要でしょうし、ドミノの最後は第三世界に行くわけですから、第三世界からまた持ち上げてくるネットワークというものがないとうまくいかないだろうと思います。

最後に、我々市民としてよりよい政治にしていく、社会科学的、政治学的な考え方について要約しておきましょう。力のある者の目で、あるいは経済効率という目で、上から下へ見ていく見方と、それから一番抑圧されている立場、そこに一番問題発見の可能性があるのだという立場から見ていく見方とが、何時でも、ある意味では競い合っているのだということを意識しないで社会科学をやるということは、自分の立っている場所を知らないで歩いているようなもので、非常に危険だと思います。結局、最後の問題は、力に頼るということになれば、それはより強い者に反抗するわけにはいかないから、より弱い者にしわよせをしていくということに、どうしてもならざるを得ない。そうすれば、能率の悪い者は切り捨てていくとか、弱い者は見捨てるということになる。

それと反対に人間の尊厳というのは、石原慎太郎が、「人格はあるのか」と疑った、そうした障害を持った人たちに正にあるわけで、その人たちが人間の尊厳の重要さをいわば、最も限界状況から問題を投げかけているわけで、その人たちが可能性を伸ばせないような社会というのは、全ての人が可能性を伸ばせない危険性をはらんでいるわけで、最も差別され抑圧された人でさえ可能性を伸ばせないような社会であれば、将来の方向として可能性はないだろうという気がします。

だから最後は、それこそ哲学や価値観の問題になってしまうのですが、人間の可能性、人間の尊厳をどこまで考えるのか。人間の尊厳というのは、将来への可能性というものを、どこまで信じるかということと、それとも力に頼って、弱い者を犠牲にして、それでさしあたりごまかしていくというこ とと、極端に言うと、実存的な言い方をすれば、そのどちらかの選択を日々迫られている。それは、最終的には個人の問題だけれども、しかし、それを支えているのは、人と人とのネットワークです。どういう人と、どういう関わりを持っていくかという問題だというのが私の考え方です。

（『ロゴスドン』一九九九年一一・一二月号所収のものに加筆、訂正）

Ⅱ　平和志向の視角から

「平和」の両義性
――近現代日本における「平和」の意味論――

はじめに――「平和」の意味論の意義

中曾根首相が一九八七年一月に軍事費GNP一％枠撤廃を発表するにさきだって、その正当化の論理を準備したのは「平和問題研究会」（座長高坂正堯）であった。そして中曾根が首相をやめてから「世界平和研究所」を創設するなど「このところ永田町はちょっとした平和研究所ブームである」といわれる（『朝日新聞』一九八八年三月一六日夕刊）。このような状況は果たして「平和」のために喜ぶべきものだろうか。否むしろ二つの意味でかえって危険な現象というべきではなかろうか。その一つは「平和」の名によって軍事化が進められる危険性があるという意味である。それと同時に、およそ「平和」などというのはすべてまやかしであるという冷笑的態度が、このような現象によって強められると、これまた軍事化に歯どめをかけることを困難にするというもう一つの危険性を生み出すからである。

このような危険性を防ぐためには、「平和」という言葉がどのような歴史的な条件の中でどのような意味を持つものとして使われたかを明らかにする必要がある。「平和」というひびきのよい言葉は、時によってさまざまな意味に用いられ、人びとの動員（時には戦争のための）に用いられるから、その都度「平和」が実際に何を意味するかを見きわめないと危ないのである。これまでの「平和思想史」はその研究者が好ましいと思う平和の意味を中心に述べるのが通例であったが、そうした分析にとりあげられない「平和」の用語法も、みのがすことはできないのである。

考えてみると、これまでの戦争で「平和のため」といって戦われなかったのは、能動的ニヒリズムによって動かされていたナチズムのように極めて例外的な場合だけである。日本の近代史をみても、くりかえし行われた戦争はすべて「東洋平和のため」という名目によって戦われてきた。まず「平和」が戦争（国家の正当な暴力行使としての組織的殺人）を正当化する大義名分として使われてきたことは普遍的現象であることが確認されなければならない。キリスト教でも bellum justum という正戦論があり、イスラムでも聖戦 jihad といわれるものがあり、マルクス主義の場合にも革命や解放のための戦争があり、これらはすべて「永久の平和」を確立するためのものとされた。しかし、どんな崇高な目的のためであろうと、戦争が組織的殺人を伴うものであることは否定できない。その意味では「平和のための戦争」というのは、それ自身形容矛盾である。まして核時代においては、その殺人が全人類に及ぶ可能性をはらんでいるから、この自己矛盾はいよいよ明らかである。

そこでこの自己矛盾を克服するためには、個人の立場で決して武器をとって人を傷つけ殺さない非暴力の態度を貫く絶対非戦の「平和主義」が、国家の組織的暴力行使としての戦争に対置させられなければならない。私は前にあげた戦争を正当化する大義名分としての平和と、絶対非戦という意味での平和とを両極に対置して、これを平和の両義性とよぶことにする。絶対非戦という意味での平和主義は、意味明快で徹底しているが、これを実際に貫くことは容易でない。近代主権国家では、マックス・ウェーバーのいうように、国家が正当的な暴力を独占しており、それが対外的には戦争という形で示され、国民はこの正当化された暴力行使に参加する義務を負わされるからである。

この困難に加えてもう一つ難しい問題は、上述の両義性が必ずしも常に対極をなすものとして明確に意識されないという点にある。すなわち実際にはこの両極の間に広い灰色の部分があることによって、多くの人たちは徐々に戦争に動員されることになった。「戦争を防ぐための軍備増強」が敵国との緊張を強めた結果戦争に至るというのは通常みられる過程である。そしてこの中間地帯には、「平和のための戦争」を積極的に支持する「挙国一致」という愛国主義による同調的態度――これはその反面で平和主義者を叛逆者として弾劾する――からはじまり、受動的黙従から逃避的な態度に至るまで連続的な分布をなしている。そして国民を逃避から黙従へ、黙従から積極的支持へと少しずつ移動させていくのが現実の戦争における動員過程である。このように徐々になされる戦争への動員過程を明らかにするためにも、平和の両義性の両極端の対抗関係をまず明らかに認識しておく必要性がある。

そしてこの対抗関係を明らかにするということは、個人の絶対非戦の平和主義が制度化された国家権力に対して無限の緊張関係に立つことを明らかにすることでもある。この意味においてデヴィト・マーチン『平和主義』（David A. Martin, *Pacifism, A Historical and Sociological Study*, 1965）の中で「完全な平和主義」（complete pacifism）は宗教的領域と社会的領域の二元論に立ち、現世統制にむかう態度を示すセクトによって代表されるとしていることは興味がある。この考え方は、いうまでもなくマックス・ウェーバーおよびエルンスト・トレルチの考え方にしたがったものであるが、セクト型では単に国家権力に対してだけではなく教会型の組織にも対抗して、個人が社会的に制度化された強制と緊張関係を保っていく無限の努力がなされる点に真の平和主義を見ようとしている。

以上のような問題意識と分析枠組を以て私がここに試みようとするのは、明治以後の主要な総合雑誌を素材として近現代日本で「平和」という言葉がどのような意味で使われたかをあとづけることである。ただ具体的分析に入る前になぜこのようなミクロの歴史的分析を行うかということを私が一九六八年の『平和の政治学』(岩波新書)の第一部「平和観の文化的類型」で採用したマクロの見方との関連で述べておく必要がある。前著で歴史的変化を捨象して文化的特質を明らかにしようとしたのは、それぞれの文化の中で平和主義が直面する困難のちがいを確認するためであった。

しかし、この本を公刊してから二〇年経った今日、私にミクロな歴史分析で『平和の政治学』のマクロな文化類型論を補う必要を感じさせるようになったのは、最近の日本文化論ブームの中で歴史のミクロな発展を無視して日本文化のユニークさを強調することによって国民的自負心を刺戟するという傾向がみられるようになったからである。このようなムードの中では、たとえば「和」という同調性の強さを批判的立場から指摘しても、その特質を逆に長所として本来日本人は争いを好まないという形で国民的ナルシシズムを強める素材とされるおそれもある。そこでこのような危険を避けるために、文化的類型というマクロの観点を、もう一度ミクロの歴史的発展の分析によって補う必要があると考えたのである。

近代主権国家が成立し、その主権の内容に正当化された物理的暴力の独占が含まれている点では日本も西欧諸国も同様である。「平和」の両義性という問題にしても文化の差をこえた共通性がある。ただその両義性のあらわれ方は、文化により国によって違う。

明治以後の日本で平和の両義性が明確に意識されたのは日露戦争の場合のようにむしろ例外的な場合であった。多くの場合この両義性が不明確であったのは、両義性の両極が「挙国一致」「波風を立てない」という形で中間に収斂する傾向が強かったからである。

たとえば西欧近代国家で良心的兵役拒否が次第に制度化されていったのは平和の両義性が強く意識されていった結果であり、日本でこれが殆んど問題とならなかったのは、上述したような文化的伝統がその両義性を不明確にしたからであろう。

すなわちユダヤ・キリスト教の伝統の下では、一方では「平和」が神意や正義と結びつく傾向が強かったと同時に、他方では個人の絶対者（神）との関係を重視する傾向があったため、前者に由来する「平和のための戦争」という一方の極と、他方では国家権力の介入を許さない個人の良心による非戦平和主義との対抗が明らかとなったのに対して、日本では国内的な仲間集団の「和」に「平和」が結びつく傾向が強かったために、平和の両義性における両極の対抗が意識され難くなった。以下近代国家における共通性を前提として、日本の近現代における両義性のあらわれ方の特質を具体的に検討しよう。ただ紙面の関係で詳しい資料をあげることが出来ない。その点は拙著『日本の政治と言葉（下）――「平和」と「国家」』（東京大学出版会、一九八九年）前篇を参照して頂きたい。

I 「東洋平和」のための戦争と非戦平和主義

一八九二（明治二五）年はじめて『平和』と題する雑誌が公刊されたとき、北村透谷は「発行之辞」で「平和の文字甚だ新なり、其基督教以外に対しては更に斬新なり」と書いた。事実この雑誌の発行主体であった「平和会」は「英国平和協会書記ウイリヤム・ジョンス」のよびかけに応じて作られたもので、明らかにキリスト教の影響を強くうけたものであった。この雑誌では、したがってマタイ伝の「地に泰平を出さん為に我来たりと意ふ勿れ」という一節をひくなど伝統思想と対決する面も示していたが（七号）、「基督、仏陀、孔聖、誰れか人類の相闘ひ相傷ふを禁ぜざる者あらむ」といい（「発行之辞」）、「道は虚なり」と道教的な調子を示したり（七号）、各種の伝統的要素との混淆もいたるところにみられる。結局この雑誌は平和という観念について一石を投じただけで一二号までで一八九三年に終刊となる。そして翌年透谷は自殺し、日清戦争がはじまると伊藤博文首相はこの戦争が「東洋平和」維持のためのものであると宣言した。

「東洋平和」は単に政治家によって口にされただけではなく、後に非戦論者となる内村鑑三も日清戦争は「文化を東洋に敷き永く其平和と進歩を計」るものであると主張した（『国民之友』一八九四年一〇月三日）。そして「内安外競」と対外緊張によって強化された「国論一致」のナショナリズムは、日清戦後の三国干渉とそれに対する「臥薪嘗胆」の態度の中に残りつづけた。「富国強兵は平和の初め也」（『国民之友』一八九七年三月一三日）という主張もこうしたナショナリズムに支えられていた。

しかし他方では社会民主党が一九〇一年に結成されたとき綱領に軍備全廃をあげ、一九〇三年『平民新聞』が創刊に際して三大要義の一つとして平民主義、社会主義とならべて平和主義をあげ軍備の撤去と戦争の禁絶を期したように、社会主義運動の興隆とともに帝国主義反対の非戦論もまた台頭してくる。

こうして日露戦争が開始されたとき、この戦争は「帝国の安全と東洋永遠の平和」をはかるものであるといわれたが、非戦論は社会主義者あるいは内村のようなクリスチャンの間に、鋭い形で「平和のため」の戦争を批判するものとして主張された。非戦論に対抗するため主戦論の側も「平和は理想で戦争は現実」(大町桂月『太陽』一九〇四年三月一日)、「平和は目的で戦争は手段」(井上哲次郎『中央公論』一九〇四年六月)というような論理を用い、戦争における「活力」(黒岩涙香『精力主義』一九〇四年)、「壮美」(桂月、前掲論文)、「紀律」(斉藤修一郎『太陽』一九〇四年四月一日)というような美徳をあげ、非戦論者に対しては臆病者であるとか外国人の説にかぶれて「社会の大勢に反抗」する「一の戦闘」をいどむものであると非難する(成川生『中央公論』一九〇四年四月)。

II 「世界の大勢」としての平和と「民本化」および軍縮

日露戦争後から一九二〇年代までは日本人が大量の流血を伴う戦闘を経験せず、この間世界の強国とみなされようとする日本が、その国際的地位向上のため国際情勢に関心を払うようになったとき、「今や国際競争の弊に対しては平和運動の万国に起るあり」という認識も生れてきた(姉崎正治『太陽』

一九〇六年一二月一日)。

第一次大戦への参戦も「東洋の平和」を目的としドイツ軍国主義を敵とするものといわれた。このような「世界平和の趨勢」は、たしかに国内で陸海軍の拡張の企図をおさえる上では有利な条件となった。しかし、このような世界の大勢に依拠した平和への楽観的な期待は、平和の両義性に伴う緊張感を弱め、「世界平和の趨勢」が主権国家間の「武装の平和」であり「世界的権力平均」とよばれた大国間の勢力均衡を中心とするものであることへの批判を鈍らせる結果となった。

つまり、そのような世界の趨勢に対応しようとする中で、一方で平和の名において第一次大戦に参戦し、他方では中国に対して二一カ条要求をするような形で日本も列強と伍して利権を獲得しようとしたのも、この平和の両義性の緊張感の弱体化を基礎としていた。

大国本位の「武装平和」を中心とする平和観への批判は、日本国内では絶対平和主義の立場からなされるよりも、むしろ右翼的な反西欧主義の立場から加えられるようになった。一九一八年、当時二七歳の青年公爵近衛文麿が発表した「英米本位の平和主義を排す」という論文はその先駆的なものであった(『日本及日本人』一二月一五日)。彼は英米のいう「平和」とは彼らに都合のよい現状維持を人道の美名の下に主張することに外ならないと批判する。そこで近衛は「英米本位の平和主義にかぶれ、国際聯盟を天来の福音のごとく渇仰する態度」を捨て、「国際聯盟」に加入するに当たっては「経済帝国主義の排斥」と「黄白人の無差別待遇」を主張するべきであるという。

この「英米本位の平和主義」批判には確かに「武装平和」の持つ問題を指摘した面はあったが、その後の日本の対外政策をみると、結局この批判は英米の既得権益を非難しながら、実は日本もこれに伍してアジアに権益を拡大していこうという動きを正当化する論理に用いられ、人種平等の主張も全人類の平等ではなく日本人を英米なみに扱えという要求になっていった。

さて、眼を国内に転じて大正デモクラシーの平和観に対する影響をみるとするならば、一九一八年七月『中央公論』特集で「軍国化」と「民本化」の関係が論じられているのがよい素材を提供している。両者の関連について室伏高信は「軍国化より民本化へ」を歴史的進化とみる楽観論を示す。これに対して新渡戸稲造は「両主義の衝突を懼る」と悲観論を展開するが、第三に陸軍中佐佐藤鋼次郎は「民本化による軍国化」、すなわち民本化によって挙国一致の上で「我国家を軍国化」することを提唱している。

そして第四に吉野作造は「軍国主義と相対立するものは平和主義であり、又民本主義と相対するものは官僚主義である」と整理した上で、当面民本化と軍国化は「激しく反撥」することになるかもしれないが、「国民の信念を此儘にして民本主義の流行を見る」場合第三の佐藤の期待する途に進む危険性のあることを警告している。

大正期の論壇では「世界平和と人類愛」を特集した『中央公論』増刊号（一九二二年七月）などのように平和について語られることが多かったが、そこには「武力主義と戦ふ文化主義」といわれるなど教養主義の色彩が強くみられた。このように国家権力との緊張感を持たず、主権国家を前提とする「武装平和」を批判しない楽観的平和観が観念的に論壇をにぎわしている間に、大衆の排外主義的心情を動員する軍国化の基礎が形成されていた。

そして皮肉なことに第一次大戦後の軍縮への動きが次の二つの意味で、かえって軍国化を進める結果を生んだ。その一つは国際政治の場でヴェルサイユ平和会議のあとワシントン（一九二一）、ジュネーヴ（一九二七）の軍縮会議を経て一九三〇年のロンドン海軍軍縮条約へと経過する間に、軍縮への楽観的期待は幻滅にかわり、欧米列強への反感が強められることになった点である。そして国内政治においては一九二四年護憲三派内閣の四個師団廃止が実現されたとき、その結果不用となった二千名の将校を中学以上の学校に軍事教育のため配置したことによって「学校の兵営化」「民衆の軍隊化」が行われたのである。そして他方関東大震災時の甘粕大尉による大杉栄虐殺は「軍事官憲の社会的思想戦への介入」（吉野作造『中央公論』一九二三年一一月）を示す兆候であった。

Ⅲ　「平和秩序としての東亜協同体」と「撃ちてし止まむ」（憎悪の共同体）

一九三〇年代に入ると「非常時」という対外危機意識の中で「挙国一致」が主張され、そのために階級対立を「民族」の強調によって解消する方向が示される。そして対外危機意識を醸成するための欧米帝国主義への対抗という点では、国内的側面では排除されたマルクス主義の反帝国主義の理論も利用される。そして中国大陸において欧米帝国主義の支配を排除するという名目で一五年戦争の過程に入ったとき、またしてもこの戦争は「東洋平和」のためであるといわれた。

明治以来使われてきたこの「東洋平和」という戦争目的は、今やその対象を朝鮮半島ではなく全中国大陸さらには他のアジア諸地域におよぶものとして著しく攻撃性膨張性を強めただけではなく、次の二つの点で新しい要素を含むものであった。その第一は「西欧文明の危機」に対する「東洋的道義観」の確立という名目が加えられた点であり、第二にはナチスの Lebensraum（生命圏）の考え方を基礎とする広域圏の構想の影響をうけていた点である。

　とくに「新しき平和主義への提唱」をするという藤沢親雄は「今日一般に平和主義《パシフィズム》と称せられる自由主義的イデオロギーは、世界の現状を飽迄も維持せんとする国際思想の別名に外ならなくなつた」と批判する。そしてそれに代えて「日本的又は東洋的なる新しき平和主義の基礎観念を確立し、……国際正義と矛盾することなき世界平和を実現」しなければならないという（『理想』一九三八年二月）。

　このように彼は、「西洋の危機」に対して「東洋の道義的世界観」を対置し、古い西欧の平和主義に「平和秩序としての東亜協同体」を対置することによって、平和の両義性をおおいかくし、「東亜の盟主日本」のアジアにおける軍事的支配を「東洋的道義」によるもので西欧帝国主義の権力的支配とは区別されるべきものであると主張した。

　とくに太平洋戦争の段階に入ると「鬼畜米英」に対し「撃ちてし止まむ」として「一億火の玉」の挙国一致がいよいよ極端になる。そして憎悪は外敵に対する武力による敵対に示されるだけでなく、外に向かっての憎悪の共同体は、内においてもまた「敵性分子」を排除する非寛容の体系としての性格を強めた。そしてこの体系は内から、平和の両義性を基礎として「平和」の意味を問いなおすという可能性を持たなかった。こうして「平和」の問いなおしは外から力によってもたらされた。しかも原子爆弾という窮極兵器による惨禍を伴った力によってである。

Ⅳ 「平和国家」と冷戦

連合軍の占領下に武装解除された国家として戦後の日本が出発する。そして日本国民を「平和愛好国民」にしようとするポツダム宣言の精神にそって、日本は「平和国家」として再生すべきであるとしばしばいわれた。その意味は必ずしも明らかでなかったが、一九四六年一月号『改造』(復刊一号)の巻頭論文で森戸辰男は「戦争できぬ国」としての平和国家ではなく「戦争を欲せぬ国」としての平和国家になるべきであるとして次のように論じた。

武装を解除され、「全くの丸腰丸裸の国家となった」日本は「一切の軍国主義……だけでなく、軍国主義の仮面にすぎぬ武装平和にたいしても、仮借なき批判を加へうる」立場を生かすべきだという。また「我国は現に餓ゑと寒さに脅かされて」いる状態の下で「窮乏諸民族の衷心からの味方となることができ」るのであるから、第三世界の利益を代表して世界経済の改革に力を尽すべきだともいう。

しかし、当時は軍隊は解体されていたから国内で平和の両義性を意識する必要性は全く感じられず、また戦後の世界についても楽観的見透しが支配的であった。その楽観を支えていたのは、一つは国際連合は国際連盟と異なり米ソ両大国が積極的に支持しているという点であり、もう一点としては第二次大戦中の米ソ協力の経験からみても資本主義と社会主義という二つの社会体制は共存可能だという見透しであった。

そして日本国憲法が戦争放棄を法的に確定することによって、国家権力と対決して主張されるべき非戦平和主義は、その対決すべき対象を失ったことが制度的に明らかになった。もちろんこのような平和主義の国家制度化ということは、近代国家の主権性にかかわる異常な事態であり、単に憲法の条文だけで解決できるものではなかった。そのことの重大性については、南原繁（帝国議会での質問など）や恒藤恭（『世界』一九四九年五、六月）のように当時から鋭く指摘したものがなかったわけではないが、全体としては楽観的な平和観が支配した。

この一般的に楽観的な平和観の中で、一九四九年の二冊の広く読まれた本は当時の「平和」という言葉の意味における混迷を象徴していた。その一冊はエメリー・リーヴス『平和の解剖』であり、世界法秩序による世界連邦政府を提唱していた。他の一冊は花山信勝『平和の発見――巣鴨の生と死の記録』で、そこでは処刑された戦犯は「勝敗もなく、支配も被支配もなく……平等の平和を発見して、きわめて心ゆたかに」死んだと述べられている。この場合の「平和」は戦時中の「平和」の肯定ではないにしても、少なくともそれの明確な否定の上に生まれたものではなかった。

他方では、過去の戦争を帝国主義侵略戦争として鋭く批判するマルクス主義者の中には人民を解放するための戦争は「進歩のための戦争」であって、それを通じてはじめて「新しい動的な平和がつくられる」（平野義太郎『中央公論』一九四八年四月）というものもあった。

このような「平和」の意味の分極化傾向に対して、最低限の共通理解を平和について見出そうとした努力が一九四九年三月号『世界』に発表された「世界と平和に関する日本の科学者の声明」にみられる。後に平和問題談話会とよばれるようになるこのグループは安倍能成を代表とするもので、この声明は二つの世界の対立による戦争は不可避であるという考え方を批判し、国内的にも一方では平和は「現実の積極的改造をまってはじめて確立される」ということによって社会改革を主張するマルクス主義の立場に配慮すると同時に、他方では「日本の再建を平和的方法を以て実現」することを明らかにしてリベラルな保守派の不安をなくし、平和のための統一戦線を作ろうとしていた。

多義性を含む「平和」の意味が広い幅でひろがりながらも、全体として楽観的な空気の中で本来的な平和の両義性に伴う緊張が外見的に消滅していた状況は、「戦後平和の夢破る」といわれた朝鮮戦争の衝撃によって急変する。まずアメリカ軍が国連軍の名によって朝鮮半島で戦うことになり国連への期待にみられた制度的楽観主義は破綻し、両体制対決の危機が感じられることによってイデオロギー的楽観主義も崩壊した。

そして何よりも、これを機会に日本の再軍備がはじめられたことによって、それまで日本が非武装であったことによって世界平和への発言権を持ちうると信じていたその根拠が失われることになった。それとともに講和問題という迫られた選択とも関連して「平和のための防備」と「武装なき平和」という二つの意味の「平和」への分極化が生じた。「無防備は侵略を招く」（横田喜三郎『改造』一九五一年三月）あるいは「軍事的な真空状態」はソ連軍の侵略を招く（林房雄『中央公論』一九五一年九月）という論理によって「平和のための自衛」（芦田意見書）を提唱し、あるいは「共産主義の脅威」に対抗するためにはアメリカの「力による平和」に協力すべきであるというのが一方の平和観である。

これに対して平和問題談話会は「三たび平和について」と題する声明（『世界』一九五〇年一二月）で、原水爆という「超兵器の出現」および現代戦争が「全体戦争」としての様相をおびるようになってきたことから、「戦争は本来手段でありながら、もはや手段としての意味を失った」と論じ、さらに「原子力戦争は、最も現実的たらんとすれば理想主義的たらざるをえないという逆説的真理を教えている」という観点から、日本国憲法における非武装平和主義の原理に基づく態度こそは極めて現実的であると主張する。

V 「平和共存」論、平和五原則と平和運動

アメリカの主張する「力による平和」の前提となった「共産主義の脅威」論には、本来マルクス主義は革命による社会変革を志向しているから、国内的には治安をみだし、国際的には資本主義を絶滅するための「解放戦争」を支持するに違いないという判断があった。それに対して一九五二年のスターリン論文では二つの体制の共存の可能性を示唆し、続いてソ連共産党一九回大会のマレンコフ声明以後、ソ連は米ソ間の問題は話し合いで解決しうるという路線をうち出した。

日本でも一九五二年六月に創刊された雑誌『平和』は「平和共存の信念を国民の間に広く植えつける」ことを使命として三年間刊行された。これに対して福田恆存は、どのような根拠で平和共存を信ずることができるかを問い（『中央公論』一九五四年一二月）、蠟山政道は「マルキシズムは変わったか」という問に否定的判断を加え、平和共存は事実の上からも理論の上からもなりたたないとした（同前、一九五五年七月）。さらに大内兵衛はネルーのインドを中心とするアジアの第三勢力に「永久平和の条件」を求めようとした（『改造』一九五三年三月）。

この大内の期待にこたえるかのように、一九五四年インドのネルー首相と中国の周恩来首相の間に主権相互尊重、相互不可侵、内政不干渉、平等互恵、平和共存の平和五原則が合意された。この五原則は一九五五年のバンドン会議でアジア・アフリカ二九カ国によって承認され、さらに一九六二年のベオグラードにおける非同盟首脳会議でも採用された。

他方一九五三年の朝鮮休戦に続き四国巨頭会議がジュネーヴで開かれるなど「力による平和から話し合いの平和へ」の変化に期待をもたせる要素もあった。しかし他面では一九五六年のハンガリー事件などもあり楽観を許さない側面もあった。そして何よりも平和共存論も平和五原則も体制あるいは国家間の問題であって、個人の問題ではなかった。個人のコミットメントとかかわりのない平和の問題は期待の対象以上のものとはなりえなかった。

そこで次に戦後の日本を特徴づける大衆的な平和運動に眼を転じよう。手段としての兵器であることを超えた窮極兵器としての核兵器による惨禍については、占領中は言論統制のため殆んど論じられることはなかった。占領終結後はじめての原爆記念日に『アサヒグラフ』は全号をあげてはじめて原爆被害の写真を公開し、七〇万部が売られた。

さらに核兵器問題を国民の日常生活と結びつけたのが一九五四年の水爆実験で、マーシャル群島の立入り禁止地域の外でマグロをとっていた第五福竜丸が「死の灰」をあび二三人の漁夫が火傷をし、久保山愛吉さんは死亡、この海域からとれたマグロは放射能汚染のため大量に廃棄された。「地上第三の原爆禍」をうけた日本においては、核兵器に関しては「戦争と戦争準備との区別がもはやなくなってしまった」ことに注目して（久野収『中央公論』一九五四年七月）、国民運動としての原水爆禁止運動が始められた。

一九五四年八月には「原水爆禁止署名運動全国協議会」が結成され、この年の一二月までに署名数は二〇〇〇万を突破した。一九五五年原爆投下一〇周年には広島市で原水爆禁止世界大会も開かれ、五八年には衆議院本会議で「原水爆実験禁止に関する決議案」が上程可決されるまでになった。これに至る過程で原水爆禁止の運動は地方自治体と結びつき、あるいは保守政治家をも含めたことによって安全感を伴って広く進められたと同時に、権力にとりこまれる危険性をもはらむことになった。すなわち坂本義和がいうように「日本の平和主義は、個人の厳しい良心と自主的選択とに十分に媒介されていないために民衆の側では反戦ムードと化し、国家の側では国のタ、テ、マ、エ、に化せられるという危険を内蔵している」ことが、本来自発的に起こった筈の平和運動においても明らかとなった（『世界』一九六一年一一月）。

このような平和運動における個人の側からみた権力および組織への緊張感の欠如は、平和運動の体制化を生むと同時に、他方では運動の組織が教会型となり正統と異端の争いをひきおこすことにもなった。一九六一年ソ連の核実験再開に伴い、「あらゆる国の核実験に反対」するかどうかで原水爆禁止運動内部に対立が起こり、六二年の原水禁世界大会で分裂、七七年組織再統一の企ての後に至るまで激しい対立を続けた。

平和運動をめぐる党派の争いは、この運動に対する組織外の人びとの関心を弱め、「平和」というシンボルを手あかにまみれたものと感じさせるに至った。そしてヴェトナム反戦運動が起ると、「反戦青年委員会」などでは「平和運動から反戦闘争へ」という方向が探求され、あるいはさらに後になって『強者の平和　弱者の反戦』（小田実著、一九八七年）という定式化もされるようになる。

Ⅵ　安保体制と「平和」憲法——六〇年安保からヴェトナム反戦へ

原爆問題とならんで「平和」に対する広い国民層の関心の焦点をなしたのは「平和憲法を守れ」というスローガンであった。「平和」憲法の下で日米安全保障体制に伴う再軍備の強化が進められ、安保と憲法との矛盾を解決するために憲法を改正することも議論に上るようになった。そこで「平和憲法を守れ」というスローガンが切実な意味を持つものとなった。しかし、これは現にある憲法体制を維持しようという、それ自身保守的な要求であり、改憲に必要な三分の二以上の議席を与党に与えないという政治目標にむかって政治活動をかりたてることにとどまった。

ところが一九六〇年岸内閣が改定安保条約を強行採決したことによって、東条内閣の閣僚であった岸がよびおこした戦争体験の記憶によって強められた平和への関心と、戦後体験の中で育まれてきた民主主義への関心とが結びついて未曾有の抗議運動をひきおこした。この民主主義への関心という点でいえば、六〇年安保の直前に警察官職務執行法改正の企てが、警官の権限を強めることによって戦前の警察国家の復活につながるものとして、大きな反対運動で挫折したということが重要である。なぜなら清水幾太郎がいうように、警職法が「自分の安全」を侵すものとして岸内閣によって企てられたことを知っていた人びとは、「国家の安全保障」を問題にするという安保改定の問題も、実は警職法の延長線上にある「国民の安全保障」の問題としてとらえたからである（『世界』一九五九年一月）。

そしてこのような考え方の基礎になったのは、憲法が自分たちの既得権を守るものとして国民の中に定着して来たという事実である。そしてこの既得権を守るという場合に中心をなすのは一九五〇年代後半に着実に増大していった「平和な家庭」への関心であった。多くの世論調査に示された「平和な家庭」への関心は、岸内閣がやったように非民主主義的な方法でこれが脅かされると人びとが感じたときにははげしい反撥を示すバネとなる。しかし本来的にはこの関心は保守的なものであり、自分の「平和な家庭」が維持されるならば、天下国家には関心を向けないという非政治的なものである。「平和な家庭」志向の保守性の面が全面的に展開されたのは池田内閣の「所得倍増」政策以後の高度成長の過程である。この保守性は「経済的繁栄」を享受する現状肯定の姿勢を生み出し「憲法も自衛隊も」という形で本来なら厳しい二者択一の関係に立つはずのものがいずれも肯定される。そしてこの現状肯定の空気を基礎として「新現実主義者」たちも生まれる。高坂正堯は「われわれは、すでに権力政治のなかに組入れられており、権力政治的な力の均衡は平和の一つの要素となっている」と書き（『中央公論』一九六三年一月）、林健太郎も、丸山眞男の「バラ色の政治学」に高坂や永井陽之助の「ドライな科学的政治学」が代ることによって「戦後」は終ったと述べた（『自由』一九六六年八月）。

しかし一九六〇年代後半におけるヴェトナム戦争のエスカレーションは、再び多くの国民に日本が戦争にまきこまれるのではないかという不安をひきおこし、「平和」な市民の日常生活が脅かされることのないようにしたいという空気の中でヴェトナム反戦の運動が展開された。この面では六〇年安保からの連続性を示しているヴェトナム反戦運動も、その発展の過程で享受する対象としての「平和」から、つくる対象としての「平和」へと平和観の質的な転換を生み出すこととなった。

このような平和観の質的転換の契機となったのは「加害者としての自己意識」である。「べ平連」(「べトナムに平和を! 市民連合」)の指導者小田実はいう。「安保条約、『オキナワ』、ヴェトナム特需などによって直接、間接に日本がヴェトナム戦争に参加している以上、自分をそうした政策と切り離すことを積極的、具体的反対発言、行動によって行わないかぎり、共犯者としての位置にとどまらざるを得ない」と。このようにみるならば個人は「国家に対して被害者、『敵』に対して加害者の位置にたつ」という二面性の認識に達することになる(『世界』一九六六年九月)。

国家権力と個人との緊張関係を以上のようにとらえることは、私の表現を使えば平和の両義性を明らかにすることであり、そのような平和観においては「平和憲法」によりかかったり、その下での「平和」な日常生活を享受しようとする体制依存の保守的姿勢とは違った行動が要請される。すなわち個人として戦争加担の現実から積極的に脱却するために、国家に対する抗議行動などの活動によって「平和」をつくり出す努力が必要とされる。

このように個人の責任を中心として考える場合、運動の組織論においても、巨大組織依存ではなく、自発的な参加による集団づくりという方向をとる。すなわちD・マーチンがいう平和主義と親和性を持つセクト型組織とならざるをえない。「ただの市民が戦車を止める会」などの数多くの反戦集団がセクト型の典型を示している。

また国家との緊張関係を保った個人が平和のための行動主体となるとき、国境をこえた個人の間の連帯という展望もひらける。ヴェトナム反戦のための日米市民会議、『ニューヨーク・タイムズ』への有料広告掲載、本多勝一『戦場の村』英訳を世界に送る運動などがその若干の例である。

一九七三年ヴェトナム停戦協定は調印され、停戦後一年でベ平連も解散したが、ヴェトナム反戦運動によって転換された平和観は次の二つの点で貴重な遺産を残した。第一に一度個人の原理にまでひきもどされた平和の原理は、大国間の「和平」交渉をも個人としての「民衆の平和」の観点からみなおす可能性をひらいたことである。第二に、一度「平和」な日常生活がヴェトナム人民の犠牲の上になりたっていることを自覚した人びとは、戦争が終わってからも、北の国の人びとの日常生活が第三世界の人たちの犠牲の上に成り立っていることを忘れないという形で南北問題、構造的暴力への関心を生み出したことである。

結びにかえて――「平和」の両義性の再認識を

明治以後くりかえし「平和のための戦争」を重ねてきた日本は、第二次大戦以後四〇年余にわたり、とにかく戦争のない状態を続けてきた。日本が加担したヴェトナム戦争の記憶もまた遠ざかって来た。それならば平和への脅威はなくなったといえるのであろうか。

日本は直接戦争の当事者でなくても、「援助」の名による経済進出その他いわゆる「南北問題」を通じて「構造的暴力」を南の国に対して加えている。また日米安保体制によるアメリカの戦略への加担と軍事費GNP一％枠撤廃などにみられる日本自身の軍事化が、グローバルな緊張を強める一要素になっているという意味でも日本は平和を脅威する主体となっている。にもかかわらず多くの日本人は、外見的な「繁栄する経済」に満足して平和への脅威を意識しないのはなぜか。

それは「原爆体験と平和憲法のみに寄りかかった」体制依存の甘えを持った平和観によるところが大きい（高柳先男『世界』一九七六年四月）。これを本稿の主題としての「平和」の意味論からみれば、平和の両義性が明確に意識されなくなった結果といえる。

まず日本が直接に戦争の当事者にならなかったことによって、平和の両義性の一方の極としての戦争を正当化する名分としての「平和」への警戒心が弱まったことをあげなければならない。その結果「核抑止」や「力の均衡による平和」あるいは「平和のための軍備拡大」が、実は「平和のための戦争」に至る途であるという点の意識もまた乏しくなる。「平和のための戦争」という一方の極についての意識が不明確になると、これと対決する他方の極としての絶対的平和主義の必要性も意識されなくなる。つまり正当化された暴力の独占体としての国家権力に対して緊張関係に立つ個人の責任意識を弱めることになった。「平和憲法」という平和主義の国家による制度化によりかかって来た態度が、国家権力との緊張感を弱める上で貢献したことはいうまでもない。

このように「平和」の意味の両極の対抗意識が弱まった結果起こってきたのは「平和」の意味の中間（両極を切りすてた）への収斂という事態である。そしてこの両極の中間領域に関心が向けられると、本来対立する筈の二つの要素が矛盾なく両立するものとして受け入れられることになる。安保と憲法、第九条と自衛隊の共存がこれである。

最初問題提起の際に最近の「平和研究所ブーム」にふれたが、この場合の「平和」はまさにこのような中間に収斂した意味での平和である。具体的には「平和」即「安全保障」という意味で用いられた平和で、しかも最近では「総合安全保障」には外交や経済を含めるということによって「安全保障」という言葉の軍事的色彩を弱める企てもみられる。しかし、これを別の面からみれば「『総合安全保障』とか『経済安全保障』という名の下に軍事的手段を日本の経済的繁栄を維持するための手段として積極的に位置づけるようになった」ともいえる（大西仁『世界』一九八二年八月）。

とにかく「安全保障」即「平和」、および「経済的繁栄」即「平和」というこの二つの結びつきに平和の意味が収斂しがちな今日的状況は、「平和」という言葉が国家が戦争に従事するときの名目に使われる危険性があり、それ故に個人が不断に国家に対抗して絶対非戦の平和主義を主張する必要性があることを意識させない条件となっている。「平和」の両義性の再認識が、とりわけ今日の日本で強く要請される理由はまさにここにある。

（日本平和学会『平和研究』一四号、一九八九年）

いまこそ平和憲法の原理を
――国際的兵役拒否者の活動を提唱する――

ここで「いまこそ」というのは、経済大国日本がどのようなしかたで世界に貢献するのかが深刻に問われているという現状においてという意味である。このように世界の中で日本が当面する課題を考えるためには、まず今日の日本を歴史的文脈の中で位置づけることが必要である。

この点に関して今年（一九九〇年）の八・一五前後の戦争体験回顧には新しい傾向がみられた。それは単に日本国民が戦争によって経験させられた悲惨な過去を回想するだけではなく、日本が加害者としてアジア諸国に与えた大きな損害と、その結果がたとえばサハリンの残留韓国人のように今もなお解決されずに残っているという点が次第に明らかに意識されはじめてきた点である。この問題については、内海愛子さんなどによって日本人の中でも真剣にとりくむ努力が長年つみ重ねられて来たが、今年はマスコミのとりあげかたにも、このような視点が少しずつ現れるようになった。

このマスコミの変化をもたらした一つの要因としては、韓国大統領の訪日を契機として日本の戦争責任を問う外からの圧力があったことも事実である（そして韓国政府のこの態度の背後には韓国内の民主化に伴う世論の圧力があったことも見逃せない）。

戦争責任について日本の世論を変えるために外圧が必要であったということは、日本の国内にこれと反対の傾向が根強くあったことを示している。韓国大統領訪日に際してみられた「いつまで土下座して謝ればよいのか」という小沢一郎発言や、何とか戦争責任の問題は早く片づけてしまおうという保守政治家の態度もこのことを例証している。さかのぼれば、過去の戦争を肯定するような数多くの政治家の「暴言」、教科書検定における文部省の態度、中曾根元首相の「戦後政治の総決算」、知識人の中での「戦後意識からの脱却」の提言など一連の動きが今日まで続いてきている。

すなわち、過去の戦争における日本の責任を明らかにし、この過ちをくりかえさないために平和憲法の原理にしたがった方向に日本の将来を向かわせようとする力と、これに対抗して過去の戦争責任は忘れ、平和憲法のような「厄介な制約」をすてて日本軍事大国化の途を進めようとする力とが競いあっていて、今年の八・一五に際しては外圧の影響もあって、前者の傾向がマスコミの中でも少しみえるようになってきたといえる。

ところがイラクのクウェート侵攻という中東情勢の変化で、今度は一挙に自衛隊の海外派遣の先例を開こうとする与党の動きがあらわになった。この点については後半で詳しく論ずることにしたい。

日本の戦争責任について反省を迫る最近のもう一つの出来事は一九九〇年一〇月三日のドイツ統一であった。あまりにも急速に実現されたこの統一は、多くの困難を後に残していることは明らかである。しかし東西対立の最前線であった東西ドイツ間の国境が平和裡に除去されたことの意味は重大である。そしてこの重要な平和統一が、第二次大戦でドイツによって大きな損害をうけたソ連・ポーランドなど東側隣人たちの反対なしに実現されたことは、長年にわたって西独が東西緊張緩和のために東方外交をつみ重ねてきた結果である。

一九七〇年社民党党首で連邦首相であったウィリー・ブラントがポーランドを訪れ、ワルシャワのゲットー記念碑の前でひざまづいて戦争中のナチス・ドイツの行為に謝罪してから、東方外交が積極的に展開された。その後保守党政権になってからも西独はアメリカの政策からは独自性を保って東西緊張緩和の努力を重ねたことが今日の平和統一の基礎を準備することになったといえる。

このような西独政府による過去の罪を克服しようとする努力と日本政府の戦争責任に対する態度とを比較するとき、あまりに大きな違いがあることを指摘せざるをえない。日本の首相の中で一人として南京であの大虐殺について謝罪し、あるいはシンガポールで虐殺された華人の慰霊碑の前にひざまづいた人がいたであろうか。敗戦四〇周年の記念日にワイツゼッカー西独大統領が議会演説のはじめに第二次大戦中に犠牲になったソ連・ポーランドなどの外国の人たちに思いをはせるべきことを述べたのに対して、日本では同じ四〇周年の記念日に中曾根首相が靖国神社に公式参拝したことを対比するだけでも、両国政府の態度にみられる違いは明らかである。それ故にこそ今日までアジア諸国の間に日本が軍事大国化することへの危惧が強く、中東危機を口実に日本が自衛隊海外派遣の途をひらくことに警戒心を持っていることはむしろ当然である。

今回ドイツ統一に際してワイツゼッカー大統領の演説では、東西ドイツという形で分断国家が成立したことは、直接的には東西対立という冷戦の結果であったが、もとをただせばナチス・ドイツの全ヨーロッパ侵略に由来するものであると述べることによって、もう一度過去の戦争に対する責任を国民に思いおこさせている。日本の場合には、そのアジア侵略戦争の結果起こったのは日本における分断国家の出現ではなく（沖縄の分離直接占領はあったにしても）、朝鮮半島における南北の分断であった。

それだけではない。東西ドイツは東西冷戦の最前線としてベルリン封鎖や東西をへだてる壁を経験しなければならなかったが、熱戦の戦場となることからはまぬがれた。それに対して朝鮮半島では一九五〇年から三年間激しい戦闘が行なわれた。しかもその際に日本は国連軍の名によって出撃していくアメリカ軍に基地を提供し、他方で特需景気によって利益をあげ、その後の経済成長の基礎をつくることになった。

一九五〇年当時は日本はなお米軍占領下にあり自主的に政策決定は出来なかったという言いわけに対しては、一九五二年講和によって独立国となった日本は、果たして東西の緊張緩和に努め、朝鮮半島の分断状況を解消するために努力したかという質問が出されるだろう。独立後の日本もアメリカの極東政策、すなわち東西対決の政策に終始協力したことはヴェトナム戦争への協力をみても明らかである。そして日本経済がヴェトナム特需からも利益をえたことが日本の火事場泥棒的態度として国際的な反感を招いた。

このように日本政府が戦後アジアにおける緊張緩和のために、アメリカの意思とは別に独自の努力をしたことが立証されず、朝鮮半島の分断国家解消に力を尽くしたことが証明されない以上、戦後四五年の責任を日本が感じ、それにつぐないをしなければならないのは当然である。

日本のなすべき世界への貢献

今日の日本を、以上のように歴史的文脈の中で位置づけるとき、政府が国連平和協力法という形で自衛隊の海外派遣への途を開こうとしたことが、いかに平和憲法の原理にかかわる重大な企てであるかが一層明らかになる。この法案の問題点を論ずる代わりに、私は今日日本が平和憲法の原理にしたがって世界に積極的に貢献する具体的な方法として一つの提案をしたい。国際的緊張緩和への努力をすることによって国際的・国内的な状況の発展に即応しながら徐々に自衛隊を廃止し（非暴力直接行動による防衛で軍事力に代えるのが最終目標——この点については拙著『平和の政治学』一九六八年、岩波新書参照）、他方でこれに代わるものとして直ちに常設の非武装緊急援助隊（仮称）を創設し、紛争や災害の犠牲者を救うために必要に応じ世界各地に派遣するようにするという提案である。

この緊急援助隊の人数は自衛隊のように多数でなくてよいし、武器は一切持たないことを厳守する。十分な輸送手段を持ち、災害救助と緊急医療のための器具を携行することで足りるが、平和憲法の原理にしたがった非暴力主義の思想と行動についての訓練が必要である。そしてこの原理にしたがった国際的貢献の実績が世界に認められるようになれば、紛争地域にも警戒されることなく入ることも出来るようになるであろう。

具体的に今回の中東危機について考えれば、当面最も困難な状況にあるヨルダンその他イラク周辺国の難民キャンプにいるインド人・パキスタン人などアジア諸国からの出稼ぎ外国人労働者の救済に当たり、本国に帰ることを希望するものには輸送の機会を提供することなどが主要な任務となる。

こうした活動は、一国内で良心的兵役拒否をしたもの（いわゆるＣＯ）が軍務に代わる代替業務をするという考え方を、日本という国の世界への貢献に適用しようとするものである（同じ考え方を国際法学者の立場から提言されたものとして最上敏樹「良心的兵役拒否国の証しのために」『世界』九〇年一一月号参照）。ＣＯは、かつては愛国心のないもの、臆病者などとさげすまれていたが、今日では広く制度化され西独では基本法に規定されるまでになった。私の提案する国際的ＣＯ活動は、前例がなく国際的に制度化されていないが世界に先例を開くものとして意味がある。

ＣＯの従事すべき代替業務は武器を持たない点を特徴とするが、軍務と同じような苦痛を伴うものであるように、ここで提唱している活動に危険が伴わないというわけではない。つまり絶対に他人の血を流させることはしないが、自分の血を流すことはありうる。それだけにこれに従事する隊員は、特別の使命感を持ち、技術訓練の外に非暴力主義の訓練をうけた人でなければならず、それに相当した社会的地位が保証されるべきである。

この救助隊員に自衛隊員をきりかえるという安易な途は絶対許されない。今回中東危機に際して税金で維持されている自衛隊を派遣しないで民間人を派遣するならば、自衛隊は何の為かという意見がある。また世論調査をみれば自衛隊の存在を容認する意見が過半数に達しながら、その中で自衛隊の存在理由を災害救助に見いだしているものが多いことを考えれば、自衛隊を緊急の災害救助その他非軍事的でしかも危険を伴う業務に使うことは合理的なように見えるかもしれない。しかし自衛隊は、防衛のためといおうと、あくまで戦闘を目的に訓練されたものである。そこではより強い軍事力を以て敵に勝つことが任務とされ、医療でも第一義的には戦闘力確保のためのものである。

これに対して私の提案している国際的COの活動（紛争や災害で生存を脅かされている人たちへの緊急救助）の場合には最も弱い病人、子供、老人、妊婦あるいは社会的弱者ともいうべき少数民族や外国人などが優先的に救援の対象となる。その意味で強いものが勝つという戦争の論理にしたがって訓練された自衛隊をこの活動にあてるわけにはいかない。

このような国際的COとしての緊急救助隊はそれが国連の活動として認知されても、武器を持たない点で国連軍とは区別される。私は平和憲法の原理にしたがえば、たとえ国連軍の名においても武力行使（後方援助を含む）に参加すべきでないと考える。朝鮮戦争の場合のように事実上のアメリカ軍が国連旗の下に行動するということは、今日の国際情勢ではあまり起こりそうではない。事実中東危機についてもソ連は国連の名による軍事行動に反対していると伝えられている。しかしもし国連の安保理で軍事行動を決定すればそれでよいかといえば、安保理の大国の一致した意思が常に平和のために最良であるかには疑問が残る。少なくとも日本は平和憲法の原理から国際的COの活動に徹すべきであると考える。

まして多国籍軍となれば問題はさらに大きい。あのヴェトナム戦争も名目上は多国籍軍によって戦われたことを想起すべきである。これに資金援助をすることさえ問題であるのに人まで出したら、オーストラリアの知識人がヴェトナム戦争で不必要に戦争に加担したと後で反省したような（拙著『「周辺から」の思考』一九八一年、田畑書店、七二頁）悔いを残すことになる。ただし国連によるPKO（平和維持活動）には、必要ならば可能な範囲内でこの「緊急救助隊」を参加させることができるが、それはあくまで非武装によるものに限るべきである。これは一国の軍隊におけるCOの役割と同じである。

基本的価値感の問題

さきに見たように日本政府が過去の戦争の責任を明らかにせず、むしろそれをあいまいにする態度を示しながら、アジアの隣国の警戒心を辛うじてなだめることができたのは平和憲法の存在によるものである。そして平和憲法の精神を守ろうとする世論に影響されて一九六七年武器輸出禁止三原則、非核三原則という方針が出されたことには大きな意味があった。それは今日イラクが諸大国から輸入された武器を使っていることを考えれば明らかである。日本が世界に十分な貢献ができなかったと言われるとすれば、それは「憲法の制約」のためではなく、平和憲法の原理が貫徹されず、日本国内でヴェトナム戦争のためのナパーム弾用原料が生産されるなど、特需によって利潤をあげるような態度があったからである。

前半でみたような過去への反省の上に立って平和憲法の原理を考えるということは、決して過去にむかって歴史解釈をするということではなく、また土下座外交かどうかという体面の問題でもない。またどれだけ賠償するかという金銭上の問題にとどまるものでもない。それは何よりも将来にむけて日本の進路を定める上での基本的な価値感にかかわる問題である。

過去における戦争の責任を感じ二度と過ちをおかさない決意を基礎とした平和憲法の原理に立つならば、将来にむけての政策は紛争の非軍事的解決に徹するということになる。これに対して戦争への反省を失い、平和憲法の空洞化（解釈改憲）によって自衛隊を増強し海外派兵の既成事実を作ることは、方向として全く逆のことである。自衛隊を休職であろうと併任であろうと一時的に化粧して「国連平和協力隊」などといってごまかせるものではない。

強いものが勝つという論理に動かされている軍隊を海外に出すということは、ペルシャ湾岸で自衛隊が攻撃されたからやむなく応戦したという形で軍事行動に入る可能性を世界にひろげることになり、日本は再び世界の孤児として軍事大国への途を歩む危険性を含んでいる。

それならば、このような危険な途を防ぎ平和憲法の原理にしたがった方向を目ざすにはどうすればよいか。実は外にむけての軍事大国化は国内における力と富の支配を基礎として実現されている。国内において強いもの富めるものが支配する体制があるからこそ、軍事費だけが突出し福祉をきりすてるやり方がまかり通ってきたのである。外において国際的ＣＯが最も弱いものから救援するという発想は、国内においてもまず弱者の生存権が大切にされるような体制と照応するものである。

この意味で平和憲法の原理を国際社会の中で（ＣＯ活動によって）貫徹するということは、同じ憲法の原理にしたがって国内の政治体制を不断に改革することなしには実現できない。どのようにしてこの必要な政治改革を実現していくかについては、拙著『市民のための政治学』の結章に述べた一般原則を参照していただきたい。主権者としての国民が平和憲法の原理を貫徹しようとする意思を国会に反映させるということがその基本である。

▼本稿は一九九〇年一〇月一一日「『市民のための政治学』（明石書店）出版を祝い土井たか子市民大学を発展させる会」での「特別講義」を縮めたものである。

（『軍縮問題資料』No.122　一九九一年一月号）

地球市民社会の価値的基礎と文化的伝統

ここでとりあげようとする主題は、創られるべき目標としての「地球市民社会*」の基礎となる普遍的価値は何か、それはどのようにして形成されるか、そのような「普遍的」価値と多様な文化的伝統はどのような関係にあるか、という問題である。この問題を、非西欧の国のひとつとしての日本における現実から考えてみよう。

「西欧的理念」と「伝統的価値観」

まず、そのような普遍的価値として通常考えられる基本的人権の理念を例としてとりあげよう。日本で基本的人権などという普遍的理念を引照するとき、しばしばそれは西欧的理念であって、文化の特殊性を越えた真に普遍的なものではないという疑問が出される。特に最近のように、経済大国日本への国際的批判が激しくなってくると、それに対する心理的コンペンセーション（代償）として日本文化の特異性と優越性を強調する傾向が強くなってきて、それとともに基本的人権というような西欧に由来する理念への疑問もまた広くみられるようになる。

この傾向は、しかし日本に特異なものではなく、他のアジアの国でもみられる場合がある。ＩＬＯ（国際労働機関）で長いあいだアジアの労使関係の研究をしていたドイツの研究者が、アジアの開発独裁に傾く支配エリートのあいだには、基本的人権という考え方は西欧的イデオロギーでアジアの国には適しないのだという論理で労働者の基本権を否認する傾向のあることを、批判をこめて指摘している。

このように、非西欧の開発独裁に傾く権威主義的支配エリートと、保守一党優位性のもとにある日本の支配エリートとのあいだには、基本的人権を西欧的なものだ、外来的なもので伝統文化になじまないものだと考えがちな点で共通性がみいだされる。事実、自由民主党はその結党に際して「政綱」に「憲法の自主的改正」をあげていたが、その方針は今日も変わっていない。そしてその改憲論の基礎には、西欧によって「押しつけられた」憲法では自由や権利だけが強調されているので、もっと伝統に即して「義務」を強調するように改正すべきだという意見がある。

こうした西欧的なものと伝統的なもの、外来的なものと民族文化に固有なものという二元的対立観は、じつは政治上の便宜からつくりあげられたイデオロギーにほかならない。なぜなら権威主義的支配を望む保守指導者たちは、一方では基本的人権という理念を外来的なものとして排除しながら、他方では西欧に由来するテクノロジーだけでなく、同じく西欧に起源をもつ主権国家という考え方や帝国主義的あるいは人種主義的な差別と抑圧の論理をとり入れているからである。したがって問題なのは、西欧的な考え方か非西欧的な考え方かにあるのではなく、西欧に由来する考え方のどの要素が伝統のなかにあるどの要素と結びついて、誰によってどのような目的のために使われているかという点にほかならない。

このことを別の例で示せば、一九四五年にヴェトナム民主共和国が建国を宣言したとき、その宣言のはじめにアメリカ独立宣言とフランスの人権宣言の一部を引用し、これを「否定できない真理」として彼らの建国の主導理念としている。この民族独立を願う新生ヴェトナムが、なおこれから三〇年間、はじめは人権宣言の祖国フランスの植民地主義によって、つづいて独立宣言の祖国アメリカの軍事介入（それも共産主義に対して「自由」を守るという名目による）によって悩まされたというのは、まことに歴史の皮肉である。

そしてヴェトナム国内でも、外からの侵略に呼応して、これと協力する勢力が長いあいだサイゴン政権として存続した。このような傀儡政権の人たちは、アメリカの独立宣言やフランスの人権宣言の精神を引き継ぐのではなく、仏米の帝国主義的抑圧の論理を国内で適用して民族解放勢力と対抗した。

「周辺」からの問い直し

こうした事例は、ただ外来（西欧）思想対固有（伝統）思想という二元的対立観の誤りを明らかにするだけではない。もうひとつこれらの事例から引きだされる教訓は、ことばで示された理念だけからは、それが普遍主義的な人間解放をめざすものであるのか、特殊主義的な力の支配を正当化するイデオロギーであるかを判定することはできないという点である。「自由」や「人権」の名のもとに外国への不当な介入がなされた事例は、右にあげたもの以外に、いくらでもつけ加えることができる。

　それならば、創られるべき地球市民社会の基礎となる価値はいったい何なのか。少なくともそれはひとつの言葉で示され、それをお守り札のように守っていればよいというものではありえないだろう。一見、普遍的とみえる理念も、一度つくられてしまえば、それを権力者が悪用する場合も少なくないからである。つまり真に普遍主義的な価値は、無限に追求される過程においてしか現れないというべきだろう。

　一見、普遍的にみえる価値も、結局のところすべて大国の文化によって歴史的に規定されたものにすぎないとおよそ普遍的なものの意義を否認するシニシズムと、自分たちの主張する理念こそ普遍的なもので世界に通用するものだと理由なく信ずるオプティミズムと、この二つの誤りを克服して真に普遍主義的な価値を追求する過程はどのようにして成立するのだろうか。

　どのような価値も、それが生みだされた社会の文化に規定された面のあることは否定できない。この場合の文化とは広く出来事に意味を与える枠組みであるとすれば、それはその社会の共通の経験を基礎とし、その社会の伝統の積み重ねの上にしか成立しない。どのような価値も、こうした文化のなかで結晶した観念化の所産である。たとえば「平和」という価値にしても、その意味内容は、文化が違うに従ってけっして同じではない。

　しかも注意を要することは、この場合「文化」の違いといっても、それは「日本の文化」とか「アメリカの文化」とかというようにひとつの国民文化の違いを意味するだけではなく、ひとつの国民のなかの多くの文化（すなわち国境や国籍に規定されることのない集団の文化）の違いを含むものだという点である。

日本には「単一民族国家」の神話があり、「日本文化論」によって「日本文化」の特異性と優越性が主張されるため、とかく日本にはひとつの等質的な文化しかないと考えがちである。しかし「平和」をどう解釈するかという例についてみても、沖縄の人たちがその第二次大戦中の体験から「平和」という言葉の意味を考える場合と、「日本は平和で繁栄していて結構だ」と思う人の「平和」とは違うことは明らかである。なぜなら、沖縄の人にとっては、自分たちの耕作すべき土地にある米軍の基地をどうするかということを離れて「平和」は考えられないからである。

このように「平和」の意味は、現状を「平和」ではないと思っている人たちの立場から、絶えず問い直されなければならない。

同じようなことは「人権」という価値についてもいえる。「人権」の必要性が切実な関心事となるのは少数者である。決して強い人たち、多数派の人たちではない。それゆえ、「人権」は守られていると感じている多数派や強者の立場から考えるのではなく、「人権」が守られなければならないと痛感している人、つまり「最後の一人」まで人間が人間として尊重されなければならないと願っている人――たとえば障害者や少数民族など――の立場から、「人権」の意味が絶えず問い直されなければならない。それはまた主権国家の権力からより遠い位置にある人の立場から、権力行使の問題性を問い直すことでもある。

最近のヨーロッパ情勢をみると、主権国家の枠を越えた「ヨーロッパの家」への動きが地球市民社会への過渡段階を示すものとして注目をひく。それと同時に他面では、従来の主権国家の内部で少数民族集団へのアイデンティティが強化され、この面からも主権国家の意義を相対化する傾向がみられる。この少数民族集団へのアイデンティティが自分たちだけの利益主張を越えて地球市民社会への促進要因となりうるためには、そのアイデンティティが閉鎖的なものとならないこと、および絶えずその内部における少数者からの問い直しを許すものであることが必要である。

世界先住民会議のように少数化された民族集団が国際的な連帯をもつのは、このような民族集団へのアイデンティティが開かれたものとして発展していく方向を示すものである。民族集団が開かれた方向へ発展することを保証するもうひとつの途は、絶えずその内部で抑圧されている人の文化からそのアイデンティティの意味を問い直すことである。逆にこのアイデンティティがこの集団の指導者たちによって、それ自身の主権国家をつくりあげ、その中央権力を強化するために利用されるならば、少数民族集団へのアイデンティティの強化という今日的傾向が、地球市民社会形成の方向を逆行させることになる。

それぞれに歴史的伝統をもった文化の多様性といっても、その文化の単位は固定的ではない。少数民族集団のなかにも「中央」の文化と「周辺」の文化との違いがつねにありうるからである。その意味で少数民族の文化といっても、そのなかでの「周辺」からの問い直しが絶えず必要となってくる。

今日の世界のように、そのすべての部分の相互依存関係が緊密になっている状況のなかでは、どのような人間集団も世界の他の部分と無関係には存在できない。そして好むと否とにかかわらず、より強い者の経済的およびそれと結びついた政治的影響力のもとにおかれている。これは、今日の第三世界のすべてに及ぶ南北関係のあり方をみれば明らかである。

そして文化という面でも、多様な文化はそれぞれ孤立して存在しているわけではなく、政治・経済的により強い人たちの文化がより弱い人たちの文化に影響していることも事実である。このことは北の国の工業製品が第三世界に拡がっていくに従って、北の国の生活様式や価値観がそれとともに拡がっていることによっても例証される。また第三世界のなかでの中央（大都市）の生活様式にあこがれて、多くの人口が周辺（農村）から中央に集中する傾向があることも一般的である。こうして使い捨て型・資源浪費型・環境破壊型の消費文化が全世界的に普及してくる。

このように考えれば、文化の多様性は、横並びに異なった文化があるというよりは、むしろ重層的に、「構造的暴力」の支配の連鎖と照応した無限の連鎖をなして現れるともいえる。そのような状況のなかでより普遍的な価値を志向するということは、より抑圧された文化からより上位にある文化の価値を問い直す過程として現れることになる。

日本の課題

この過程は、これまで自明の単位をなすと考えられていた国民文化の伝統を内から問い直し、そのなかにある特殊主義的要素を克服していく過程でもある。この過程こそが、地球市民社会の基礎となりうるような、真に普遍主義的志向をもった価値を形成する要件であると確認するとき、日本におけるつぎの二つの条件が克服されるべきものとして注目をひく。

そのひとつは、すでにみた「単一民族国家」「日本文化論」にみられるような日本を等質的な文化の単位とする閉鎖性の克服である。もうひとつは、西欧列強帝国主義国に追いつけ追いこせという日本型の近代化のなかで形成された「力への信頼」を克服することである。「強者の権利」として加藤弘之によって定式化されたこの「力への信頼」は、アニミズム的な生成・成長信仰の伝統を基礎にしてその上に西欧から社会進化論を日本強国化の理論的武器としてとり入れてから、今日まで抜きがたい思考の型をなしている。この「強者の権利」の主張に「人間の権利」の要求をかえ、「力への信頼」にかえて「人間性（人間的尊厳）への信頼」を打ち立てるという形で、伝統のなかの特殊主義的要素を克服していくことこそが、日本における地球市民社会形成のための不可欠の条件である。

（一九九〇年三月、横浜における『地球民主主義の条件』を主題とする国際シンポジウムでの報告——坂本義和、大串和雄編『地球民主主義の条件』同文館、一九九一年）

＊「地球市民社会」という表現は「地球民主主義」という概念と共に、この国際シンポジウムで使われたものである。私は「地球市民社会」が現代の世界の状況を分析するのに有効な分析枠組であるとは思わない。主催者もそのような意図で用いたのではなく、規範概念として将来志向すべき方向を示すために用いたものであろう。現代世界を認識するためのものとしては、権力状況の厳しさを看過するおそれのあるこの用語を、そのまま使ったのは、この会議が志向した方向には異議がないからである。（二〇〇〇・一二・二〇）

生存権と平和主義

私の戦争責任と社会科学

ラルフ・ジョルダーノ（ドイツのジャーナリスト）が『第二の罪』という本を書いています。第一の罪は、ヒトラーの下で行われたことの罪。第二の罪は、第一の罪を忘れようとする罪。そして、この本には「ドイツ人であることの重荷」という副題がついています。つまり、第二の罪は、戦争のときに生まれてなかった人でも負わなければならないと言っているわけです。

私は学徒出陣の世代で、第一の罪と第二の罪に責任を負わなければなりません。

一九四三年に東条英機が、文科系の学徒は徴兵猶予をやめるから、二〇歳になったら戦争に行け、と言ったわけです。旧制の高等学校の三年生のとき、その演説を聞いて、私は正直なところ、ほっとしたという感じでした。それまで高等教育を受けている人間だけが徴兵を免れることにたいへん心苦しい思いをしていたものですから、その罪の意識から免れたというのが正直な感じでした。

軍国少年として育った私としては、戦争協力に疑いを持つことはまったくありませんでした。当時は「大東亜戦争」と言っておりましたが、その戦争に協力するのはアジアを欧米の帝国主義支配から解放するためだと言われ、植民地や占領地支配の問題などは、まったく考えてもみませんでした。

一九四三年一二月一日に入隊することになりましたが、私がした唯一の選択は、海軍を志願することでした。私にとって大変な問題だったのは、陸軍の一人としてあの軍刀で敵を切り殺すことは、どうしてもできそうもないということでした。海軍だったら、数千メートル離れて戦争するわけですから、相手が死んでもその姿は見えない。

また、戦争に勝つとも思っておりませんでしたから、負けたときには、陸軍だと軍刀で腹を切って自殺しなければいけない。それに成功する自信もない。ところが海軍だと、軍艦といっしょに沈んでしまうわけですから、世話はない。

それで私は海軍に志願しました。

ところが当時の私は、病気をした関係で体重が四九キロで、骨と皮でした。それで結局、海軍にはとられなかった。その代わりに、いちばん体を動かさなくてすむ要塞重砲兵になりました。

要塞重砲兵は、海軍と同じに、大砲で数千メートル離れたところに弾を撃つのだから、相手が死ぬところは見えない。自殺しなければならないときには、大砲の頭にもう一つ弾をこめて射てば、人間もいっしょに飛んでしまう。これで腹を切らなくてもすむというのが、私の正直な感じでした。

そして、東京のいちばん近くの部隊に配属され、八月一五日になって、幸いにして私は人を一人も殺さずに敗戦を迎えました。

四六年の五月から極東軍事裁判が始まり、南京虐殺など、今まで知らなかった大変な事件が暴露されました。私が疑うこともなく加担していたあの戦争は何だったのか、つくづく考えざるを得なくなりました。そこで戦後の私は、どうして国民の大部分がもののみごとにだまされて戦争協力をしたのか、はっきりさせなければ、自分の生きていく道はないと思い、社会科学を勉強して戦争の原因を知ろうと思いました。

それから四六年間研究を続けているわけですが、残念ながらいまだに戦争は続いていますし、いまだに第一の罪、つまり過去の戦争の償いさえしていない状態が続いています。社会科学者としての無力をしみじみと感じるわけです。

殺される側から考えることの大切さ

今回（一九九一年）の湾岸戦争を考えても、アメリカは、正義の戦争である、あるいは世界に新しい秩序を作る戦争であると言っていますが、バクダッドで何の罪もなく殺された市民たちにとっては、いったい何が正義の戦争であるのか。

また日本では、国際協力、国際的な貢献ということで百三十億ドル出しました。それでも足りない、人間も出さなければいけないというので、国連平和協力法案を作って自衛隊を派遣しようとしました。

昨年の一〇月一六日、時の野党党首の土井さんの質問に答えた海部首相は、二五分間の答弁の中で、「平和」という言葉を四四回使いました。

考えてみますと、今までの戦争で平和のため、正義のためと言われなかった戦争はありません。「世界新秩序の建設」は、第二次大戦のときのドイツも言いました。日本では、英米本位の平和主義を排する、われわれは本当の平和秩序を東亜に築くのである、ということで、「大東亜戦争」を戦ったのです。このへんのことは『日本の政治と言葉』という本の中で詳しく書きました。

五〇年前、戦争の正当化に使われた「平和」という言葉がまたしても使われて、どうしてそれを疑うことがないのか。それは、殺されるほうの側に立って考えていないからです。それは平和的な生存権を侵されている者の立場に立って考えないということです。

原因はきわめて簡単な二つの点です。一つは、少なくとも戦争に勝っている場合には、殺されるのは敵国の人で、敵国の人が死んでもあたりまえだと考えるからです。

もう一つは、遠くで人が死んでいるから、死んでいる姿が見えない。たとえば、テレビに出てくる湾岸戦争の映像は、テレビゲームと同じです。

このことは、ベトナム戦争からアメリカ政府が学んだ、非常に重要な点でした。ベトナム戦争のときにアメリカであれだけ反戦運動が起こったのは、もちろんアメリカの兵士がたくさん死んだためですが、もう一つは、ベトナムの市民が無残に殺されている姿がテレビに映ったからです。

その教訓を学んだアメリカ政府は、湾岸戦争では一般の市民が殺されている映像をテレビに出さない、テレビではみごとに目標に弾が当たっている姿だけを出した。

さらに日本の場合には、二つのごまかしがありました。一つは国連という名目を使い、多国籍軍をいかにも国連のためにやっているというふうに言った。もう一つは、百三十億ドルは平和のためだという言い訳をした。

そういう二重のスクリーンを通すことによって、人を殺している実感を伴わないで、湾岸戦争が正しい戦争かどうかが議論された。

殺している側は殺した事実をすぐ忘れてしまいます。しかし、殺された側は忘れません。

このように記憶についての加害者と被害者の違いは明らかです。一九八四年に朝日新聞が韓国の新聞と協力して、韓国と日本と同時に世論調査をしました。韓国で、日本と聞けば何を連想しますか、と聞いたら、四割の人が「三六年間の日本帝国主義の支配」だと言いました。ところが日本で、韓国というと何を連想しますか、と聞いたら、日本帝国主義の支配を考えた人は四％しかいなかった。

一五年戦争の前半は、もっぱら中国大陸で行われ、日本人は戦争は人を殺すものだという実感を持たなかった。南京大虐殺も報道管制で知らなかった。ところが太平洋戦争が後半に入り、日本の全土が空襲にさらされて初めて、戦争は子供も含めて罪のない市民が殺されるものだということを知った。そして、あの原爆の惨禍を経て敗戦になったわけです。

日本人は、苦い経験を最後にしたことによって、日本国憲法九条の平和主義を確立することになりました。前文で「政府の行為によつて再び戦争の惨禍が起ることのないやうにすることを決意し」と言い、主権在民を宣言し、憲法九条を決めたわけです。

当時の毎日新聞の世論調査では、七〇％の人が九条を支持しています。ところがこの憲法九条を支持した世論が、戦争体験の風化とともに薄らいできます。

自・他国民差別と外国人の序列化

日本で特別に考えておかなければならないことが二つあると思います。

一つは、自国民と他国民の区別が、ほかの国よりも強いこと。戦争犠牲者の援護について、日本の国籍を持っている人とそうでない人との区別が、日本ほどはっきりしている国はないと思います。日本人については一三の立法があり、戦争犠牲者については、国家予算の三%、年間二兆円の支出をしています。日本国籍のない戦争犠牲者に対しては、つい最近、台湾の元日本兵の戦死者と重傷者に二百万円を差し上げたに過ぎません。

しかも政府は、平和条約あるいは日韓協定その他で、政府間ではみんな請求権を放棄しているから、もう片付いたのだと答弁しています。しかし、これも実は二枚舌です。日ソ共同宣言第六項で、請求権をお互いに放棄していると言いながら、外務省は国会で、日本人抑留者は個人の請求権まで放棄してはいないと説明しております。

もう一つは、外国人に序列を作っているということです。ジェラルド・ダンプマン(ドイツ人ジャーナリスト)は、『孤立する大国ニッポン』の中で、日本の昭和天皇がアメリカに対して謝罪した言葉と、中国の要人に対して謝罪した言葉を比べると、どうみてもアメリカに対するほうが丁寧である。多くの市民を殺したということからみれば中国に対する罪の方が大きいのに、どうしてこういうことが起こるのか、と書いていています。

その理由は、一つは日本はアジアの民族主義に負けたのではなく、アメリカの技術に負けたのだという考え。もう一つは、戦後の占領と安保条約によるアメリカとの同盟関係。だからアメリカに関心が向く。

一つの国に関心が集中することは、ほかの国に対する関心が薄れることです。第二次大戦中に日本はドイツの言うことだけを聞いて、大変なことになった。国際貢献といっても、アメリカに対する貢献だけで考えていいのか。アメリカに関心が集中することによって、アジアに背を向ける危険性があります。

そういうことを考えると、日本は平和憲法をもう一度考え直して、殺される側の立場に立つ平和主義をとらなければならない。湾岸戦争で言えば、いちばん困っているのは難民、病人、子ども、老人だということを考えて、それをテコにした平和主義を考えれば、日本が何をやらなければならないかもはっきりすると思います。殺される側に立って考えれば、正義の戦争というものはあり得ないという、きわめて常識的なことからわれわれは出発しなければならないと思います。

〔以下討論過程での補足発言〕

非暴力主義を貫くことが国際貢献

日本は平和主義に立って国際社会に何ができるかという問題ですが、一つは、世界の良心的兵役拒否者の立場を貫くということだと思います。つまり、非武装の緊急援助隊を作って、もっとも平和的生存権を脅かされている人に援助の手を差し延べるべきである。難民、とりわけ病人、子供、老人、妊婦など、いちばん弱い人に対して、非武装で救援をすべきである。

ＰＫＯに対しては、国際紛争の解決を非暴力でやるという立場に、日本は徹する。たとえば、国連はイスラエルの占領地区の解放を、決して暴力でやっているわけではないし、南アのアパルトヘイトに対しても、時間はかかったけれども、経済制裁で解決を図っています。

国連が武力を使うという場合でも、日本は非暴力に徹する。自衛隊は、あからさまに言えば、殺人効率を上げるための訓練を受けている集団です。八八年夏の「なだしお」の事件をお考えいただければおわかりだと思います。軍隊の訓練を受けている自衛隊をＰＫＯという名前によって出すことは、絶対にやってはならない。

そして、積極的に組織的殺人としての戦争をなくすために、武器輸出三原則をもっと広めていく。それから非核三原則をさらに厳格にして、適用範囲をさらに広めていく。非核武装地域を増やすということです。

問題なのは、今の日本の政府がそれをやることは考えられないことです。そうなりますと、日本の政府を変えなければなりません。しかし、この転換は、残念ながら、今の野党に期待するわけにはいかない。とすると、市民の手で、市民と国会議員との関係を変えていかなければならない。国内政治の転換、つまり利権の政治から人権の政治へという国内の価値の転換をすることによって初めて、平和憲法で世界に貢献することができる、というのが私が申し上げたかったことです。

湾岸戦争と世論

日米摩擦を考えるときブッシュ政権（一九八九〜一九九三年）との関係だけを考えていいのだろうか。私たちは「ニューヨークタイムズ」に湾岸戦争反対の意見広告を出しましたが、（「国民文化」三八〇号参照）、アメリカの読者から七百通をこえる手紙がきて、そのうちの七〇％をこえる方が私たちの意見に賛成の意見を寄せられました。

湾岸戦争のとき軍隊に志願したのは、経済的理由から、貧しい少数民族の人が多かった。例えばアフリカ系アメリカ人は全人口の一二％ですが、湾岸戦争に参戦した黒人兵は二四％以上でした。だから、戦争が終わってみると、この人たちの間からさまざまな疑問が出はじめています。

日本国内には國弘〔正雄〕さんの指摘のように、群れて流れる傾向があります。が、最近では若い人たちのボランティアで戦後補償を求める会などの運動が支えられたことに、私は希望をもっています。こういう人たちが国際的につながりを持ちはじめていることに期待をかけています。

人権の政治を

「滅私奉公」「欲しがりません、勝つまでは」は、いまの日本には通用しないと思います。が、だからといって安心はできません。私は、かねてから「利権の政治から人権の政治へ」と言っています。

利権は他人の権利を排してまで自分の権利を追求し、利権のためには談合でもなれあいでも何でもします。その背後に、強いことはいいことだ、という哲学があります。

ところが、平和的生存権は全ての人に認められる権利ですから、自分よりももっと困っている人がいる現実を認めることが前提です。例えば、日本からアジア・太平洋各地に戦争犠牲者の遺骨収拾に出かけますが、日本人以外の戦争被害者を放置していいか、という問題です。自分の仲間だけ談合してでも利益をあげればいいという風土を克服して人権を大切にする傾向が少しでも広がることを願っています。

（国民文化会議主催、一九九一年八・一五集会「湾岸戦争後における平和を考える」における発言――『国民文化』No. 383 一九九一年一〇月一日号）

冷戦後における非暴力戦略

殺す危険性について

ＰＫＯの法案論議の過程で一つ気になったことがある。それはこの法律が成立することによって派遣される自衛隊員が直面する危険性のことは論じられたが、「暴力の専門家」と政治学者Ｈ・ラスウェルによってよばれた軍隊が派遣されることによって起こる「殺す危険性」について十分に議論されなかったという点である。つまり自衛のためとはいえ戦闘（端的にいえば有効に敵を殺すこと）のために訓練された軍隊は、その訓練に従って殺す危険性があり、人命を救うためには十分の訓練をうけていないことは「なだしお」事件に際しても明らかになったところである（この点詳しくは石田『平和・人権・福祉の政治学』明石書店、一九九〇年、八七頁以下参照。――なお「殺す」という表現が読者に抵抗感を起こすかもしれないが、しばらく我慢して最後まで読んでいただければ真意は理解されるものと信ずる）。

この「殺す危険性」が十分に検討されていないから、過去に「皇軍」（あるいは「蝗軍」）によって多数の市民が殺された経験を持つアジア諸国で自衛隊海外派遣への不安がなくならないのはむしろ自然である。事実シンガポールの新聞『ストレーツ・タイムズ』は一九九二年六月一二日の社説で次のように述べている。「ＰＫＯは防衛的性格のものである。が、参加するのが訓練を受けた兵士である、という事実は残る。ＰＫＯ法案は、第二次大戦後初めて、戦闘部隊の海外派遣を日本に許すものである。日本の侵略に苦しみ、日本の軍事占領下に暮らした多くのアジアの人々は、こんなことが起きるのを見たくはない」と（『朝日新聞』六月一三日訳載）。

このように日本の軍隊の海外派遣が国連のＰＫＯの名の下になされるということの問題性は、日本の場合には特に過去の侵略とその反省の上に成立した憲法の精神にかかわるものとして、とりわけ深刻である。しかし、ひるがえって考えてみると、この日本の事例は冷戦後における国連の機能と国際紛争解決の非暴力戦略にかかわる一般的な問題のあらわれともいえるであろう。そのようなグローバルな視点から今日的段階の特徴を考えた上で、日本の場合を位置づけ、日本の世界への貢献のしかたを検討することが必要であろう。

以下に述べるのは、一九九二年七月二七日〜三一日の間に京都で開かれた第一四回国際平和研究学会総会で発表した英文報告（原題「ポスト冷戦国際環境における紛争解決の非暴力戦略再考——日本からの一見解」）を、日本人読者のために、あらためて書きなおしたものである。

非暴力戦略に対する冷戦終結の両面的効果

たしかに冷戦の終結は超大国間の核戦争の危険性を大幅に減少させ、非超大国の間にも非暴力的手段による紛争解決の可能性を大きくした面がある。とりわけ東欧における革命的な変化（最も極端な例はドイツ民主共和国という主権国家の消滅）が暴力行使を伴わずに実現されたということは、非暴力による国内改革および国際関係の変化に関する輝かしい事例を歴史に記したことになる。

しかし同時に、冷戦終結が紛争解決のための非暴力戦略の展開に不利な条件を生み出した面のあることも否定できない。その一つは、超大国が経済的困難に直面したため、貿易バランスを改善しようと武器輸出を増大させたことである。このような武器の拡散が、超大国間以外の地域紛争への誘因となりうることは、容易に想像できる。さらに重要なことは、冷戦終結に伴い超大国の一致によって、国連の名による国際的「警察行動」としての武力行使がなされる危険性が大きくなった点である。東西の緊張緩和の結果、国連安保理事会の中でこの種の「警察行動」に対して拒否権行使によって規制を加える可能性が減ったからである。

このように冷戦終結という非暴力戦略展開に一面で好ましい条件が、他面で国連の名による武力行使を容易にする結果ともなったのは歴史の皮肉である。一九五〇年朝鮮戦争に際して日本に駐留していたアメリカ軍が国連の旗の下に朝鮮半島に出動することができたのは、ソ連が安保理事会に欠席していて拒否権を行使しなかったからである。そのときに朝鮮に出動した米軍を補うために創設されたのが、今日の自衛隊の前身をなす警察予備隊であった。このときから発足した日本の軍隊が、冷戦の終結とともに国連の旗の下で海外に派遣されることになったのは奇妙な因縁であるが、これはいま述べたような冷戦後の一般的変化の中で起こったことである。

国連の名による大国支配を防ぐには

冷戦後の状況下で国連の旗の下に大国が武力行使をする危険性を防ぐためには、基本的には国連の内における改革と国連への外からの圧力との二つが必要であろう。国連の制度的改革については専門外の私としては一般原則を述べうるにとどまる。原則的に言えば、安保理事会に属していない小国の意見が正しく反映されるための制度的保証が必要である。ただし国連が主権国家によって構成されており、中小諸国は大国に対する政治的経済的従属関係のため国連改革の意見を強力に主張しえない場合も多いであろう。それ故に国連自身の努力による制度的改革を待つということだけでは実際的ではない。国連自身の制度的改革を実現するためにも、国連の外からの圧力が必要である。すなわち国境をこえたネットワークが草の根レベルの非暴力戦略の自発的運動の間に形成され、その影響による国際世論の圧力が必要である。そして国際世論の圧力が大国内部での下からの圧力として政策決定に影響するとき最も有効な成果が期待できるであろう。

この国際世論が圧力をかける方向として——前述の制度的改革に加えて——非暴力原理の線に沿って国連の機能を限定することをめざすべきであると私は考える。国連が国際的正義実現のために武力による「警察行動」に出ることを承認するためには、その前提として国際的正義をどのような形で認定するかという正当な手続きが必要であり、また武力による警察行動の濫用をどのように防ぐかという制度上の保証が必要である。このような前提条件がととのわない限り、国連の機能は非暴力戦略に限られるべきであろう。これを機能の担い手の面からいえば、国連の活動に参加するものは原則として「文民」であるべきだ（別のいい方をすれば戦闘のために訓練された軍人を除く）ということになる。また武器輸出を厳重に規制することによって、地域紛争が武力衝突に至る可能性を小さくすることも必要である。

ある地域住民の生存権が不当に脅かされている場合のように、やむをえず緊急避難的な行動として国連が武力介入する必要が出て来るではないかという議論も予想される。果たしてそこまでの機能を今日の国連が担うことができるか、あるいはできるとしてもやるべきではないのではないのか、慎重に検討を要すると思う。私個人としては、先に述べた前提条件がない以上、国連の介入は当面非暴力手段によるものに限るのがよいと考えている。そして平和憲法を持つ日本としては国連機能の暴力的要素を極小化するための主導権をとるべきだと思う。なお当面例外的暫定的に必要な武力行使の領域ではその実行担当者は大国の軍隊であってはならないと考える。そうでないと警察活動の名によって大国の国際的実力支配を正当化することになる。

非暴力戦略の今日的意義

以上のように冷戦終結後の状況をとくに国連の機能との関連でとらえるならば、今日における非暴力戦略の役割の重要性があらためて認識される必要性は明らかである。この認識について、平和研究の領域での成果を反省してみると、これまでのところ非暴力行動の意味は、⑴国民国家という枠組を前提として、⑵他国からの侵略あいるは自国内の専制的支配に対する事後的対抗という局面において、主として検討されてきた。G・シャープの研究は、このような視点からこれまでの事例を検討し理論化を試みた貴重な仕事である（Gene Sharp, *Civilian-Based Defense*, Princeton U. P., 1990）。私も及ばずながら日本の事例を基礎として、同じように理論化の試みをしたことがある（石田『平和と変革の論理』れんが書房、一九七三年、第二章）。

しかし冷戦後の今日的状況においては、⑴国民国家の枠をこえた、⑵侵略や専制への事後的反応よりは、より積極的な予防という方向にむけて非暴力戦略が展開されるべきである。既に現実に国境をこえたボランティアの自発的運動組織の活動が人権侵害の救済や貧困の解消、異文化間相互理解促進による紛争の予防にむけて努力を重ねている。これらの活動は、⑴組織化された暴力の正当的な独占体としての主権国家（M・ウェーバー）の枠をこえ、⑵事後的であるよりは予防的な紛争解決の非暴力戦略の可能性を探求するものである。したがって平和研究における理論的枠組としても、この可能性をくみあげ、これを将来にむけて育てていけるような方向で、事例研究の蓄積と理論化の努力がなされるべきである。

日本のなすべき貢献

冷戦後における非暴力戦略の意義をグローバルな視点から以上のようにとらえた上で、もう一度日本の場合をみることとしよう。このような見方からすれば、平和憲法は日本の「国際貢献」に対する「制約」と考えられるべきものではなく、むしろ今日要請されている非暴力戦略の可能性を生かす方向を示すものと考えられなければならない。ＰＫＯのためという名目で自衛隊を海外に派遣する途を開くことは、この考え方に反し、冷戦後の非暴力戦略の展開をさまたげる方向に進むことになる。そして、その方向は、アジアの隣国がおそれているような日本の軍事大国化に至るものかもしれない。

私はこのような日本の軍事大国化のおそれが杞憂に終わることを願っている。しかし、冷戦が終わり、ロシアの軍事的脅威というこれまで自衛隊の存在理由の中心をなしていたものが弱まった今日、そして超大国の軍事費削減が行われている中で、すでに世界第三位にまでなった日本の軍事予算がなお増大を続けている事態は、アジアの隣人たちの不安に十分な根拠を与えている。さらに、これまで国境の外に出ないという原則によって、その防衛的性格づけを行っていたのに対して、ＰＫＯという名によって自衛隊が海外に出ることになったのは、将来日本の軍事力が海外に出動することの先例を開くことになるのではないかという不安が、過去に日本軍の侵略をうけた国の人たちの間に起こるのもまた自然である。その不安に対しては、国連という国際的枠組の中でなされることであるから心配無用という説明がされる。しかし、すでにみたように冷戦後の変化の中には、国連の名による大国の軍事力行使を可能にする条件も含まれていることを考えるとき、国連という枠があるから安心だとはいえない。

むしろ日本が当面している選択は、国連の名による海外派兵の先例を軍事大国化へのステップとするか、それとも国連を大国の実力支配の道具とするのではなく、非暴力戦略による紛争解決の機関とするかの選択である。

暴力と非暴力の原理的違い

ここで検討すべきなのはＰＫＯ活動のように危険を伴うものには、自衛隊のように平素から訓練された集団でなければだめだという説明である。たしかに世論調査によれば自衛隊の存在を是認する人たちの中に、その存在理由として災害救助活動をあげる人は多い。しかし、最初に述べたように自衛隊における訓練は第一義的には戦闘を有効に遂行するためのものである。戦車を災害地に持っていっても救助の目的に適合的でないのと同じように、巨費を使ってやられる大砲の実弾射撃訓練は非暴力的戦略（非軍事的ＰＫＯ活動もその一つである）には役に立たない。否役に立たないだけではなく、時には有害でさえある。というのは、非暴力的戦略と戦闘行為を中心とする戦略とはその原理が違うからである。

非暴力戦略の場合には病人たち、子供、老人、妊婦というようなより弱い人たちへの配慮が優先順位を与えられる。つまりこの人たちが人間としての生存権維持について、より多くの配慮を必要とするという考え方をとるからである。これに対して戦闘においては、より大きな物理的破壊力で敵を圧倒することが主眼とされる。ここでは強いことはよいことだという原理が中心となるから、弱いものの生存や生活は容易に犠牲にされる。これは今日までの一切の武力行使に伴う不可避的な結果である。

このような原理論に対しては次のような反論が予想される。第一は非暴力主義は理想としては結構だが現実はそんなに甘くはないから、不正義の暴力に対しては実力で規制するほかはないという議論であり、もう一つはかりに非暴力戦略が好ましいという立場を認めた場合、どのようにその方向を実現するのかという疑問である。この二つは共に「現実主義者」からの反駁として密接にからみあっているが、便宜上二つをわけて考えることとする。

第一の議論は歴史上古くからある「正義の戦争」論の系譜に属するもので、世界政府が存在せず、何を正義実現のための「警察活動」とするかについて判断する民主的手続が確立していない以上、国連の名によって大国がその軍事力による影響力を行使する危険性は常に存在する（石田『日本の政治と言葉（下）』東大出版会、一九八九年参照）。

普通の市民として何が出来るか

かりに非暴力戦略の必要性を理論的に認めるとして、それを現実化する方法は何かという第二の論点はより面倒である。具体的な政策について国民投票に問う制度がない日本では、ＰＫＯ法案についての国民の世論を政策に反映することは困難である。一度決められた政策について事後的に国民の判定をうける機会が次の選挙であるが、選挙となると政策上の争点はかくされ、利益配分をめぐる関心を中心とした集票がされる。一党優位性が支配している日本では利益配分の力が与党に集中する程度が大きく、このことが与党の地位をより安定化し、野党の政策決定への影響力を小さくするという悪循環が続いている。そして数億円というヤミの政治献金に驚く普通の市民は、とかく無力感に陥りがちである。

普通の、しかも事態を真剣に憂慮する市民にできることは何か。一つの具体例をあげよう。湾岸戦争中政府は難民輸送のためという名目で自衛隊機を海外派遣しようとした。この企てに対して憂慮した市民たちの間に、自衛隊機を送る代わりに現地の民間機をチャーターして難民輸送をしようとする運動が起こった。このために幾つかの組織が作られ、運動の成果として多数の少額の寄付によって数機のチャーター便で難民をアンマンからカイロに輸送することに成功した。そのほかピナツボ火山爆発による災害救助活動に従事しているアジア人権基金のような自発的《ボランティア》組織に一億円をこえる寄付が集められ、若い人を中心に救援活動が進められている。さらに人権侵害や貧困にとりくむため、国境をこえて非暴力戦略に従事している多くのボランティアたちがいる。彼らは危険をかえりみず救助を必要とする人たちのために献身している。

戦闘のために訓練された軍事組織ではなく、非暴力戦略のために訓練された組織による国際貢献ということは、政府の手によってではなく自発的な運動として展開されている。この展開を――金や知恵を出し汗を流すという何らかの形で――促進していくことが、普通の市民にもできる貴重な貢献であろう。本来は政府がその政策決定によって非暴力戦略のために訓練された組織を作り、これを自衛隊にかえてＰＫＯのために派遣することが望ましい。しかしわれわれは政府がそのような決定をするのを待つことなく、現実に自発的な動きで事実上非暴力戦略の担い手を作っていくことができる。

武力による戦略の場合には、組織された暴力の正当的な独占者としての国家に頼るほかはないが、非暴力戦略の担い手は国家に頼らないでも形成できる。民間チャーター機の方が自衛隊機（軍用機が戦闘地域周辺を飛ぶことには関係諸国の抵抗があった）よりも難民輸送の目的に適合的であったように、非暴力戦略のための自発的組織の方が自衛隊よりも非暴力戦略の担い手として適合的であることが国際的に確認される日も遠くないと信ずる。普通の市民も無力感に陥る必要はない。この日を早く迎えるための努力をすることができるから。

（『軍縮問題資料』No.145　一九九二年一二月号）

追記　その後一九九五年ハーグ平和アピール、二〇〇〇年国連本部でのミレニアム・フォーラムなどにおける市民平和活動家の役割の増大とともに、ボランティアによる「常設国際非暴力平和部隊」の設立が提案されるに至った。すでに有志の平和活動家によって始められたＰＢＩ（Peace Brigades International）などが地域紛争に関する活動に従事しており、日本でも参加者がおり、サポート・グループも組織された（『朝日新聞』二〇〇一年四月一三日参照）。

戦争責任論の再検討
——五〇年目の八月一五日に思う——

今年（一九九五年）の八月一五日を私は特別の感慨をもって迎えた。敗戦から半世紀の節目に当たる年だからであることはいうまでもない。それに加えて私個人にとっては、ひときわ意味のある日のように思えた。というのは敗戦によって私が社会科学に志してからの半世紀をふりかえり、日本における社会科学の歩みのあとをたどった『社会科学再考——敗戦から半世紀の同時代史』（東京大学出版会）を六月に公刊したからである。

公刊した六月一五日は、一九六〇年に樺美智子さんが殺された日であるとともに、八・一五の二カ月前であるから、敗戦から半世紀の反省をめぐる議論に加わるのに十分の時間があると考えた。その私が今年の八・一五で何を感じたかを述べる前に、まず五〇年前のその日をふりかえってみよう。

＊

「その日」のことを思い出そうとする時、私はいらだたしいまでに記憶が不鮮明なのにとまどいを感ずる。その日の正午に内容の分りにくい、かん高い声の「放送」を聞いたのは、房総半島の南端近くにあった東京湾要塞重砲兵連隊の第二大隊本部で、陸軍見習士官という下級将校としてであった。放送が敗戦を意味することは辛うじて分ったが、それについてどう感じたかを明らかに思い出すことはできない。とにかく一年半以上の軍隊生活で、完全な活字離れ、あるいは一般的思考停止の状態にあったから、新聞で発表された詔書をみても、ポツダムで合意された「共同宣言ヲ受諾」したらどうなるのかを考えてみることもできなかった。

今でも一つだけはっきり憶えていることは、まず考えたのがこの例外状況の中で数十人の部下をどうしたらよいか、であったという点である。放送の少しあとには司令部のY参謀から断乎抗戦の命令が伝えられた。それから間もなく連絡された命令は、「Y参謀の命令は偽の命令である。同参謀を発見次第直ちに逮捕せよ。反抗すれば射殺するも可なり」というものであった。ある小隊では腹を切るといって騒いでいたZ少尉が、数日のうちに今度は部隊の物資をトラックで自宅に運びはじめ、それに不満を持つ部下に批判されて、「部下が叛乱を起しそうだから何とかして呉れ」と大隊本部に訴えてくる始末である。

かねてから帝国陸軍という官僚組織が朽ちはてた大木のように腐敗していることは私も実感していたが、今やその組織の秩序を保った形で復員業務を完了することに苦心しなければならなくなった。こうして無事に部隊の解散を終えたとき、私自身も完全に存在理由を見失った。戦時中なぜ軍国青年に作りあげられていたかを究明するため、社会科学者を志すことに新しいアイデンティティを見出すまで、それからなお数カ月の虚脱状態を経なければならなかった。

＊

それから五〇年、今年の八・一五は私にどう感じられたか。敗戦から半世紀の歩みをどう総括するかに特別な関心を持っていた私は、七月初めから八月中旬までこの問題に関連した七種類の集会（内二つは二日以上に及ぶ）に出席した。たしかに集会の数は多かったし、それへの参加者総数も例年よりは多かった。内容的にも「従軍慰安婦」や強制連行、強制労働など「戦時奴隷制」に対する法的責任を問う国際世論の高まりも感ぜられた。

しかし他面では「民間基金」（「女性のためのアジア平和国民基金」）の提唱に伴う戦後補償要求運動内部の意見対立もあり、これに関する集会の中に不満と困惑がみられ、昨年に比べて盛り上がりの不足もあったように思う。

たしかにこれまでの市民運動により、また歴史家や弁護士たちの努力によって、戦争責任をめぐる多くの事実が明らかになった。しかし戦争責任に関する理論的究明は、必ずしも十分になされていないという不満を禁ずることはできなかった。五〇年間に、この究明について決して論議が重ねられて来なかったわけではない。いま必要なのは、半世紀の節目に当って何が蓄積され何が論じ残されて来たかを整理することだと思う。

この点の不足は、ほかならぬ社会科学者の責任だと思うから、他人をせめるよりは自分でその不足を補うほかはない。そのために目下「戦争責任論再考」とでもいうべき論文（後に『記憶と忘却の政治学』明石書店、二〇〇〇年所収）を書いている。ただ今日の戦争責任論における問題点は『社会科学再考』で指摘した日本の社会科学における限界——すなわち発展主義と国民国家の思考枠組——と密接に関連しているので、その点だけをあの本の補論という意味で、簡単に指摘しておこう。

まず「発展主義」の問題をみよう。誤解を恐れず比喩を用いるとすれば、その欠陥は芥川龍之介の「蜘蛛の糸」症候群とも称すべきものとして現れる。第一の症候は救いの糸は一本しかないと信ずることであり、第二にはその一本の糸で救いへの途を求めるとすれば、先に進んでいるものと遅れているものとの一義的な序列が考えられるということになる。

因みに私が「発展主義」の中で、アメリカの近代化論とマルクス主義的発展段階論とを区別しなかった点に疑問を感じた読者がいる。たしかに「人間解放」という普遍主義的理念をかかげる場合と物的生産量で比較する場合とに違いのあることは否定できない。しかし救いの糸が一本であり、「先進」と「後進」との間に一義的序列があると信ずることから起る問題に関しては共通した点がある。

そして第三の症候としては、先に進んでいるものが後から来るものを踏みつけ切り捨てなければ上に行けない、と信ずるという点がみられる。これは弱肉強食を積極的に肯定しないまでも、不可避の運命として容認する根拠となる。

一九八二年の世論調査で「資源の少ない貧しい日本が、他国に軍事進出して行ったのは、生きるためのやむを得ない行為だった」とする人が四四・八%に達しており（一〇月NHK調査）、今年八月島村文相が就任後の記者会見で、「優勝劣敗」は不可避の結果であると言ったことは、この症候群が今日まで顕著に残っていることを示している。

対外的な配慮からか過去の戦争を侵略戦争と認める人が前掲世論調査でも半数をこえているが、しかし戦争は日本にとって不可避の選択であったという「蜘蛛の糸」的思考が、日本の戦争責任論における致命的弱さとなっている。

次に『社会科学再考』の中で、今日の社会科学の第二の問題点としてあげた国民国家の思考枠組にふれよう。私は「誰の死を忘れ誰の死をどう意味づけるか」という論文（『季刊戦争責任研究』八号、一九九五年夏――本書第Ⅲ部所収）で、国民国家を単位として戦争で殺した人のことは忘れ、殺された自国軍人だけを記憶し顕彰する傾向が今日まで続いていると指摘した。アメリカのヴェトナム戦死者メモリアルとスミソニアン航空宇宙博の原爆展示などもその例である。

「国民」を「想像の共同体」と規定したB・アンダーソンにならっていえば、右の傾向は「記憶の共同体」として国民国家の思考枠組が機能した結果である。「蜘蛛の糸」症候群のときに救いの糸は一本であると信ずることと特徴づけたのと同じように、「記憶の共同体」は国民国家の影の部分を忘れ、栄光の面だけを記憶しようとする企てによって作られたものである。靖国神社法制化の企てなど「英霊の顕彰」を試みようとする遺族会の一部の動きは、こうした共同体を作りあげようとするものである。

このように国民国家の思考枠組を強めるために構想される「記憶の共同体」は、はじめから戦争における殺戮する面、影の部分を忘却することによって構成されたものだから、その共同体では戦争責任を意識する契機は、そもそも存在しない。これに対して戦争で虐殺された被害者の視点に立った時にはじめて、戦争責任を意識化し国民国家の思考枠組をこえる契機が見出される。

沖縄では戦争終結五〇年を記念して、殺された被害者の立場から戦争を見なおそうとしたとき、ひとしく殺されたすべての人たちの名前を刻む「平和の礎《いしじ》」という形で国民国家の枠組をこえることになった。それは「命《ぬち》どう宝」という見方から戦争で殺された人たちを思うとき、国籍の違いという国民国家の枠をこえさせることになった結果でもある。

同時に戦争被害者の人権という視点から過去の戦争をとらえるということは、「蜘蛛の糸」のより下の部分から見ることによって発展主義を問いなおすことにもなる。その意味で注目すべきことは、脱冷戦期に入って「東京裁判史観」批判というようなイデオロギー論議よりも、具体的な戦後補償への関心が若い世代を中心に高まって来た点である。たとえば九三年の朝日新聞世論調査では、日本政府が戦後補償要求に応じるべきかという質問に対して、「戦争から遠ざかる若い世代ほど補償に肯定的で、二十歳代では七割が『応じるべきだ』としている」（朝日新聞取材班『戦後補償とは何か』朝日新聞社、一九九四年、一三七頁）。

＊

このようにみてくると、従来の社会科学の問題点であった発展主義と国民国家の思考枠組が、戦争責任論の意識的展開への障害でもあることは明らかである。そしてこのような障害を克服する途もまた共通している。すなわち、より多くの被害をうけたものの人権の視点から問いなおすことによって、より普遍主義的な志向をうちたてるという努力である。

「蜘蛛の糸」的志向にとらわれ、強者の論理にしたがって富強をめざそうとすれば、核実験も敢てし、第三世界を収奪し、環境を破壊することも不可避の選択と意識される。それがたとえ地球上すべての次の世代を破滅におとしいれることであっても、それを問いなおす契機は生まれない。

これに反して弱者の立場に立ち、最もめぐまれない「最後の一人」までが人権を保証されるような方向を求めていく場合には、将来にむけて人類共存の展望が見出されることになる。そのような救いを与える糸は決して一本ではない。すべての個人がそれぞれ救いを求める糸を持っているとみるべきであろう。否、その糸が無限にあると信じ、それぞれの比較をしながら、最も自分にふさわしい途をえらんでいけるという意味で、救いの糸の多様性に積極的意味があると考える。『社会科学再考』の最後で討論の役割を強調したのは、この理由からである。

以上述べた意味で、私は「理性的討論」の結果、人間社会における「進歩」の途が「一本の糸」に収斂されうるという考え方はとらない。たとえどのように普遍主義的理念を強調しても、救いの糸を一本と信ずる場合には、「進歩」のために「遅れた」部分に強制を加えるという形で「理念」が抑圧を正当化する手段となりやすい。ソ連が社会主義の理念の名によって衛星国を弾圧し、アメリカが「進歩のための同盟」によって中米諸国を従属させたのがそのよい例である。

それならば、われわれは「何でもよい」個人の好みの問題だという相対主義をとらざるをえないのだろうか。否、常により周辺の立場から問いなおし、より普遍的なものを志向するという方向においては同一性を見出すことができると考える。それが人間性に対するあまりにも楽観主義的な信頼に外ならないという批判は甘んじてうけよう。ただし楽観主義が安易な自己満足に陥らないためには、より周辺的な立場からの問いなおしへの感受性が安全弁として必要であるとつけ加えよう。

戦争責任論の理論的再検討は、以上述べた意味において、社会科学を再検討する重要な試金石となる。その試金石の上にどのような線を描くかは、当面私に与えられた課題としてこれに全力を尽くすことにしよう。

五〇年目の八月一五日は、今までにもまして重い課題を私に負わせたように思われる。

（東京大学出版会『UP』No.278　一九九五年一二月）

アジアの中の「国家」日本

「国家」意識の再登場

戦後の啓蒙期には「国家悪」が強調され、国家の中心的役割とされていた組織的暴力による防衛機能が憲法九条によって否定されたことは当然であるとうけいれられる傾向が支配的であった。ところが敗戦体験の記憶が弱まるに従って、平和憲法の規定した国家が異例のものであるという意識が強まってくる。

一九八〇年公刊の『日本よ国家たれ——核の選択』（文藝春秋）という清水幾太郎の論調は、戦後民主主義に対する反動を代表する言説であった。それは、戦後期の平和意識の中にあった楽観的空気と憲法という規範によりかかろうとする姿勢を批判した点で、また回復してきた国民的自信に訴えるという点で、日本国民の世論を動かす要素を持っていた。こうして八〇年代には——レーガノミックス、サッチャリズムなど世界主要国での保守回帰の動きと同時平行的に——中曾根による「戦後政治の総決算」路線が、内においては「単一民族国家」神話により同調性を強め、外に向かっては「国際国家」を提唱することによって、大国としての威信を確立しようとした。

この背後には、敗戦体験を時間の経過とともに忘れ去ったという事実があった。しかし、過去の戦争で日本の侵略と軍事占領による被害をうけたアジアの隣人たちにとっては、戦争体験はそれほど簡単に忘れられるものではなかった。日本が再度大国化しようとする傾向は、過去の侵略を思いおこさせるだけではなく、将来への不安をかりたてた。八二年「教科書問題」、八五年首相の靖国神社公式参拝などがアジア諸国からの激しい抗議をひきおこしたのはこのためである。

一九九〇年代にも――「冷戦終結」といわれる変化にもかかわらず――八〇年代の「国家」意識の強調は持続した。もちろん、国際情勢の変化に伴う論調の変化は明らかである。一九七九年のソ連のアフガニスタン侵攻は、八〇年代を通じてソ連の脅威論が「国家」としての日本の防衛力強化を正当化する論拠となることを許した。しかしソ連の消滅後は、自衛隊の存在根拠として「我が国の防衛」のほかに「大規模災害等」への対応と「国際平和協力業務の実施」とを加えることを必要とするに至った（「平成八年度以降に係る防衛計画の大綱」）。

それと同時に他面では、ソ連崩壊によって一層世界的に重要性を増したアメリカの世界（極東に限らない）戦略上の拠点としての日本の役割が、「日米安保再定義」によって確認強化されることとなった。実はこの面では日本の「国家」は、――八〇年代からの「国家」意識の強調にもかかわらず――十全の自立性を持っていない。その意味では依然として占領下にあった当時からの心理的遺産が続いているといわなければならない。

こうした九〇年代の「国家」意識の複雑な様相について全面的に論ずる紙面はない。ここでは八〇年代の「国家」意識の中にみられた「国家」と「国民」の区別をあいまい化する傾向が、九〇年代にもひきつがれどのように展開されたかに視座を限定したい。「国家」と「国民」概念の融合傾向の歴史的背景と理論的問題については、拙著『日本の政治と言葉』下巻（一九八九年、東京大学出版会）を参照されたい。

「国家」の安全保障と「国民」の安全確保

八〇年代から顕著となりはじめた「国家」概念と「国民」概念の癒着傾向は、九〇年代になると湾岸戦争を契機に登場した在外邦人救出のためという名による自衛隊海外派遣の企図や、阪神大震災に伴う「危機管理」の必要性の強調という形で示されるようになる。共に「国民」の安全を守るという名目の下に「国家」の暴力機構の活動範囲拡大、統制機能の強化が主張されているが、果たして「国民」の安全は、右にいわれているような「国家」の機能の拡大によって守られるのか。

湾岸戦争の時、難民救出のために自衛隊機を派遣しようとする企図が報ぜられたが、戦闘地域に軍用機を使用することの不適合性のため実現せず、逆にこの企図に反対した市民運動によって現地の民間航空機をチャーターする方式がみごとに成功した。阪神大震災においては、「国家」機能の無力さが暴露されたが、それは「危機管理」という形で「国家」（実は「政府」）が国民に対する管理を強化すればそれで解決される問題ではない。いや一層重大な問題は、政府の政策が阪神の被災者（住民）

に対しては個人の救済はできないとしながら、他方では住専問題の処理に当たって私企業の救済に多額の税金を使うという不公正にある。

財政支出における優先順位という点からみれば、「国家」の安全保障のためという名目による軍事費の支出と「国民」の安全確保のための支出との間の選択がなされなければならない。限られた財源の中から低い確率の侵略（一体誰からの脅威なのか）に備えるという名目で高度の性能を持った対潜哨戒機などに支出するよりも、その一機分で何機も購入できるヘリコプターを地震などの災害（その確率は侵略より高いと思われる）に備えるために支出し、殺人の専門家組織に人件費を使うよりは、非武装の救助専門家の組織を作ってそれに人件費を使う方が「国民」の安全確保と非武装の「国際協力」に役立つと思われる。

また日米安保体制の下で、「日本に米軍を駐留させることは、米国内に置くよりも、実のところはるかに安くつく」とパウエル統合参謀会議議長の報告書（九三年）でいうほどの「思いやり予算」を出して米軍の基地を維持し、米兵を駐留させることが、果たして「国民」（「住民」）の安全を守る最良の方法であるか、再検討を要するところであろう。

「国家」の安全保障と「国民」の安全確保との間にみられる反比例的な関係は、単に限られた予算枠の使い方におけるゼロ・サム的関係にみられるだけではない。「国家」の安全保障のためという名目でなされる軍備の維持改善や基地機能の強化は、対外緊張を高めることによって「国民」の安全に対してマイナスになるという面も看過できない。

とりわけ過去の戦争において日本に侵略され、軍事占領を体験したアジアの隣人からみれば、戦争責任を明らかにすることのないままで、日本の軍事力が強くなることに対する不安を持つのは当然である。そこで日本のアジアのなかにおける位置づけを、もう一度反省してみよう。

アジアという言葉の両義性

「国家」と「国民」の区別が明らかにされなければならないのと同じように、政府が政治目的で使うアジアという言葉と歴史的事実によって規定されたアジアの意味との間の区別が必要である。政府は日本がアジアを代表とするという形で、たとえば日本の首相がサミットで占める地位を権威づけようとする。果たしてアジア諸国は、日本によって彼らの意見が代表されたと思っているだろうか。あるいはそうされることを望んでいるだろうか。

保守的な政治家やそれに同調する知識人の中には、アジアの指導者に人権という概念はアジアにはなじみ難いと主張するものがいるのを利用して、西欧的価値はいまや普遍的妥当性を失い「アジア的価値」がこれに代わるべきであるという言説をなすものがある。これはアジアに中国文化、ヒンドゥ、イスラムというような異なった文化があることを無視して、西欧の対極におかれるべき統一体として、高度にイデオロギー的意味を持つ形で、「アジア」という用語を使ったものである。

さらに時代錯誤的な反動派は、過去の戦争がアジアを植民地状態から解放するためのもので、その結果アジア諸国の独立が達成されたという。これは明らかに歴史的事実に反する戦時中のスローガンのくりかえしにすぎない。なぜなら戦争中に日本が独立を認めたのは、すでに宗主国アメリカから独立を約束されていたフィリピンと、反英独立運動を利用して政治宣伝に使ったビルマの場合に過ぎなかったからである。

むしろ重要なのは、日本軍が敗戦に際して武器をひき渡したのが旧宗主国たる連合国であったことである。インドネシアの場合には日本軍の中に武器を持ったまま独立運動に参加したものがいたが、かれらは軍の命令に反して独立に協力したのである。こうしてアジア諸民族は（日本の占領期に一時的に旧宗主国の支配が中断したにもかかわらず）第二次大戦後に自分達の力で独立をかちとらなければならなかった。

これを日本の側からみれば、日本が解放を促進したといえないだけでなく、戦後の困難な脱植民地化の過程で負うべき責任からも免れてしまった（この点詳しくは拙著『社会科学再考』一九九五年、東京大学出版会、五二頁以下参照）。戦後直ちにはじまった冷戦状況は、朝鮮半島における民族分断の悲劇を生んだが、その点についても日本はまだ責任をとることをしていない（朝鮮半島の北半分とはまだ国交さえもない）。

アジア諸国から日本に対する戦争責任の追及という点に関しては、日本を強力な同盟国とするという米国の配慮が、その矛先を弱めることとなった。このことは、冷戦下アメリカの共産主義封じ込めという極東軍事戦略の下でなされた日本とアジア諸国との間における講和と賠償のあり方にも示されている。

こうした歴史的事実に即してみれば、第一にあげた政府などの用語例と違った「アジア」の意味が明らかになる。私が本文中に「アジアの隣人」というような表現で示した場合の「アジア」とは、日本が過去の戦争において侵略し軍事占領することによって多くの被害をもたらし、しかも今日まで十分にその謝罪とつぐないの責任を果たしていない地域を意味する。

このように考えてくれば、日本がアジアの中でどのような位置を占めているかは明らかであり、その中で何をまずなすべきであるかも明らかになる。過去の戦争のつぐないをすること、将来にむけて軍縮の方向を明示することによって、日本が平和の途を歩むことをその政策によって実証することこそ、アジアの隣国の信頼を醸成することによって「国民」の安全を守ることになる。これは「国民」の安全を他国民と区別して守るのではなく、ひろく人類の安全に貢献する途である（「国民」の閉鎖性をこえる媒介項となるのは国籍の違いなど内部に多様性を含んだ「住民」概念である）。「主権国家はもう古い」といって多国籍軍への参加を正当化しようとする途（小沢一郎発言『毎日新聞』一九九六年六月七日）ではなく、国民否ひろく人間の立場からアジアの中の日本「国家」を問いなおす必要がある。

（『軍縮問題資料』No. 214　一九九六年九月号——*"Join Asia for Real Security"* として Japan Times, Aug. 20, 1996に英文要約が所載）

Ⅲ　世論・集合的記憶・ナショナリズム

日本の「国益」とマス・メディア(1)
――国民国家の限界を考える――

1　日本の「国益」は明らかであるか？
――二つの相反する見解――

日本の「国益」という場合、しばしばそれが自明の意味を持つかのように用いられるが、実はそのような自明性を前提に議論を進めることはできない。むしろその意味のあいまいさを前提として、そのあいまいさの内容をこそ問題にすべきであろう。その必要性を明らかにするため、まず日本の「国益」は明らかであるか？　という問いに対して、全く相反する見解があるという事実を指摘することからはじめよう。

相反する二つの見解とは、一方で日本はあまりにも露骨に利己的な「国益」を追求しているという非難があり、他方では日本における政治指導の弱さの結果日本の「国益」が誰によって代表され、その内容が何であるか分からないという不満もきかれるという事実に示されている。

第一の日本はあまりにも露骨に「国益」を追求していると非難する人があげる例は、南アフリカのアパルトヘイトに対して国際的に経済制裁を加えているとき、日本企業はぬけがけ的に南アとの貿易関係を現実的に続け、利益をあげていたなどという点である。さらに古くさかのぼれば、朝鮮戦争やヴェトナム戦争でアメリカ兵が血を流して戦っていたときに日本経済は「特需」で大きな利益を得た事実があげられる。そして今日世界の到るところに日本の企業が進出して、環境破壊などの害悪を生じ、他方でアンフェアーな規制によって外国企業が日本に入ってくることをさまたげているというのも日本の利己的「国益」追求の例としてあげられる。

そして、このような形で日本の利己的な「国益」追求を非難する人は、しばしば誰かがその元凶であるにちがいないと「犯人さがし」をはじめる。すなわち、このような「国益」追求は綿密な計画の下に、官僚その他日本の支配エリートが意図的に指導することによって遂行されているのだと考えがちである。しかし、このような「陰謀説」とでもいうべきものは、「日本たたき」の心理が投射された結果生じたもので、この「国益」追求作戦の参謀本部を明らかにすることは、実証的に難しいように思われる。

それだけではなく、むしろ反対に日本の「国益」について日本の支配エリート自身が明確に意識していないのではないかという疑問を持たせる多くの資料が見出される。一つの例をあげれば、湾岸危機のように国際的に難しい局面が生まれたときのアメリカの駐日大使と日本の駐米大使の態度のちがいにもそのことはよく示されている。周知のようにアメリカの駐日大使は、日本の政治家たちに対して極めて積極的にアメリカの政策の線に沿った働きかけをしたのに対して、日本の駐米大使は日本に帰ってきてアメリカの意向を日本の政府に対して説明する努力をしたようにみえる。一国の大使は通常自国の「国益」を相手国に対して主張するのが任務であると考えるべきであろうが、日本の駐米大使は、これまでしばしば重要な局面でアメリカの世論に働きかけるよりも日本に帰ってきて日本の政界や世論に働きかけた例が多くみられる。しかし、この事実から日本の駐米大使個人を非難するのは酷であるように思われる。なぜなら日本の駐米大使がアメリカに向かって主張すべき日本の「国益」なるものの内容が誰にも明らかでないから、いかに有能な大使であっても日本の外交方針にそった積極的な行動をとることができないのも当然だといわざるをえないからである。

さて、日本の「国益」は明らかであるかという問いに対して、以上見たような二つの全く違った見解は、そのどちらかが正しく、他方が間違っているというのではなく、それぞれに一面からみた正しい指摘を含んでいるといわなければならない。実はこの見解のちがいは「国益」という言葉そのものの多義性に由来するものとみるべきであろう。次に「国益」という言葉の二つの異なった意味をとりあげ、その相互関係をみることにしよう。

2　「国益」の両義性
——国家利益と国民利益のちがい、対抗、相関——

J・フランケルはnational interestという場合のnationalという言葉はstate（国家）とnation（国民）という二つの名詞に対する形容詞となりうると指摘している(2)。同じく「国益」といっても国家の利益としては、M・ウェーバー的な表現を用いれば、正当化された暴力の独占体としての主権国家の利益を指し、国民の利益という意味では、それぞれの人が生まれながらに属している国民とよばれる生活共同体の利益を指すという点で区別される。多元的国家論者の表現をかりれば、国家は association すなわち特定の目的のために作られた結社の一種であり、国民は人が生まれながらに属する community であるという点で類型的に区別される。

国家利益という意味で用いられた「国益」は、結社としての国家の目的にしたがって合意され、形成されたものという性格を持っている。日本の「国益」が明らかでないという前述の一方の見解は、このように合意によって形成された国家意志が明確でないという面に注目したものである。

これに対して、国民であるということは特に合意を前提とするものではない。それゆえ意図的であると否とにかかわらず、日本人が、あるいは日本の企業がある共通した態度を示し、その結果日本人に共通の利益が与えられるとみえるとき、そこに日本の国民の利益という意味での「国益」があると考えられるのである。日本は露骨に「国益」を追求しているという非難がされる場合、しばしばこのような面の「国益」に注目しているのである。

「国益」という同じ言葉に含まれる国家の利益と国民の利益とは以上のように概念的に区別されるが、現実の用法でこの二つは対抗するものとして使われることもある。国家利益が物理的強制力の正当的独占者としての主権国家の意思を代表し、それは現実的には権力者の利益を意味するのに対して、国民的利益は支配者の利益とは異なる国民大衆の利益を意味するのだという形で国民的利益を国家利益に対置しようという場合もある。とくに専制的な政府が支配者の恣意によって、たとえば国家に戦争への途を歩ませる危険があるのに対して、戦争の犠牲となる国民の利益の立場から「国民外交」を展開することによって平和を維持すべきであるという主張がなされた場合もある。第一次大戦後、民主化と国際協調が平行的に発展するものという見方が支配的であったときに、日本でもみられた主張であったことは、他に詳しく述べたのでくりかえさない(3)。

ところが日本で男子普通選挙の実現とマスコミュニケーション・メディアの発展が、皮肉にも対外強硬姿勢を好む国民大衆の心理を醸成することに役立ったように、国民世論の政治的役割の増大が必ずしも合理的な国家意思形成に貢献するとは限らない。逆に非合理的な排外主義的国民意識が、無謀な戦争への誘因となるように、客観的にみた国家利益に反する結果をひきおこすこともある。この意味では、国家利益が合理的側面を持つのに対して、国民利益という形で示された国民の意識が非合理的な要素を持つという形で対置されることもある。

国家をめぐる政治哲学において国家理性（Staatsräson, raison d'état）とよばれる観念が、クラートスとエートスを架橋すべきものと考える場合には、一定の歴史的段階において国家利益のあるべき合理性の面を強調しようとしたともいえる。この国家理性の歴史については、『近代史における国家理性の理念』と題するマイネッケの名著があるので、ここで多くを述べる必要はあるまい(4)。

たしかに理念として国家理性をいうことには、それだけの規範的意味がないわけではないが、現実に「国益」という言葉が政治の世界で用いられるときには、それが国家利益を意味しようと国民利益を意味しようと、いずれにしてもイデオロギー的であり論争的であることが多い。すなわち国家利益の名によって政治指導者が自分の政策を正当化する場合、あるいは国民利益の名で対抗エリートが権力者に対抗して自己の政策を正当化する場合など、どちらにしても自分の主張を正当化する名目として「国益」という言葉が用いられているのである。

この意味では「国益」が国家利益を意味する場合と国民利益を意味する場合とに区別されるといったところで、現実政治におけるイデオロギー的性格においては共通しているといわなければならない。そして「国益」という言葉のこの二つの意味に共通性があるのは、近代国家が一方で主権国家であると同時に他方では国民国家であるという表裏をなす二面性を持つことを考えれば、むしろ当然のことである。この両面の表裏不可分の関係は次のような事実にみられる。どのような主権国家も国民の非合理的な心情を考慮に入れ、またしばしばそれを利用して国家政策を実施しようとし、他方権力に対抗するエリートが国民利益を国家利益に対置する形で自分の政策を主張した場合にも、その勢力を増大させようとすれば主権国家の中枢に近づいていかなければならない。

とにかく「国益」という言葉を現実政治の中での機能を中心にしてとらえれば、それは権力者、カウンター・エリートなど何らかの政治集団が、それぞれの立場で自己の主張を全体の利益を実現するものだと正当化する名目にすぎないともいえる。このようにイデオロギー批判の立場からみれば、「国益」概念は本来的に論争的なもので、何が本当の「国益」であり、何がにせものであるかを区別しようとすることは、あまり意味のあることとは思えない。

それならば、「国益」とはそれぞれの集団あるいは個人の利益を国家あるいは国民の名によって主張するものであって、その内容の当否については各人の判断に委ねて完全な相対主義に陥るほかはないのであろうか。この相対主義から脱却するための判断基準は、その政策が正当な手続による合意の結果形成されたものであるか否かに求められるほかはあるまい。

この場合「正当な手続」とは、近代民主国家では、具体的には憲法という一国の基本方針を定めた国民的合意を基礎とし、同じく憲法に保障された基本的人権、とりわけ表現の自由、結社の自由を前提とした上で、議会制民主主義の手続によるという意味である。この議会制民主主義の手続は、いうまでもなく公開の討論、その際における反対意見の尊重という前提の上で成立した多数決による決定ということになる。もちろん、ここで多数決という場合、議会を構成する代議士の選出が世論を公正に反映するようになされているかという選挙制度の問題、あるいは議会内決定と世論が乖離することを防ぐために必要な場合に国民投票のような制度が整備されているかなどの問題があるが、それらの詳しくはここで論ずることを省かざるをえない(5)。

3 「国益」観念をめぐる今日的状況
——主権国家の意味の低下と国民内部の多様化——

さて「国益」という言葉を国家の利益と解しようと国民の利益と解しようと、最近の世界の状況の中では「国益」の持つ重要性が相対的に低下してきているといえよう。それは「国益」という観念の二つの意味を支えていた近代国家の二側面、すなわち主権国家という面と国民国家という面とが両方とも大きな転機に直面しているからである。

まず第一に主権国家という面をみれば、一九九〇年一〇月三日にドイツ民主共和国という主権国家が流血なく消滅したという事実に注目しなければならない。すでにヨーロッパ議会を持っているＥＣの主権国家をこえた統合は、一九九二年にむけ、そしてそれ以後に一層の速度を以て進められるであろう。そしてこの統合促進の傾向はＥＣの範囲をこえて「ヨーロッパの家」という発想の中でも発展させられる。しかも、それは単なる発想にとどまらず、一九九〇年一一月二一日パリでの全欧安全保障協力会議（ＣＳＣＥ）の首脳会議で「パリ憲章」（Charter of Paris for A New Europe）の採択という形で具体化に向かっている。[6]

このようなヨーロッパの状況に比べれば、アジアなど他の地域では、主権国家の意味の低下はそれ程顕著ではない。しかし、ＡＳＥＡＮなど部分的にはやはりこの傾向を示しており、程度と速度の違いはあるにしても、世界全体としてこの方向にむかうであろうことはほぼ間違いないといえるであろう。

さて、近代国家のもう一つの側面としての国民国家という面についていては、内部的多様化の傾向が注目されるべきである。すなわち国民国家（état）に対して地域（pay）の独自性を主張する運動や、[7] nationality に対抗して ethnicity を強調する傾向が顕著である。ヨーロッパでは一九八一年欧州議会が「地域言語文化と民族的マイノリティの権利の憲章」を採択、地域の言語・文化の振興を教育のすべてのレベルで実現し、マス・メディア、行政・司法の領域でもこれを尊重すべきことを定めている。またアメリカでは「melting pot（るつぼ）」として一つの国民を形成しようとする方向から、「サラダ鉢」としてエスニックな文化を尊重する方向への変化は明らかである。[8]

またヨーロッパ、アメリカに顕著にみられるこの傾向は、一九八一年の世界先住民会議（World Council of Indigenous Peoples）というような国際的連帯を通じて世界の他の地域にも影響を及ぼし、一九八二年には国連人権委員会に「先住民に関する作業部会」が開かれ、一九九三年に「世界先住民のための国際年」が計画されている。また日本でも北海道における北方圏構想や日本海時代をめざす新潟の対岸交流への動きなど、国境をこえた地域間の連帯への努力がみられる[9]。

もちろん、エスニシティや地域の特殊性を主張する運動の中には、従来の主権国家から分離独立して自分達の新しい主権国家を作ろうとする方向を示すものもある。しかし将来の現実的可能性という点からみれば、独立国家になるよりは、従来の国家の中で多様性を認めさせるという結果になる場合が多いであろう。

以上みたように近代国家の二側面としての主権国家、国民国家いずれの面からみても「国益」という観念の持つ意味が相対的に低下しており、将来ますますこの方向に変化することは疑う余地がないように思われる。とりわけ「ボーダレスの時代」といわれる現代においては環境問題のように国境をこえ国民の範囲をこえて解決しなければならない問題に直面していることを考えるとき、「国益」という視角の持つ限界は明らかである。核兵器という超兵器の出現は、テクノロジーの発展が人類を共通の運命に直面させる可能性を示唆していたが、チェルノブイリの原発事故は放射能にとって国境が無意味であることを現実に証明した[10]。

4　現代日本における奇妙な逆行現象
――「日本よ国家たれ」という言説と日本文化論――

ところが奇妙なことに一九八〇年代からの日本の状況をみると、以上述べたような世界における傾向に逆行する現象がみられる。すなわち一方では主権国家の主権性を強調しようとする動きと、他方では国民的同調性を誇り、これを強めようとする傾向がそれである。

まず第一の主権国家の意味の強調は一九八〇年に公刊された清水幾太郎の『日本よ国家たれ——核の選択』に最も端的に示されている[11]。すなわち日本は「おしつけられた憲法」によって非武装を強いられ、主権国家としての資格を奪われたのだが、今こそ一人前の国家として一人前の軍備を持つべきであり、今日一人前の軍備といえば当然核兵器を含むべきだというのが清水の主張であった。その際社会学者としての清水は、M・ウェーバーの古典的な定義をひいて正当化された暴力の独占体として国家をとらえ、主権国家における軍事力の重要さを指摘する。

このような論壇における主権国家重視の傾向と平行的に、現実政治の面でも軍備強化のキャンペーンがなされる。一九七九年ソ連のアフガニスタン侵攻を契機としてソ連脅威論が一九八〇年代に入り再度強調され、それが軍備強化の理由づけとされて、やがて一九八六年中曾根内閣による軍事費GNP一％枠撤廃にまで至る。

それと同時に中曾根首相は「国際国家をめざして日本のアイデンティティを確立する」という形での日本の「国際化」を提唱する。日本で流行語とさえなったこの「国際化」という言葉は、「日本に都合のよい方向に世界を利用することを意味していた」と『ジャパン　アズ　ナンバーワン』の著者エズラ・ヴォーゲルは、その日本版への序文で述べている[12]。

このヴォーゲルの指摘の背後には、日本人に「アメリカ同様の傲慢の罪の危険がある」との認識がある[13]。すなわち、かつてアメリカ人が第二次大戦後その傲慢な態度で世界に進出したことによって「醜いアメリカ人」と嫌われたように、日本人は「国際化」によって「醜い日本人」として世界で嫌われることになると警告しているのである。

ところが、この「傲慢の罪」の危険性は、中曾根首相の単一民族国家論に示されるような「国枠化」が、「国際化」と表裏一体をなすことによっていよいよ強められる。すなわち日本が経済大国化するとともに高まってきた民族的ナルシシズムが、単一民族国家の神話によって強められ、日本社会の等質性を礼賛するという形で国民的同調性を強化する結果となっている。そして外に対しては「黒人などのいるアメリカは知識水準が低い」という中曾根発言（一九八六年九月二二日）のような民族的蔑視をあらわにすることとなった。

このような動きと平行してみられる日本文化論の流行は、一見非政治的にみえる文化の領域における日本の特質と優位性を主張しながら、国民的同調性強化に貢献することとなっている。その意味で一九三〇年代半ばにおける日本文化論の台頭と似た機能を営む可能性がある。すなわち柳田国男による「日本的なもの」あるいは長谷川如是閑の「日本的性格」の強調、さらには和辻哲郎の「日本精神」論が、これらの論者の意図如何にかかわらず、それ以後の国民的同調性の強化に役立たされたということが想起されるべきであろう。これら日本文化の特質を論ずる主張は、一方では「寛容」な態度で異質文化をとり入れることを日本の特質としながら、実はそのような異質なものも日本の中で「所をえて」同化されていくことによってこそその存在を許されるのだという論理によって、結局のところ国民的同調性の強化に貢献したのである。(14)

一九三〇年代後半と今日とでは、歴史的状況に大きな違いがあるにもかかわらず、すべての日本人の間には共通のすぐれた文化的特徴がある点を強調する「日本文化論」は、ハルミ・ベフ教授も指摘するように、次の二つの面で極めてイデオロギー的な役割を果たすことに注意が向けられるべきである。すなわちその一面は、日本文化の等質性を強調することにより国内の同調性を強化する役割で、他の一面は日本文化のすぐれた面を評価することにより外国にたいする優越感を強化するという点である。(15)

とにかく「日本文化論」も伴って強化された国民的同調性が「和」の強調という形で国家権力への異議申立を弱める方向で利用されると危険性はさらに大きくなる。すなわち国民的同調性の強化が前述した国家の主権性の強調という方向と結びつくとき、主権の中心としての国防と外交については重大な「国益」に関するものであるから秘密が守られるべきであるというので「スパイ防止法」(「国家機密法」)案を正当化する論理となる。この法案推進のため「国民会議」が作られたのも国民的同調性の意識的動員と利用が意図されていることを示している。(16)「国家機密法」は成立することを阻止されたが、現に情報公開について自衛隊の情報は除外されるという例が沖縄でみられるに至っている。「国益」は国家の主権性の強調とともに、その主権性の中核としての軍事力に関して最も端的に示される点に注目すべきである。

今日の日本における「国益」の問題性は、軍事力にまつわる日米の同盟関係をめぐってさらに顕著となる。戦前に同盟国ナチス・ドイツの情報と判断に一方的に依存したことによって日本の「国益」を見誤ったのと同じような危険性が、今度は同盟国アメリカの情報や判断を世界の動向とみなし「国際社会への貢献」という名によってアメリカとの協力を中心に日本の政策を考える場合にも起りうるからである。

世界の中で果たすべき日本の役割を考えるということは、今日のように世界のすべての部分の相互依存関係が増大し、日本の経済力が世界で無視できない比重を占めるようになっている情勢の中では、絶対に必要なことである。ただその場合の世界とは、決してアメリカ一国からみた世界であってはならず、アジアの隣国や第三世界あるいはヨーロッパからみた世界でもなければならない。

日本は狭い自国だけの「国益」を追及して利益をあげることを考えてはならないという意見には十分理由があるが、だからといって「国益」のかわりに「国際社会への貢献」という名の下にアメリカの軍事戦略への追随と協力だけを事とするならば、それは冷戦後の世界への貢献に逆行することになるであろう。

5　「国益」の限界をこえる途
――国家の主権性の再検討と国民的同調性の克服――

「国益」観念をめぐる今日的状況が一方で主権国家の意味の低下と他方で国民内部の多様化の傾向を示していることは前に見た通りであるが、これはただ自然の成行きの結果ではなく、さまざまの運動による人間の主体的努力が生み出したものである。とくに最近の日本における逆行現象を考えるとき、「国益」観念がイデオロギー的に悪用される危険性が大きいだけに、「国益」という考え方の限界をこえる途を意識的に追及することが必要であると思う。

「国益」の限界をこえる途を主権国家と国民国家の両面にわけて考えてみよう。第一にどのようにして主権国家の主権性の限界をこえられるかを考えれば、何よりも主権国家の中核をなしている物理的暴力、いいかえれば軍事力の比重をどれだけ減少させるかが決定的に重要である。具体的には核軍縮はもとより通常兵器についても、いかにして軍縮を実現するかが課題となるであろう。

次に政治的に国家主権を相対的に弱める途は二つの面から考えられるべきであろう。その一つは国家を超えた国際的組織の役割を大きくすることである。すでに述べたECの役割増大によって国家主権の一部が国際機関に移されているような傾向を強めることである。日本をめぐるアジアの情勢は必ずしもヨーロッパと同じではないから、日本としては当面国連を中心とする国際組織を強めることに努めるべきであろう。ただ「国連平和協力法案」のように国連協力の名の下に自衛隊の海外派遣をしようとするのは、国連協力の口実を使って国家主権を強化しようとする逆行現象である。

国家主権を政治的に弱めるもう一つの方向は、国家の内の自治体やNGOなどの役割を強めることによって可能となる。サハリン州と北海道という二つの自治体の長の協力によって、コンスタンチンというサハリンの子どもがやけどをしたときに、緊急治療のため国家間の外交交渉を経ない緊急輸送によって入国することが可能となったのは興味ある事例である。これは緊急時の例外現象であるが、北方圏構想など前にあげたような自治体間交流がより日常的な形で展開されていけば、主権国家の間の国境の持つ意味は相対的に小さくなるであろう。

NGOが主権国家の問題性に対する一つの規制力となるという例はODA（政府開発援助）などの場合に顕著である。すなわちODAが援助をうける国の権力を握っている支配層の利益のために悪用され、たとえばダム建設で住むところを失うというような形で住民を犠牲にする場合が少なくないが、NGOによるODAをめぐるキャンペーンは、この種の問題に対する規制力として役割を果たしているし、今後その役割はさらに強化されるべきであろう。(17) さらに人権擁護のためのアムネスティ・インターナショナルのようなNGOなども主権国家のひきおこす人権侵害に対する規制力として重要である。

次に国民国家の限界をこえるということは、とりわけ日本のように単一民族国家の神話が支配しているところでは、極めて困難であり、それだけに極めて重要である。まず日本社会が等質的な国民で構成されているという神話を克服することからはじめられなければならない。そのためには日本社会の中にいる在日韓国・朝鮮人、アイヌというような少数民族集団の言語、文化、慣習の尊重、そして異質の文化間の接触交流が持つ重要性を確認することが必要である。ところが実際には明治以後の強制的同化政策と日本社会の同調性の強さの結果少数民族が固有の言語、文化を否定され名前さえも通名使用を事実上強いられてきた状態の中では、日本の過去を反省して、この事実を意識化することなしには少数民族の存在にさえ注意が払われない場合が多い。

他方新しく日本の社会に入ってきている多くのアジアからの外国人の場合には、逆に言語、文化の違いのゆえに日本人から疎外され、あるいは「不法就労」という法的に不利な地位にあることを口実に事実上労働基本権も認められないという状況におかれている。

そして、これらすべての根源として日本社会の中にある差別的体質そのものが問われなければならない。被差別部落の問題からはじまって、障害者への差別から学校におけるいじめに至るまで広くみられる日本社会内部の差別体質が抑圧移譲の心理によって、対外的にはぬき難い人種差別意識となって現われることになる。中曾根首相の知識水準発言から梶山法務大臣の黒人差別発言に至るまで、政治家による度重なる暴言が国際問題となっているが、これらは膏薬はり的対症療法ですませられるものではない。国民的同調性という病根の克服なくしては解決されない宿弊である。つまりすべての人間——日本人であろうと外国人であろうと、また皮膚の色がどうであろうとすべての人——がひとしく人間としての尊厳（その法的側面としては基本的人権）を持っていること、そしてこのような平等な人間が多様性を持っているからこそ、その多様な文化の接触、多様な意見の交流によって社会の進歩がもたらされるということを明らかにすることなしには、根強い日本の国民的同調性を克服することは不可能である。

6 「国益」の限界をこえるためのマス・メディアの役割
——主権国家からの独自性と「多事争論」——

さて、最後に以上述べたような「国益」観念の限界を克服する上でマス・メディアの果たすべき役割について簡単にふれることとしよう。日本におけるマス・メディアの特徴については別にふれたこともあるので、(18)くりかえしを避け、これまでの「国益」の論じ方に準じて主権国家としての側面と国民国家としての側面とにわけて考えることとする。

まずマス・メディアと主権国家の権力との関係についていえば、日本では一般的にみて言論に対する権力的規制がなく、その意味で言論の自由が保証されているといわれている。たしかに法的制度については、その通りである。しかし言論機関の側の政府に対する姿勢という点についていえば、必らずしも一概に楽観的であってよいというわけにはいかない。たとえば日本における記者クラブのあり方をみるとき、記者の側で勉強して政府の担当官庁が発表する内容について十分に資料を集めて独自の検討を加える努力をしない限り、マス・メディアは政府のための広報手段となる危険性もある。

この種の危険性は、たとえば警察当局が容疑者について発表したことを無批判に、あるいはセンセーショナルに報道することによる人権侵害の場合に顕著に示される。物的証拠によらず見込捜査で別件逮捕し、自白を強制することによって冤罪を作り上げやすい日本の警察・検察の体質を、独自の取材によって是正することこそがマス・メディアの社会的責任である筈である。ところが現実には、警察発表にしたがって無実の容疑者を真犯人であるかのようにセンセーショナルに報道し、その人の生涯に回復不能なほどの損害を与えた例は少なくない(19)。

警察は国家権力のあらわれる重要な局面の一つであるが、国家の主権性の対外的な側面として最も重要な国防と外交という点についても、マス・メディアと国家権力との関係に警戒すべき問題がある。一九九〇年ゴルバチョフ大統領来日の直前、北方領土の取材について外務省の方針に反したテレビ局に対して、外務省が報復的に取材制限をしたという事例があった。このこと自体、政府のマス・メディアに対する事実上の規制として注目すべきであるが、それ以上にこの措置に対してマス・メディアが一致して断乎抗議する態度を取らなかったことに大きな疑問を感ぜざるをえない。

たしかに国防と外交については、どこの国においても「国益」の名による秘密主義、報道規制の正当化が行われがちである。それだけに一九七一年アメリカでヴェトナム戦争に際し国務省秘密報告書の公表にふみきった『ニューヨーク・タイムズ』の勇気ある態度には、いわゆる「国益」より国民の知る権利が優先すべきことを示した例として学ぶべき点がある。日本でも一九七二年沖縄返還にかかわる秘密協定について、いわゆる「外務省公電漏洩事件」という例があった。しかし、この場合にはその情報を入手する不当な手段の方に主たる関心がむけられ、問題が矮小化される傾向があったのは残念であった。

この種の事例の場合、あるいは前述の警察の容疑者に関する情報の場合でも、問題は単に国家権力対マス・メディアの独自性という明白な対立の様相を示さず、むしろマス・メディアの側で政府あるいは警察当局の情報を増幅したり、あるいは結果的に政府の意図する方向に国民の関心を誘導したりすることが少なくない。それは、直接政府に奉仕しようとする意図の結果であるより、マス・メディアの関心がより多くの読者を獲得しようとする点にあった結果である。その意味で次にマス・メディアと国民的同調性との関係について取りあげる必要がある。

この問題を考えるに当たって、既に述べた日本における国民的同調性の強さという一般的特徴を考慮しなければならないと同時に、日本のマス・メディアの若干の特徴を指摘しておかなければならない。第一に自明のことであるが、日本のマス・メディアは日本語によって日本語を日常語とする人たち――したがってその殆んどは日本人――を対象として発行される。したがって、そこに現われる報道が日本人の読者の関心に無意識のうちに規定されるのも自然である。それは当然であるにしても、知識水準に関する中曾根発言が当初日本のマス・メディアで注目されず、アメリカの批判があってはじめて大きく報道されたように、日本社会の多数意見とちがった見方に対する敏感さが欠けるという問題がある。この点は経済大国化した日本が世界の注目をひく度合いが大きくなってきているだけに、十分慎重でなければならない問題である。

もう一つ日本のマス・メディアの特徴として、日本の新聞が早くから寡占化し、今日では五大全国紙が世界に類をみない巨大な発行部数を争っている点をあげなければならない。これに加えて日本ではテレビの各チャンネルが新聞と系列化する傾向があるので、マス・メディア全体が寡占化し、互いに膨大な数の読者（視聴者）を争って獲得しようとするため、内容が横ならびに等質化しやすい傾向を示している。昭和天皇の病気の際の極端な自粛はその一つの典型的な事例である。

とくに日本ではフリーのジャーナリストが巨大なマス・メディアで活躍することが少なく、巨大なメディアで働く人たちは組織人として組織間競争にまきこまれ、あるいは（たとえば右翼からの攻撃に対する）組織防衛の意識が強いため、とかく「自主検閲の伝統」にしたがい、「座敷牢につながれた日本の新聞」とウォルフレンがよぶような状況が生まれがちである[20]。

日本のマス・メディアが以上述べたような欠陥を克服して「国益」の限界をこえる役割を果たしうるようになるためには、単にマス・メディアにかかわる人たちの心がまえの問題を論ずるだけでなく、外からの批判と内における意見の多様化を制度的に確保する方途をとるべきである。すなわち外からの批判をとり入れるためには記者クラブを外国人記者に対しても開かれたものとすること、内における意見の多様化を促進するために意識的に異質な文化を持ったスタッフ、すなわち在日外国人とくに在日韓国人・朝鮮人、を採用することが望ましい。

そして編集方針の上からも、「不偏不党」の名によって、あるいは「偏向」を攻撃されることをおそれる組織防衛の心理から、国民多数の同調性に追随するのではなく、意識的に意見の多様性を反映することに努め、とくに少数者の意見を発表する機会を多くすることに配慮すべきである。署名原稿をふやすことによって個人の責任で自分の意見を述べる機会を多くすることも一つの工夫であろう。

そうでないとマス・メディアが国民多数の同調性に追随し、その結果強められた同調性がさらにマス・メディアに追随を迫るという悪循環が起こる危険性がある。とくにこの同調性が「国益」という名をかかげた場合、その社会心理的強制力は時に少数者にとって抗し難いほどのものとなり、やがてこの同調性が世論の国家権力への規制力を失わせるまでになることは、日本近代史の経験が明らかにしているところである。それゆえにこそ、近代のはじめに福沢諭吉が「自由の気風は唯多事争論の間に在て存するものと知る可し」と述べたことの意味が、くりかえし想記されなければならないのである。[21]もちろん上に述べたマス・メディアの問題性は、まさしく日本における国民的同調性の異常な強さに照応したものであるから、その責任を専らマス・メディアだけに帰することはできない。マス・メディアの受け手である国民の側から、マスコミュニケーションにおける情報の流れを一方交通にしないための努力が必要であり、とりわけ国民の中で「多事争論」を活発化し、少数者の意見を尊重する運動がなければならない。

要するに国民の間に前述した「国益」の限界をこえる方向での努力がつみ重ねられ、その中でマスコミュニケーションの受け手の側からマス・メディアを国民の知る権利の手段として利用し、さらには進んで少数意見を含めて多様な意見をひろく知らせるための媒体としようとする方向がうち出されるとともに、[22]マス・メディアの側で上述した制度的改革とその中での良心的個人の努力がなされたときにはじめて、ここに指摘した日本のマス・メディアの積年の弊害もまた克服されることになるであろう。

注

（1） 本論文は一九九〇年一一月一七日日本新聞学会九〇年度秋季研究発表大会の「ジャーナリズムと国益」と題するワークショップで報告した内容に手を加えたものである。このワークショップでは筆者のほかに朝日新聞論説主幹松山幸雄氏が問題提起者となった。したがって二人の間の分業として松山氏がジャーナリズムの面に力点をおき、筆者が「国益」概念への政治学的接近を試みるということになった。筆者としては旧著『日本の政治と言葉』（下）（東京大学出版会、一九八九年）の後編で「国家」観と「国民」観を扱った部分の一つの応用編という意味で「国益」という主題にとり組んだ。マス・メディアとの関連を最後につけ加えてあるのは、前述のような発表の場への配慮によるものである。

（2） Joseph Frankel, *National Interest*, London : Pall Press, 1970, J. フランケル、河合秀和訳『国益』福村出版、一九七三年、一四頁。

（3） 詳しくは、石田、前掲『日本の政治と言葉』（下）二〇二頁参照。

（4） Friedrich Meinecke, *Die Idee der Staatsräson in der neueren Geschichte*, München : R. Ordenbourg, 1957（初版一九二四年）、フリードリヒ・マイネッケ、菊盛秀夫、生松敬三訳『近代史における国家理性の理念』みすず書房、一九六〇年。

（5） この点に関し、別に論じたものとして、石田雄『市民のための政治学』明石書店、一九九〇年、二四三頁以下参照。

（6） このパリ憲章については、吉川元「新欧州のためのパリ憲章」『修道法学』十三巻一号（一九九一年）一九九頁以下参照。

（7） この点に関しては Alain Touraine et al., *Le pays contre l'État —— luttes occitanes*, Édition du Seuit, 1981、および梶田孝道「エスニシティと地域運動」『思想』一九八五年一一月号三七頁以下および同著『エスニシティと社会変動』（有信堂、一九八八年）参照。

（8） 「人類のるつぼ」から「サラダ鉢」への変化を示す一つの指標として、Nathan Glazer & Daniel P. Moynihan,

Beyond the Melting Pot, Cambridge : MIT Press, 1963（N・グレイザーほか、阿部斉、飯野正子訳『人種のるつぼを超えて』南雲堂、一九八六年）から同じ二人の共編による *Ethnicity : Theory and Experience*, Cambridge : Harvard U. P., 1975（これは一九七二年に行われた会議の報告を活字にしたもの、邦訳は内山秀夫訳『民族とアイデンティティ』三嶺書房、一九八四年）への発展をあげることができる。なおエスニシティは比較的新しい言葉で一九三三年版の『オックスフォード英語辞典』にはなく、一九七二年版の捕遺に出て来て、最初の用例として一九五三年の David Riesman によるものをあげている（前掲『民族とアイデンティティ』三頁）。その後アメリカでは、かなり一般的に用いられるようになり「エスノポリティクス」というような用語も現われている（Joseph Rothschild, *Ethnopolitics : A Conceptual Framework*, New York : Columbia Univ. Press, 1981, 邦訳ジョセフ・ロスチャイルド著、内山秀夫訳『エスノポリティクス――民族の新時代』三省堂、一九八九年）。なおイギリスでは一九六五年から六八、七六年と改正を続けている法律が Race Relations Act とよばれているように、少なくとも法律や行政の面では「人種関係」という用語法が残っている。ただ研究者の間では race が生物的要素を強く意識させるのに対して文化的アイデンティティの面を強調するために ethnic という語を区別して用いる傾向も現れ、一九七八年には *Ethnic and Racial Studies* という雑誌が刊行をはじめている（アメリカの雑誌 *Ethnicity* は一九七四年から――梶田、前掲『エスニシティと社会変動』六三頁〈注3〉）。

なおここでとりあげたのはエスニシティが国家主権の絶対優位性を問いなおす契機として役割を果たすという側面だけである。エスニシティをそれとして取りあげるためには、なお多くの視角からの接近が必要である。たとえば国際政治における緊張要因としてのエスニシティについては、石川一雄「異邦人の世界――エスニックな多様性と紛争の概念化について」日本平和学会『平和研究』第一二号、一九八七年、六頁以下などを参照。

（9） この点に関しては、たとえば長州一二、坂本義和編著『自治体の国際交流』（学陽書房、一九八三年）を参照。

（10）　この事故の前からも原子力発電所関係施設の危険性について、国境をこえた不安が示されていた。西独バイエルン州のオーストリア国境近くにあるバッカースドルフの核燃料再処理工場の建設計画に対しては、地元の反対だけではなく、容易に事故の影響をうけるオーストリアからの反対もあり、結局計画中止に至った。

（11）　清水幾太郎『日本よ国家たれ――核の選択』文藝春秋、一九八〇年。なお江藤淳『一九四六年憲法――その拘束』（文藝春秋、一九八〇年）も核武装の必要性に関する点を除き、多くの点で清水の論旨と共通している。さらに一九八〇年代における主権国家重視傾向の台頭については、石田、前掲『日本の政治と言葉』（下）二四八頁以下参照。

（12）　*Ezra Vogel, Japan as Number One, Lessons for America*, Cambridge: Harvard U.P., 1979. エズラ・ヴォーゲル、広中和歌子ほか訳『ジャパン　アズ　ナンバーワン』TBSブリタニカ、一九七九年、「日本版への序文」一〇頁。そのあと彼は「日本に現在要求されるのは『国際化』という意味をもう一度考え直し、国際的視野をもつ政治家を育てあげることである」と提言する。

（13）　ヴォーゲル、前掲書、同頁。

（14）　一九三〇年代半ばに日本文化論台頭を示す著作の代表として和辻哲郎「日本精神」（一九三四年）、柳田国男「民間伝承論」（同年）、長谷川如是閑『日本的性格』（一九三八年）をあげることができる。これらは一九三四年に設立された国民精神文化研究所などを中心とする「国体思想」「日本精神」の宣伝には違和感を示しながら、結果的には天皇制正統思想により広い層の人たちを包摂し、この正統思想に同調しないものを排除することに貢献させられるか、あるいは少なくともこれを許容する条件を作り出した。

というのは和辻は「日本精神」の特質を「日本文化の重層性」に伴う「寛容」に求め、如是閑も「同化傾向」を「日本的性格」の中心とみて、右翼の主張するような「国民的排他主義」はこの傾向に反するものだという。柳田の場合には次第に頻度をまして用いられる「常民」の概念は必ずしも明確ではないが、一九三五年から「日本人らしさ」ということをいいはじめ、一時は「転向者のふきだまり」とまでいわれるように左翼の人たちもその影響下に入れた（臼井吉見編『柳田国男回想』筑摩書房、一九七二年、六七頁）。

しかし、和辻が「日本精神」の特質を「寛容」な包容性に見出し、それは「万邦をして所を得しめる」ものだというとき（「日本の臣道」）、現実には「その所に安んじない」アジア諸国に対して軍事行動に出ることを認め、国内でも「寛容」さは日本国民がその分に安んずる限りで認められるものとなった。すなわちキリスト者も教育勅語の前で拝礼し靖国神社に参拝する限りにおいて「寛容」に認められたということは、このような文化に同化しないものには強制が加えられるということを意味した。「皇国臣民ノ誓詞」を唱和し創氏改名を強いられた植民地の場合はその極端な実例であった。

一度このような強制が加えられはじめると、「かくあるべき」ことは「かくある」ことを離れてはありえないという如是閑の論理（『続日本的性格』・それは一面では右翼の「かくあるべし」論への批判の面はあったが）は既成事実を追認する結果となった。柳田の、変化にはそれなりの「特別な理由があるんだから恕する」という態度（『柳田国男対談集』筑摩書房、一九六四年、二四四頁）も同じような帰結を生んだ。こうしてこれら三人の思想家に代表される「日本文化論」あるいは「日本人らしさ」の強調は、その発端における意図に反して国民的同調性の強化に利用される結果となった。

(15) ハルミ・ベフ『イデオロギーとしての日本文化論』思想の科学社、一九八七年。
(16) この過程については、石田、前掲『日本の政治と言葉』（下）二四三頁参照。
(17) この点について、たとえば松井やより『市民と援助——いま何ができるか』岩波新書、一九九〇年、一五二頁以下参照。
(18) 詳しくは、石田、前掲『市民のための政治学』第七章、一七〇頁以下参照。
(19) 報道による容疑者の人権侵害がとくに著しいのは、「国益」にかかわる犯罪と考えられるスパイ行為に関するものである。「朝鮮民主主義人民共和国（北朝鮮）の工作員として公安当局がマークしていた人物と接触した疑いがある」として別件逮捕された容疑者について、後にこの容疑が事実でなかったことが明らかになったにもかかわらず、警察当局から流された情報が大きく報道されたことによって、この容疑者は名誉、信用を著しく傷つけられた。この事件に対し、容疑者とされた当人は「公安報道は慎重にすべきなのに、捜査当局の見方や情報に乗りすぎた。それに、新聞で報道された後、店を閉めざるを得ず、あらゆる意味で大きな被害を受けた」と述べており、新聞社五社に対し慰謝料の支払と謝罪広告の掲載を求める訴えを起こしている。詳しくは、『朝日新聞』一九九一年六月四日号参照。

(20)　Karel van Wolferen, *The Enigma of Japanese Power*, New York:Alfred A.Knopf,1989, p. 93. カレル・ヴァン・ウォルフレン、篠原勝訳『日本権力構造の謎』上、早川書房、一九九〇年、一八〇頁。なお「座敷牢につながれた」の原文は "house-broken" であり、家の中に住むように訓練された犬のように自分で一定の枠をこえないように習慣づけられたという意味で、訳語の場合に外からの強制を強く感じさせるのと多少語感が違うように思われる。

(21)　福沢諭吉『文明論之概略』巻之一（一八七五）岩波文庫版、一九三一年、三四頁。なお「多事争論」の意味については、石田雄『日本近代思想史における法と政治』岩波書店、一九七六年、六八頁以下参照。

(22)　この点に関しては、石田、前掲『市民のための政治学』一八頁以下の具体例を参照。

（八千代国際大学紀要『国際研究論集』第四巻第三号、一九九一年一〇月号）

（追記）その後の展開と方法的反省

右に収めた論文は、古く書かれたというだけでなく、一九九〇年「冷戦終結」直後、湾岸戦争以前の楽観的雰囲気を背景に書かれているため、方法的にも問題を含んだものである。それゆえに、この論文を本書に収録するには、大きなためらいがあった。

それにもかかわらず、最終的に敢えてこの論文を収めることに決断したのは、この本が私の思考過程を示すことに役立つと考えたからである。

まず、この論文で、二つの側面を持つ国民国家の両側面において、共に国民国家の役割を弱めていく要因としてあげた条件が、その後どのような方向にむかったかを反省しなければならない。すなわち主権国家の枠をこえた地域的あるいは地球的な関係が強化される傾向、および国民国家内部のエスニックな集団の役割の増大傾向は、その後九〇年代の政治状況の中で、決して楽観的な見透しを許す方向で展開されてきてはいない。

「冷戦終結」といわれた条件は、両陣営の対抗に代って、アメリカ一国の覇権強化を生み出し、湾岸戦争のように一国主導の武力介入さえもひきおこす結果となった。そしてヨーロッパにおける主権国家をこえた連帯も、ＮＡＴＯのユーゴー空爆という形で、アメリカの覇権と結びついて、「人道介入」の名による武力行使の手段とされる傾向さえも示すに至った。

他方国民国家内部の多様なエスニック集団についても、その存在が国民国家を内から相対化することに役立つという期待が常に現実化するわけではない。かえってエスニックな集団が、自分で主権国家になろうとし、あるいは主権国家の主導権を独占しようとする事例が、コソボ、ルワンダなどでみられるようになった。

コソボの事例は、旧ユーゴー時代の多様なエスニック集団が共存していた記憶が忘れ去られることが如何に早いか、またエスニック集団の政治指導者によって閉鎖的・排他的な集合的記憶が作られることがいかに危いかを、如実に示している。

九〇年代におけるこのような悲劇的な状況が展開される可能性を十分に考慮することなく、国民国家の限界が大きくなるのが自然の傾向であるかのような論議をしたのは、私自身の方法的限界を示すものであった。その方法的欠陥は、「世界の大勢」によりかかって、事態に「説明」を加えるという傾向にみられる。

そのような叙述の方法は、いわゆる「アカデミック」な仕事にみられ勝ちなものでもある。この論文も、あるいは「学会」における発表という役割に、無意識に規定された面があったかもしれない。

しかし、事態が厳しさをましてくると、もはや主体的立場を明らかにすることなく、「客観的」（実は何らの価値志向にもコミットしない）説明で済ませることは困難になる。その場合に問われるのは、国民国家をめぐる状況をどう説明するかではなく、個人として国民国家に対してどういう態度をとるかである。すなわち個人として主権国家の権力性にどう対抗するか、エスニック集団の指導者がエスニックな連帯感を閉鎖的・排他的な方向に利用することをどう阻むかが問われる。

もう少し具体的にいえば、主権国家の限界を規定する超国家的圧力は、ただ放置して自然に、リージョナルな機構や国連のような国際機関の役割が大きくなるという形で示されるわけではない。地雷禁止条約の場合のようにＮＧＯの努力の蓄積が、国際世論を動かして、主権国家の政策を動かしうる限度内で、ようやく成果をあげることができる。あくまで主体的要因を媒介として少しずつ動いていくものにほかならない。

同じように、国民国家内部のエスニックな集団も、その存在それ自体が直ちに国民国家を相対化しうる要因となるわけではない。その集団員の意識が排他的な紛争の契機として利用されるのではなく、人間の多様性を主張することを通して人間一人一人の尊厳を認めあう基盤として役立つ場合にだけ、国民国家の限界をこえることに貢献する。そして、エスニックな集団が、その方向で役割を果たすためには、集団内部において個人の多様性を認める形で、民主的運営が保証されることが不可欠の要件となる。

このように、国民国家をこえる契機となりうる二面における変化、すなわち主権国家をこえた連帯の強化、国民国家内部のエスニック集団の意味増大という傾向は、いずれも主体的な努力の媒介なしには積極的役割を果たすことはできない。

そして、この主体的努力とは、結局のところ個人の態度決定、価値選択によるものといわなければならない。端的にいえば、各個人は一つの重要な選択に迫られている。強いことはよいことであると、力へ依存して生きる方向を選ぶならば、自分の属する主権国家が、世界の覇権国と結び、あるいは自国の武力を強めることによって発言を強めようとし、自分の属するエスニック集団に関しても、同じような思考の方向をとることになる。これが国民国家の内外に対する緊張を強めることになるのは容易に想像されるところである。

なぜなら、一度自国あるいは自己の集団を力で守るという選択をすれば、最も強い国に依存するか、自分達の武装を強めるか、あるいはその両方を結びつけることとなり、さらに最も確実に自国又は自集団を守ることは先制攻撃によって仮想敵を倒すことであるという思考過程に陥りがちだからである。

もう一つの選択は、力への信頼ではなく、人間性への信頼を基礎にして、多様な人間がその尊厳を相互に尊重することによって、国民国家の枠をこえて生きる途を求める方向である。これが望ましいことは一見して自明のように思われるが、決して容易な選択ではない。なぜならば、力への信頼を棄てるということは、強国への途を歩むことをやめ、そのことによってたとえ殺されることはあっても、殺さないという態度を貫く決意を必要とするからである。

このように、主体的対応という要因を考えていけば、最終的には個人の人間としての選択というぎりぎりのところで、国民国家にどう対抗するかという、日常的な態度決定を迫られることになる。この態度決定の重要さは、九〇年代における状況の変化を前にして、この論文の方法的反省をする中で、状況の分析に当たる研究者にも求められるものとして、あらためて強く意識させられた。

死者を記憶するしかた

――憲法の精神によるか「靖国」の見方によるか――

日本国憲法前文が意味すること

細川首相の「侵略戦争」発言が論議の的となり、それならば前大戦の戦死者は犬死だったと言うのかという駁論も聞かれる。これは憲法の精神にしたがって考えるか、それとも「靖国」の見方にしたがうのかという重大問題である。

日本国憲法の前文で「政府の行為によつて再び戦争の惨禍が起ることのないやうにすることを決意し」と述べていることは、過去の事実を「政府の行為によつて」起された「戦争の惨禍」ととらえていることを示している。この「惨禍」は外に対しては侵略戦争として現われ、その結果国の内外で多くの死傷者を生みだした。「名誉の戦死」を遂げた軍人も、こうした「惨禍」の被害者の一部に外ならない。

これに対して「靖国」の見方からすれば、戦死者は国家に特別の功労ある者と位置づけられる。靖国神社は「国の為」に生命を捨てた「英霊」をまつることになっているが、この場合の「国」は実は政府を意味していた。そのことは幕末の戦争の死者のうち明治政府軍（「官軍」）の戦死者だけをまつり、会津軍（「賊軍」）の戦死者はまつられていないことからも明らかである。このような「靖国」の見方については別に『平和・人権・福祉の政治学』（明石書店）[1]で論じたからくりかえさない。

天皇の股肱「軍人」

とにかく「靖国」の見方が政府を中心とする大日本帝国の価値観で貫かれていることは、靖国神社が軍人だけをまつっていることにも示されている。すなわち軍人は天皇の「股肱《ここう》」（手足）として国（政府）のために命を捨てることを任務とすると考えられていたからである。同じ戦争被害者の中でとくに軍人だけが「名誉の戦死者」として特別扱いされたのは、この考え方によるものである。

この「靖国」の見方は、戦争被害者の一部を、「国」に対し、とりわけ大きな貢献をしたものとして区別する考え方である。しかもこの考え方は、実は「戦争の惨禍」を「国威の発揚」として、その「国威の発揚」に寄与した程度を「国」（政府）の側から格づけするという方向を示している。同じく戦場にいて危険にさらされた軍人に対する「軍人恩給」において大将と兵卒の間に七倍に近い額の違いがあるのは、上官の命令を天皇の命令と考えるように教えられた軍隊の価値秩序にしたがって、上級の者ほど国家への貢献度が高いという考え方をしたからである。

この「靖国」の見方によれば、「政府の行為」によって戦争の惨禍をひきおこした軍国指導者でA級戦犯として処刑された人たちが、最高の格づけを持つものとして特別に（戦死した軍人という原則の例外として）靖国神社にまつられたのも当然の結果である。

戦争犠牲者援護立法

憲法の精神にしたがって「戦争の惨禍」の被害者をみるならば、その被害者は軍人に限られないし、上級の軍人より下級の兵隊の方が、場合によっては軍人より一般市民の方が、日本人よりも侵略された国の人たちのほうが、より大きな被害をうけたともいえるであろう。

ところが戦争犠牲者援護立法[2]といわれるものの中で国籍にかかわらず援護がうけられるようになっているのは原爆被爆者に関する法律だけである（ただし被爆者が日本に居住していなければ実際の援護はうけられない）。なぜ被爆者の場合だけが例外となったのかという理由を示す資料は見当たらない。敢て憶測をたくましくすれば、原爆による被害が本来的には日本政府の行為によって起された戦争の結果ではあるが、より直接的にはアメリカ政府の行為（原爆投下決定）による惨禍だったからであろうか。

このように同じ戦死者であっても、これを「国威発揚」のために命を捧げたものとして国（政府）が位置づける場合と、戦争の惨禍による被害者の一部と見る場合とでは決定的な違いがでてくる。「靖国」の見方にしたがえば軍人と非軍人の区別、軍人の中でも階級による国家への貢献度の違いが明らかにある。

これに対し憲法の精神にしたがって戦争の惨禍の被害者を考えれば、軍人であるか否か、日本人であるか否かを区別する理由は全くみられない。

「靖国」の見方と憲法の精神の相違点

より一層重要なことは「靖国」の見方による場合と憲法の精神にしたがう場合とでは、方向が正反対になるという点である。すなわち「靖国」の見方からすれば政府の中枢から遠くなるにしたがって国への貢献度は低く見られ、日本人以外の（旧植民地出身で国籍を持たなくなった人を含む）被害者は無視されるが、「政府の行為」によって「戦争の惨禍」の被害者になったという憲法の立場から見れば、政府から遠いほどむしろ被害は大きいといえる。

たとえばアジアの諸地域で、たまたま日本軍の侵略があったために、何の理由もなく殺された幼児や女性たちからはじめて、まず国の外の被害者が考えられなければならない。「従軍慰安婦」とよばれ主として植民地・占領地から強制的に性の奴隷にかりたてられた人たちが重大な戦争被害者であることはいうまでもない。

同じ日本人の中でも、直接戦場になり時には日本の軍人によって殺されたこともあった沖縄の戦死者、同じ空襲で死んでも軍人とは区別され何らの補償もえられなかった民間の死者なども当然考えられなければなるまい。ドイツでは同じく空襲によって怪我をした人は軍人であろうと民間人であろうと同じ援護を受けているが、これは戦争犠牲者援護という考え方からすれば当然である。

ところが日本の戦争犠牲者援護立法においては、およそ憲法の精神になじまない軍人恩給という制度を中核として「靖国」の見方にしたがって国家への貢献に報いるという考え方が色こく残されている。すなわち「軍人」「軍属」の枠に加えて「準軍属」と称する特別枠を作って、それに含まれる範囲をひろげることによって援護の対象を拡大するという方向がみられる。

これは援護の対象をひろげるという戦術的手段としては有効であったかもしれない。しかし考え方としては「国家総動員法による被徴用者」「満州開拓青年義勇隊員」など、いずれも国策に協力し総力戦に貢献したことに対する報償という含意がみられる点は問題であろう。

「靖国」の見方による犬死論

「従軍慰安婦」問題を契機に、ひろく戦後補償の問題が緊急課題となっている今日、ただ補償要求を「外圧」としてとらえ、これにどう対処するかというのでは十分ではない。

元来憲法制定当時当然に解決されるべきであった「戦争の惨禍」の被害者に対する補償が、とくにアジア諸国に対する面では、冷戦状況によって――アメリカの極東戦略の観点から日本を強力な同盟国にしようとする配慮によって――棚上げにされていたことを想起すべきであろう。そして冷戦終焉と並行的にアジア諸国における民主化も進み、アジア諸国に対する日本の戦争責任も凍結解除によって問題化してきたといえる。このように、アメリカの極東政策に守られた形で、アジアへの戦争責任を放置してきた日本政府、およびそれを支えた国民の怠慢は厳しく反省されなければならない。

その意味でもこの機会に「政府の行為」による「戦争の惨禍」の被害者の問題を根本的にとらえな

おすことが必要である。過去の戦争を侵略戦争とすれば戦死者は犬死になるのではないかというのは、「靖国」の見方によるものである。憲法の精神にしたがえば、まず「靖国」の見方では忘れられた被害者に目がむけられるべきである。すなわちまず日本の国外とりわけアジアの戦場での被害者に、続いては日本の内での市民の戦争被害者に思いを致すべきである。そして一面で加害者であった軍人も、ひとしく戦争被害者であったという面で被害の記憶に加えられる。

我々に残された課題

こう言ってもなお残されている問題として次のような疑問を出す人がいるかもしれない。「それならば純粋にお国の為と思って戦い、死んでいった人たちの心情はどうなるのか。彼ら自身は単なる戦争被害者とは考えていないだろう」と。

私も多くの学友を戦争で失い、その多くは「お国の為」と思って死んでいったことを思うとき、この反論は心情的には十分理解することができる。しかし戦死者の遺族が戦死者を回想するとき、全く理由なく殺されたアジア諸国の被害者の遺族の心情をあわせて考えたらどうなるであろうか。

私自身「お国の為」と思って積極的に「学徒出陣」に参加し、生き残った一人として反省すれば、軍国青年として戦争に協力したことは明らかに加害者であったことを意味する。しかしこのような軍国青年は、実は「国民精神総動員運動」などの一連の教化の結果生み出されたのであって、その意味では総力戦の「象徴的暴力」――P・ブルデュー（Pierre Boardieu）の表現――の被害者であったともいえる。

この点で最も悲劇的な被害者は、植民地であった朝鮮半島から捕虜監視要員として動員され、捕虜虐待の罪でBC級戦犯として処刑された人の中に、なお「皇国の為」と信じていた人のいたことである。彼らは肉体的に動員され戦争の被害者になっただけではなく、精神まで動員されたことによって二重の被害者となった。そして彼らの中で生き残った人たちは、日本軍に協力して民族を裏切ったものとして戦後同胞の冷たい眼にさらされることによって三重の被害者となったというべきである。

最後になお問う人があるかもしれない。「名誉の戦死者が、多くの戦争被害者の一部として位置づけられるとすれば、彼らの霊はどのようにして慰められるか」と。

それに対する答は次の通りである。「彼らの霊を慰める最良の方法は、憲法の精神にしたがって戦争の惨禍によるすべての被害者——当然日本軍人が加害者として殺傷した人たちを優先して——に十分な物質的・精神的なつぐないをすること、そして何よりも将来『政府の行為によつて再び戦争の惨禍が起ることのない』ように、非軍事的方法で世界の平和に貢献することである」と。

(戦争犠牲者援護立法に関しては一橋大学田中宏教授の作成した資料に負うところが大きい。特に感謝したい)

(1) 詳しくは同書一三六頁以下の「『靖国』における『国』とは」と題する節を参照。

(2) 田中宏著『在日外国人——法の壁、心の溝』(岩波新書)一〇〇頁「図Ⅳ—1 戦争犠牲者援護立法の推移」を参照。

(『週刊金曜日』一九九三年一二月三日号)

誰の死を忘れ誰の死をどう意味づけるか

「犬死だったか」という問いの陥穽

『週刊金曜日』五号（一九九三年一二月三日号）に私は「憲法の精神からみるか、〈靖国〉の見方によるか」という題で戦争被害者援護立法の原則について論じたことがある（本書収録「死者を記憶するしかた」）。その内容は、憲法の精神によれば「前文」に示されたように「政府の行為によって」起こされた「戦争の惨禍」によるすべての被害者に補償することが当然なのだが、現実の援護立法では「軍人、軍属」およびこれに準ずる者という形で国家への貢献度を政府が判定して、そのような「戦争犠牲者」に援護する建前になっていることを問題としたものであった。その論旨については今日も私は間違っていないと信じている。ただその号でこの文章が含まれた特集が「やはり〈犬死〉だった」と題された点には、どうしても違和感を禁ずることができなかった。

たしかにあの特集は、細川首相が総理としてはじめて太平洋戦争を侵略戦争と規定したのに対して、遺族会の一部などから、それならばあの戦争の戦死者は「犬死」だったということになるのかという批判がみられたという文脈の中で企画されたものであった。その意味では、この特集の意図は理解できる。また週刊ジャーナリズムとして読者の注意をひくために、ややどぎつい表現を使う必要があることも分からないではないが、「やはり〈犬死〉だった」という形で遺族会の一部の批判を論駁しようとしたことに疑問が残る。

実は「あれは犬死になるではないか」という設問自身が誤っていた点をこそ問題にすべきであったと思う。その誤りとは何か。「犬死」かどうかということを問題にできるのは自分で死を選んだ人たちについてである。つまり自分である目的のために死を選んだ場合、その目的が誤っていたと分かれば犬死といわれることになる。しかし、ヒロシマ、ナガサキの被爆市民の場合は、自分で死を選んだわけではない。ただ日本国家が引き起こした戦争において日本人の被爆者が出たということには、成人の日本人はその戦争を支持していたという限りでは責任があるというべきかもしれない。ところが南京大虐殺の被害者たちにしてみれば全く理由なく日本軍に殺されたのである。これらの人たちについては「犬死であった」かどうかを問うことは意味をなさない。はじめから理由なく殺されたのであって、自分で選んだ死だったわけではないからである。

戦争における最も悲惨な被害者は、このような理由なく殺された人たちである。この人たちについては、事後的にもその死に対して何のための死という意味づけをすることはできない。ただ生き残った人ができることは、そのような被害者の死をせめて無駄にしないために、そのような戦争をくりかえさないための教訓を学ぶことである。

「犬死」かどうかという問題のたて方は、このような最も悲惨な戦争の被害者を記憶の外におく点で明らかに誤っている。それだけではなく、戦争被害者の死を軍人の死に準じて自分で選んだものとする危険性も生み出す。たとえばノーマ・フィールドによって「強制的集団自殺」という形容矛盾を含んだ表現で示されたあの沖縄のチビチリガマの「集団自決」をも、「曽野綾子と文部省は……ドラマに仕立てあげ」、この死は沖縄人が自ら「選んだ」ものとしてその「立派さ」を賛美することになる（ノーマ・フィールド『天皇の逝く国で』みすず書房、一九九四年、八三頁、七八頁）。このように広い範囲の戦争における死を自分で選んだものとして、これに特別の意味を与えようとすることが問題なのであるが、それは後に詳しく論ずることにしよう。

戦争による死者のなかで誰を記憶し、誰を忘れ去るかということが、その戦争の評価如何と結びついた決定的に重要な点である。その意味で「犬死」だったかどうかという問題のたて方は、はじめから最も重要な戦争被害者を記憶の外に置くという重大な謝りをおかすものだといわなければならない。

記憶と忘却

一九四三年「学徒出陣」のため徴兵検査をうけたとき、私は海軍を志願した。その主な理由は海軍なら殺される相手を眼の前にみないで済むからであった。当時体重四九キロの半病人であった私は海軍には採用されず、陸軍の中でも体が弱くても勤まるという理由からであろうが要塞重砲兵連隊に配属された。私は海軍の場合と同じ条件が与えられたことを喜んだ。要塞重砲兵の場合も殺す相手が死ぬのを直接眼にすることはないからである。

眼の前で殺される相手をみたくないという心理は、やがて戦争とは殺すものであるという面を忘れさせることになり、どのようにして死ぬかということだけを考えて敗戦を迎えた。これは負け戦で人を殺す機会がなかったためでもあるが、同じ心理は戦争が終ってもからも、戦争が人を殺した面はなるべく忘れたいという形で続いていた。その意味で極東軍事裁判の法廷が南京大虐殺の実態を明らかにしたときの衝撃は大きかった。それまで全く知らずに南京陥落祝賀の提灯行列を中学二年生として見ていた私にとっては、それでなくても忘れたいと思っていた戦争の殺す側面についての驚くべき事実をつきつけるものであったからだ。

戦争における侵略行為を忘れたいという心理はドイツの場合も深刻であった。精神分析学者ミッチャーリッヒ夫妻は、「罪を恥じ不安から自分を守ろうとする結果」起こった「悲しむ能力の欠如」によって、第三帝国の過去を忘却の彼方においやろうとする意識を鋭く分析している（アレクサンダー及びマルガレーテ・ミッチャーリッヒ『喪われた悲哀』河出書房新社、一九八四年、六九頁、八四頁。なお一九六九年に公刊された原著の題は「悲しむ能力の欠如」である）。

まず戦争における汚辱の面を忘却し、その後に栄光の面と被害者としての面を記憶からよび起こしてくるというのは、戦争体験の風化に伴って起こりがちな傾向である。日本では一九八二年閣議決定によって八月一五日を「戦没者を追悼し平和を記念する日」と決めて以来、毎年この日になると新聞に政府広報を掲載して「さきの大戦において、内外地を通じて死没された三百余万の方々に追悼の誠をささげる」ように国民に訴えている。この場合追悼の対象とされる三百余万の根拠は「軍人・軍属のほか、外地において悲命に倒れた者、内地における戦災死没者を含む日中戦争から原爆被災者までの三一〇万人」（一九六三年閣議決定）という点にある。

要するに記憶され追悼されるべき対象は、戦争による日本人の死者だけである。これを裏がえせば、南京大虐殺で殺された三〇万に及ぶともいわれる中国人、あるいはひろくアジアで戦争中に殺された二千万ともいわれる死者たちは記憶の対象ではなく、忘却の対象となる。忘却の対象というのは言いすぎであるという意見に対しては、田中正明『南京大虐殺の虚構』などというようにその人数に対し疑問をなげかけ、あるいはその存在さえも否定しようとする言論があるということ自体が忘却の対象としたいという心理を示しているともいえる。

三〇万の南京の被害者あるいは二千万のアジアの被害者という数に疑問が出されることが多い。しかし実は日本人以外の死者の数が正確には分からないという事実そのものが、これまで忘却の対象とされてきた結果である。日本人戦死者の場合、どこまで真実かは別として、一人一人どこでどのようにして死んだかが遺族に伝えられている。それはすべての軍人があらかじめ死ぬことを予想して認識票の携帯を義務づけられていたから可能になったことでもある。ところが南京大虐殺の場合、その他アジアの戦場で理由なく殺された市民たちについては、一体だれがどこでどのようにして殺されたかが明らかにされていない。この人たちにとっては全く予期しない殺戮だったからである。

戦争で殺した相手のことは忘れ、自国の戦死者を記憶し追悼するというのは、日本の場合だけではない。アメリカの場合でも、ワシントンDCのヴェトナム戦死者メモリアルにはアメリカ軍人二万七千九百三十九人の名前がすべて刻まれているが、ソンミ村の大虐殺をはじめとして全部で二百万をこえるともいわれるヴェトナム人死者のことは忘れられている。最近問題となったスミソニアン航空宇宙博物館の原爆展示に関しても、戦勝の栄光の面を記憶し、原爆による悲惨な被害者の状況を忘却したいという傾向は明らかに示された。

元来自国の戦死者をたたえ、敵の戦死者は敵国でたたえればよいというのは、近代国民国家（つまり「普通の国家」）の長い間の常識であった。一国の元首が他国を公式訪問したとき、その国の戦死者を祀った墓地（たとえばアーリントン墓地など）に花環をささげるのは、このような常識を基礎とした（ある意味では偽善的な）儀礼である。一九一五年S・フロイトは次のように書いた。「戦争はわれわれから、より後期に形成された文化層をはぎとり、われわれのなかにある原始人をふたたび出現させる。戦争はわれわれをふたたび、自己の死を信じないところの英雄たらしめようとし、見知らぬ者に敵のレッテルを張る。そして、その敵を死にいたらしめたり敵の死を願ったりすることがわれわれに要求されるのだ」と（「戦争と死に関する時評」『フロイト著作集』第五巻、人文書院、一九六五年、四一九頁）。ここでフロイトは戦争の持っている「先祖がえり《アタヴィスティシュ》」の性格を指摘しているが、同時に味方の死を英雄化し敵の死を無にするという友敵の関係が国民的範囲で確定してきたという国民国家の状況をも暗黙の中に前提としている。

たしかに、第一次大戦までは、戦争はなお軍人の間の戦闘を中心とするものであった。それは「国民軍」の間のものであるという点で封建時代の騎士（および傭兵）の間の戦闘とは異なる性格を持っていた。しかし他面で第二次大戦と比べれば、戦闘員と非戦闘員の区別はなお明らかであった。したがって戦争における死者は、いわばすべて自分で死を選んだものとして英雄化される資格を持っていた。それだから敵味方の区別ははっきりしていて、味方の死者だけを英雄化することは、国民国家の内外二元論による限界を持っていたが、死者はそれぞれ自分の国で英雄となることができた。

ところが総力戦段階が極端に進んだ第二次大戦になると、兵器の破壊力の決定的強化（その極限が核兵器）と心理作戦のための戦略爆撃およびゲリラ戦の意味の増大という諸要因によって戦闘員と非戦闘員の区別がなくなってくる。このように軍人と非軍人の区別がなくなると敵国民一般に対する憎悪が人種偏見の形でかりたてられる。J・ダワーが『無慈悲な戦争』（邦訳『人種偏見』）と題して分析した太平洋戦争中の日米両国の世論では、「鬼畜米英」「西蛮鬼」に対して、「愚かな動物奴隷」「カーキー色の猿」という形で敵国民の非人間視が対抗していた（J・ダワー『人種偏見』TBSブリタニカ、一九八七年、一〇六、一〇七、二七〇頁など）。こうして非人間化された敵国の死者は記憶するに値しないことになる。そして、軍人として自分で死を選んだものは自国において英雄化されるが、そうでないものは、どちらの「国家」によっても記憶されない。まして理由なく戦場とされたアジアの人たちの場合に、誰が彼らの死を記憶するかという深刻な問題が生まれる。この点に関してはさらに日本人のアジアの人たちに対する蔑視の問題が近代史の伝統にかかわるものとして問題にされなければなるまい。

とにかくこのようにして、戦争における死者が、死を予期した軍人だけでなくなった段階においては、どの国においても英雄として記憶されることのない忘れられた多くの死者を生み出すことになった。現代戦争の最も悲惨な被害者である非戦闘員の死者が忘れられていくという点にこそ、今日における戦争の悲惨さを忘れさせ再度その悲惨をくりかえさせる危険性がはらまれているといわなければならない。

要するに「犬死」かどうかを問題とするのは、アジアを欧米帝国主義から解放するためだという「聖戦」目的を信じて身命を捧げた軍人達が、あの戦争が侵略戦争だったということになれば、無駄に死んだことになるのではないかという議論である。その軍人たちによってアジアの諸地域で戦争の過程で殺された市民たち（女性や子供を含む）は、はじめから視野に入っていない。「犬死」論の陥穽は、まさしくこのような戦争被害者を、全く考慮に入れていない点にある。

誰がどのような意味づけをするか

今年（一九九五年）は「戦後五〇年」というので、何かというと過去の戦争の記憶がよびおこされる。しかし、その場合戦争のどの側面を思いおこすかによって、そのもたらす効果は全く逆のものとなる。実は右に述べたように思いおこす対象からある人たちの死が除外されているということ自身が、戦争のある面（無意味に市民が殺されるという側面）を忘却し、戦争における栄光（たとえば軍人の愛国心など）を記憶し賛美するということと関連している。そこで以下に記憶された死についてどのような意味づけが誰によって、なされるかを問題にしよう。

すでに述べたように、「普通の国」（近代国民国家）では、戦死した軍人を英雄視し、これを記憶し追悼するのは一般的現象である。そしてこれが戦死を国家によって意味づけることとなり、同時にそれは他方では戦争における悲惨な殺人の面を忘却の彼方へ追いやることと表裏をなしている。日本の場合、この記憶および意味づけの面と忘却の双方において次のような特色がみられる。

まず記憶と意味づけの面では「英霊」観という点で特徴がある。「普通の国」では戦争の犠牲者が国家の栄光のために死んだものとされる（因《ちなみ》に「犠牲」とは『広辞苑』によれば「ある目的を達成するために、それに伴う損失を顧みないこと」とあり、それ自体ある種の目的達成を前提とする）。またしばしば宗教行事によってその追悼がなされる。しかし日本の場合には、「英霊」として戦死者そのものが神とされる。その効果としてたとえば平和を求め、戦争拡大を批判する声は、「英霊」の名によって封殺された。日清、日露戦争以来中国大陸で血を流した「英霊」に申しわけないという口実のもとに中国侵略の軍事行動が正当化されて来た。そして太平洋戦争直前の日米交渉の際中国からの撤兵という条件を拒否させたのも、軍の主張した「英霊に申し訳ない」という論理であった。つまり中国大陸における既得権を、国家利益の観点から他の利害と比較して考慮するという冷徹な計算を妨げたのは、「英霊」観念が聖域を作り出してしまったからである。

「英霊」観には、天皇制（「靖国神社」という国家神道と結びついて）との関連、また「聖戦」観との関連があるが、ここではただ一点天皇の股肱としての軍人を中心とし、軍属及びこれに準ずるものがそれにつぐという形で死の意味づけの場合に価値秩序があるという点だけをつけ加えておこう（「靖国神社」に合祀されるのは軍人、軍属で戦死あるいは戦病死したもので、非軍人の場合には「ひめゆりの乙女」のような特別な事例に限られると同時に他方では「国事に殉じた」A級戦犯が含まれている）。

日本における戦死者の死の意味づけにおいて、著しく国家神道的色彩を伴っていることは右にみた通りである。他方忘却のしかたにも古くからのアニミズム的生成信仰が関連しているようにみえる。

家永三郎の高等学校用日本史教科書検定に際し、「日本軍は……中国全土に戦線を広げた」を「中国全土に戦線が広がった」と訂正せよといわれた（家永三郎『歴史と教育』大月書店、一九五六年、一四頁）。古くは日露戦争において戦争が国家的エネルギーの発露とされて以来、一九三四年の悪名高い〝陸軍パンフレット〟『国防の本義と其強化の提唱』では「たたかひは創造の父……生命の生成発展」であるとされ、『国体の本義』（一九三七年）でも中国への侵略を「国家的生命の已《や》むに已《や》まれぬ発動であった」と述べるなど、一貫して戦争が生命活動の発露として、その結果のすべてが自然現象のように肯定されるべきものと扱われている（石田『日本の政治文化』東京大学出版会、一九七〇年、五五頁以下参照）。教科書検定における「戦線が広がった」という表現や、「侵略」（他動詞で対象を示す必要がある）ではなく「進出」という表現にこだわったことも、アニミズム的生成観の残存を制度的に利用しようとしたものともいえる。このように戦争の惨禍を自然災害と同じようにみる見方は、明らかに悲惨な殺戮の行為を忘却させる役割を果すものであることはいうまでもない。

さて以上戦争における犠牲者を英雄として記憶し、殺戮の悲惨さを忘却するのは、そのあらわれ方は異なるが、「普通の国」に一般的にみられる現象であることは既にくりかえし述べた。ところがこの戦争の見方に決定的な変化を与えたのが第二次大戦であった。それまでは戦争とは主権国家の間で（通常軍人だけによって）一定のルールに従って戦われるものであり、その限りで国境をこえて敵を殺す軍人は殺人犯になるのではなく英雄となった。ところが第二次大戦のドイツと日本の指導者は、人道に反する戦争を行ったものとして、東西の軍事裁判において国際世論で批判され、この戦争そのものが否定されるべきものとなった。

もちろんこのような批判が生まれたのは、第二次大戦終了当時における冷徹な国際政治の現実に規定されたものであった。その意味ではドイツの歴史家論争において強制収容所があったのはナチス・ドイツだけではないという意見が出され、日本の右翼言論人が虐殺や強姦はどの戦争にもみられるといったような反論をひきおこす根拠となった。しかし、第二次大戦で人道という新しい規準を導入することを必要とするに至ったのは、さきにもふれた戦争の性格の変化――超兵器の出現、総力戦の高度化とゲリラ戦の一般化に伴う戦闘員と非戦闘員の区別の消滅化傾向――にも対応した一つの変化である。そして何よりも日本とドイツは、そのような国際批判をうけとめた形で戦後の方向を選択したという点が重要である。日本人は「政府の行為によって再び戦争の惨禍が起こることのないやうにすることを決意し」て「戦争の放棄」を規定した憲法を戦後の方向づけとして選んだ。非武装を将来への道として選んだ日本に対して、西独はその軍備をＮＡＴＯという国際的枠組の中に置き、戦争被害者としてのユダヤ人などへの補償をはじめとする「過去の克服」に国を挙げてとりくむという方向をめざした。

その後の日独の比較については、しばしば論じられているところだから、ここでくりかえすことは避けよう。ただ当面の文脈からみて共通している点だけを要約的にいえば、過去の戦争における自国の戦死者を英雄として記憶し追悼するという「普通の国」の慣例にしたがうことはできなくなったことを指摘しなければならない。そのことは何よりも両国の最高指導者たちが戦争犯罪人として処罰されたことに象徴されている。この侵略戦争においてまず記憶されなければならないのは、侵略され抑圧された人たちであり、その人たちに対しては、自国の軍人は加害者であることを認めなければならない。もちろん自国の戦死者も誤った戦争の被害者であるという面においてだけは他国の被害者について、彼らとともに戦争の悲惨な側面として記憶されるべきものであるが、英雄として祖国の栄光を示すものとしてではない。

一九八五年五月八日R・v・ヴァイツゼッカー大統領の連邦議会での演説で、敗戦の日に当たって「思い浮かべるべき」人たちとして、まず強制収容所で殺された六百万のユダヤ人、続いて、「戦いに苦しんだすべての民族、なかんずくソ連・ポーランドの無数の死者」をあげ、その後にひとしく「戦いと暴力支配とのなかで斃れた」ドイツ人(兵士や空襲の被害者など)をあげているのもこのためである(『荒れ野の四十年』岩波ブックレット、一九八六年、一一頁)。また一九九三年一一月の国民追悼日(ナチ政権下では「英雄記念日」とされた)に開所記念式典を行って、「ノイエ・ヴァッヘ」は新しく「戦争と暴力支配の犠牲者のための国民中央追悼所」とされ、具体的には「戦争によって苦しんだ諸民族」「数百万の殺害されたユダヤ人たち」などを追悼することとした(南守夫「ドイツ統一と戦没者の追悼」『季刊戦争責任研究』第六号、一九九四年冬季号、二五頁。なおこの場合加害者であったナチス・ドイツの戦没者を含めることへの反対運動があった)。

これと比べると日本で、「戦没者を追悼し平和を祈念する日」が日本人戦没者だけを追悼の対象としているのは、やはり「戦争の惨禍」について深く反省した日本国憲法の精神からみて明らかに不整合の面がある。まして「普通の国」であった時代から連続している靖国神社の場合になると「戦没者及び国事に殉じた人人の英霊に対する国民の尊崇の念を表す」(靖国神社法案第一条)という形で「英霊」観を伴った軍人の戦死者(および「国事に殉じた人」)の英雄視は明らかである。そこで当然憲法の精神との矛盾が生ずる（政教分離の問題は法制化とからんで重要であるが、それを除いても）。その矛盾を端的に示すのが処刑されたA級戦犯合祀の問題であり、それ故にアジア諸国で首相の靖国神社公式参拝がとくに批判されたのもまた当然であろう。

過去の戦争の評価と将来への選択

過去の戦争における死者の中で誰を忘れ、誰を記憶するか、そして記憶された死者にどのような意味づけをするかは、すでにみて来たように、その国の過去の戦争に対する評価と不可分の関係にある。すなわち近代国家が「普通の国家」として戦争をしていた時代には、自国の戦死した軍人を英雄としてそれぞれの国で記憶していた。しかし現代戦争では市民が理由なく殺されることが不可避となった。政府の行為によって他国の市民を理由なく殺した（これが侵略戦争である所以だと私は考えるが）「戦争の惨禍」について深く反省した日本人は、「普通の国家」であることをやめ、「国権の発動たる戦争」を放棄した。この選択にはもちろん憲法制定当時の国際政治の現実によって強制された面のあったことは否定できない。しかし、この選択が現代戦争の性格変化に対応したものであり、その選択の結果国民が平和と「繁栄」を享受してきたこともまた事実である。私は、いまここでまた日本国憲法論をくりかえすことはやめよう。ただ戦争放棄という国家的選択を考える場合、より日常的なレベルとして民衆の非武装という伝統との関連について一言しておきたい。

日本では元和偃武以後徳川三百年の「泰平」があり、維新による廃刀令以後（一方では徴兵令による軍隊の創出があったが）民衆非武装はいよいよ徹底され、さらに敗戦後の占領下では銃砲はもとより刃渡り一五センチ以上のナイフまで禁止されるという状態に至った。こうした民衆非武装の伝統には、明らかに上からの強制による面があった。しかし、このような強制を正当なものとして受けいれることを容易にしたのは、不殺生を中心とする仏教の影響による非暴力愛好の国民意識による面があった（詳しくは石田『平和の政治学』岩波新書、一九六八年、一六七頁）。そして民衆非武装を半ば強制によりながらも、自分達の選択としたということの成果は、平和な市民生活として示された。

この民衆非武装による平穏な市民生活の有難さは、アメリカで日本人留学生が理由なく射殺された事件以来、あらためて日本人に意識されるようになった。それとともに日本でも銃の入手が容易になり、日本がアメリカのような銃社会に近づいていくのではないかが危惧されるようになった。「普通の国家」であることをやめる戦争放棄の平和憲法への道を選んだことは、明らかに右に述べた民衆非武装の伝統とも関連している。個人が武器を持つことの危険性は、容易に国家が軍備を持つことの危険性と類推されうる。とにかく、民衆非武装の伝統が、日本国憲法制定過程における外からの強制の要素に対して受容を容易にする基礎となっていたことは疑えない。

さて、このような類推から一歩進めて考えれば、自衛隊が海外に派遣される場合に、まず注目されなければならないのは、その際携行された武器が外国の人を殺傷する危険性があるという点でなければならない。しかし、これまで自衛隊の海外派遣の際に多くの議論をまきおこしたのは、自衛隊員の安全でありそのためにどれだけの武器が必要かであり、その武器が外国の市民を殺傷する危険性については殆ど論じられていない。しかしその武器が自衛隊員の安全を守るためのものだとしても、言葉が通じない文化の違う外国で武器を持っている場合、アメリカで日本人留学生が殺されたように誤解によって自衛のための発砲と思って人を殺傷する危険性は極めて大きい。アメリカにおける銃社会の病理を論ずるのなら、この問題について真剣な討論がなされるべきであろう。

種子島に鉄砲が伝来して以後、一度急速に普及した鉄砲を敢て棄てた日本の歴史に学ぶべきだと論ずるアメリカ人ノエル・ペリンは、その著『鉄砲を捨てた日本人——日本史に学ぶ軍縮』（中公文庫、一九九一年）の日本版への序文で次のように書いた。「日本が合衆国の陸・海・空軍に『ただ乗り』しているという主張は、アメリカ合衆国政府（ないし合衆国の政府関係筋）における常套句になりつつあります。『ただ乗り』といいますが、いったいどこがその終着駅だというのでしょうか。核戦争ではありますまいか。すでに核を合衆国は広島と長崎に見舞いました。もうたくさんでありましょう」と。そして本文の最後は次のように結ばれている。「進歩の道しるべを立て、その道筋を管理し、場合によってはその進行を止めることができるのは、わたしたち人間である。何を記憶にとどめておくか、それを選ぶのは人間である。そして何を忘却の彼方に消し去ってしまうか、わたしたちが『種子島』のことを忘れさったように、それを決めるのも人間である」と。

何を記憶し、何を忘却するかは、そのまま将来にむかって何を選ぶかにかかわる主体的選択であることを明らかにしておく必要がある。一九九五年に際して、さまざまな形で戦争の記憶がよびおこされるであろうから、この選択の意識化はとりわけ重要である。

（本論文は一九九五年二月一一日「〝戦後五〇年国会決議〟を求める集会」での発言を敷衍したものである。）

（『季刊戦争責任研究』第八号、一九九五年夏季号）

「日の丸・君が代」の画一的強制
——集合的記憶の儀礼化——

広島県立高校の校長が卒業式の「日の丸・君が代」に悩んで自殺した事件を契機に、法律で国旗・国歌を定めようとする動きが急に政治課題として注目されるようになった。この法制化は、学校行事における「日の丸・君が代」の強制とは無関係だと政府当局者は説明しているが、法的に「日の丸・君が代」の国旗・国歌としての地位を確認することが、強制を容易にする前提として考えられていることは疑いえないように思われる。

順守を義務づける規定を伴わなくても、法制化により法的確認をすることが事実上の強制を促進する結果を招くことは、元号法制化の事例からみても明らかである。

この強制は、一内閣、一部政党政治家の一時的便宜の問題、あるいは官僚や学校管理者による昇進のための実績づくりというような狭い範囲をこえて、次の世代の人間形成の根本にかかわる重大な問題である。学校行事の形式を画一的に上から強制するということは、豊かな人間形成をさまたげるという意味で、これまで問題視されてきた個別の「学級崩壊」ではなく、学校教育それ自体の崩壊を招くおそれがある。

しかも、この画一化強制の対象となった「日の丸・君が代」は、「国民」意識培養のために特別の意味を持つと文部当局はいうが、このような画一化強制によってどのような「国民」意識が期待されるのだろうか。外面の強制による「国民」意識の空洞化と、同じく外面による「非国民」排除の排他的態度を生み出す危険性が生じるだけであろう。

この重大な主題を究明するため、まず画一化強制と人間形成との根本的矛盾という視点から考え、次いでそれを——久野収さんが強調していた歴史から学ぶという方法にしたがい——戦前の歴史的文脈の中に位置づけ、さらに戦前・戦後の違いと連続性に注目した上で、最後に現代的状況の中で歴史的教訓を生かす道をさぐる——という順序で考えていこう。

人間形成を脅かす強制

豊かな人間形成を学校で実現するためには、多様な価値観を持つ者の間で、自由で自主的な討論の習慣が育てられることが必要である。民主社会を担う主体としての市民の育成という点からみて、これは不可欠の前提となる。

ところが学校行事のやり方を画一的、外面的に権力で強制しようという方式は、どう考えてもこのような自由な人間形成を脅かすものである。とくに問題となった高校の卒業式は、一八歳の生徒を中心とする行事である。一八歳といえば多くの国で選挙権を行使できる年齢である。

およそ自発性に支えられない画一的な行事を形式として維持しようとすれば、権力によっておしつける外はない。文部省の指導によって教育委員会が校長に——職務命令あるいは昇進のための査定の条件であるかのように脅かし——強制し、同じような強制によって教員が校長の指示に従うという体制が作られるならば、教員は生徒と向きあうよりは校長の方を向き、校長は学校を考えるよりは教育長の意向を考え、そして教育長は文部省の顔色をうかがう姿勢がひろがる。

こうして教育の主体をなす筈の生徒の人間形成をどのように実現するかという関心は、学校関係者にとって二義的なものとなる。こうなれば学校はもはや人間形成の場ではなく、生徒を管理する場となる。これこそは学校崩壊につながる恐るべき状態に外ならない。

元来、画一化強制が教育になじまないことは、学校を人間形成の場と考える者にとっては自明の筈である。文部当局も、激変する世界の中で要求される自主的思考を養うために、画一的規制を緩和する必要性があることを、一般的には認めるようになった。

一九九九年三月一日、八九年改訂以来久し振りに発表された新高校学習指導要領案で、カリキュラム編成をより自由化しようとしているのも、このような認識を示す事例である。それならば文部省も認めている「自ら学び自ら考える」力を育むことが必要であるという一般的方向の中で、なぜ「日の丸・君が代」だけは画一的に強制されなければならないのか。

文部当局が示す理由は「日本人としての自覚を養い、国を愛する心を育てる」ためであり（『高等学校学習指導要領解説』一九八九年）、また「国民として身につけるべき基礎的、基本的な教育内容だから」であると述べる（文部省審議官の説明——『朝日新聞』一九九九年三月八日）。

それならば、そのように大切な「日本人としての自覚」や「国民」意識の育成は、「日の丸・君が代」の強制によって、どう実現されるだろうか。外面だけの画一化強制は、「国民」意識の空洞化と行動の外形から判断する排外的な「非国民」排撃の傾向を生み出す危険性がある。

およそ一度外面的画一化の強制がはじまると、その規制方法は次第に煩瑣《はんさ》なものにならざるをえない。自発的に守られる可能性がないから、ぬけ道を防ぐ方策が必要になるからである。「君が代」はテープで流すだけではいけない、斉唱させろ、さらにそのことを式次第に書け――という具合である。このような煩瑣な儀礼主義の強制は、その儀礼の本来の意味を失わせ、空疎な形式主義を生み出す。それだけではなく、「『君が代』を歌わないのは誰だ」という魔女狩りにまで至れば、「国民」意識培養の結果は、異端糾弾の不寛容と排外主義的憎悪の増大となる。

このことを特に恐れるのは、一九三六年、私が中学一年のとき、朝礼に際して配属将校が「毎日登校する時、あそこに国賊が住んでいるとにらんで通れ」と「天皇機関説」を主張した美濃部達吉博士の家を指したことを思い出すからである。そして美濃部博士は、その後右翼の暴漢により襲われ、怪我をした。これは「国体明徴」という形で「国民」意識を強化する過程の出来事の一例にすぎない。

それゆえ、もし文部省が「国民」意識培養のため「日の丸・君が代」を強制するならば、その「国民」意識強化の努力がどのような帰結を招くか、まず歴史を省みる必要がある。

歴史の事実から学ぶ

今回高校長自殺の報道を知ったとき、直ちに思い起こしたのは戦前に学校火災で御真影と教育勅語を焼失した学校の校長が自殺して、美談とされた事例である。御真影と教育勅語を火災から守ろうとして校長が焼死した事例は、東京帝大で教えていたE・レーデラーを驚かせた[1]。沖縄では生き残った校長が、大和人の機関紙『沖縄新聞』で他府県では一身を犠牲にして守った例があるのだから「責任をとって死ぬべきだ」と書かれた例（一九一〇年）がみられた[2]。

御真影という一枚の写真と勅語という一枚の紙が物神崇拝の対象として生命に代えられるべきものとされたことは、今日一枚の布としての「日の丸」と一つの歌としての「君が代」が、一人の校長の命にかかわる問題となったことと共通の問題を含んでいるように思われる。

画一的な行動の規制は、儀礼の対象に対する内面的な心情の問題を離れて外形だけに注目する。内村鑑三の「不敬事件」は勅語に対してどの程度低く頭を下げたかという外形から「乱臣賊子」と非難された例である。このような外形による規制は、やがて国民的忠誠心をすべて外形で判定するまでに至った。「日本人ならぜいたくは出来ない筈だ」というスローガンの下に、女性が着ている着物のタモトの長さに文句をつけることさえ行われた[3]。「国民儀礼」という形ですべての隣組に画一的な儀礼を実施させた結果は、面従腹背という忠誠心の空洞化を生み出しただけであった。

しかし他面では、一方で、「鬼畜米英」を「撃ちてしやまむ」と敵対感情をあおる政策は、強制労働で虐待される捕虜をみて「おかわいそうに」といった女性を「非国民」と非難するというような形での憎悪の動員には成功していた。その意味で忠誠心の空洞化は、決して規制が弱まったということにはならず、かえって「非国民」排除の厳格さと表裏をなしていた。

誤りを繰り返すな

このように戦時中の事例をあげれば、それはすべて言論の自由がなかった戦争中のことで「自由社会」となった戦後にはそのような心配はないといわれるかもしれない。「日の丸・君が代」にも反対の言論があるではないかと。たしかに言論の自由が憲法で保障されていることは、戦前との重大な違いである。この自由を全面的に展開して、二度と戦争中の誤りを繰り返さないようにすべきである。

ただ言論の自由があるからといって一概に安心できない事態も明らかにある。たとえば朝鮮民主主義人民共和国との緊張が高まったと報道されるたびに起こるチマ・チョゴリを着た朝鮮学校女生徒への暴行事件は、今日も変わらない排他的「国民」意識の表現である。

閉鎖的・排他的「国民」意識が一度醸成されると、上からの強制がなくてもマス・メディアの影響下に形成された国民的同調性は、驚くべき社会的強制力を発揮する。その意味では、「日の丸・君が代」強制によって「国民」意識を培養する政策が、警戒を要するだけでなく、一見強制によらない排外的「国民」意識を強化する動きにも注目しなければならない。

七〇年代から、日本文化論流行の時代風潮の中で民族的自愛傾向が強められ、経済成長の成功を謳歌する国民的優越意識は傲慢さを示す危険を含んでいた。八〇年代、中曾根政権の「戦後政治の総決算」と称する政策実施過程では、戦後啓蒙への反感を利用して普遍主義的志向をすべて外からの圧力によるものと否定し、日本文化の特殊性に固執する閉鎖主義の傾向が強められていった。

さらに九〇年代に入ると、過去の歴史の中で栄光の部分だけを記憶し、影の部分を一切忘却するという一面的な集合的記憶を形成することが、「自由主義史観」の名の下に提唱される。この選択的な集合的記憶は「創られた伝統」（実はそれは戦争中に創られたものの再生という面が強い）として固定され、それ以外の記憶によって問いなおされることを拒否する。

他の記憶を排除するという点では、「日の丸・君が代」に関する記憶についても同様である。すなわち「日の丸・君が代」が軍国主義日本の侵略をうけた地域の人たちによってどのように記憶されているかは考慮に入れられない。

最近では、小林よしのり著『戦争論』という形で、一見権力から遠く離れたようにみえる大衆文化の領域で、戦争中の言説の再生産が露骨に示される。これは右にみてきた「国民」意識強化の傾向が、その閉鎖性、排他性を極端におしすすめた結果である。この現象には過去からの連続性と同時に、より今日的な状況への対応という面もある。この点を最後に扱いたい。

新ガイドラインとの関係

八〇年代末からの冷戦終結に伴い、両陣営の対立に代わって米国の単独覇権状況が顕著になった。これに加えて多国籍企業の活動が、情報通信技術の発展によって容易に国境を越えることになり地球化（グローバリゼーション）として特徴づけられる状況も生まれる。

地球化は、地球的基準に従うことを世界に要求するが、地球的基準とは現実にはアメリカの基準を意味する。こうしてアメリカ的基準は、自由市場至上主義とそれに伴う弱肉強食肯定のイデオロギーとともに、世界にひろげられる。湾岸戦争以来露骨になった米国の軍事的優位を背景とした強者としての権利要求は、今日の地球化の重要な特徴となる。

このように地球化の名の下にアメリカの国益が主張されるのに対抗して、自国の国益を守るため国民国家の枠組を強めようとする企てもみられる。とりわけバブル崩壊後経済的困難に直面している日本では、アメリカ的基準をおしつけられることへの不安から、国家の保護政策に依存しようとする期待も生まれている。最近の日本でみられる「国民」意識強化の方向には、右のような地球化に反応する面も含まれているものと思われる。

しかし、地球化に対応した新しいナショナリズムの要因を、「日の丸・君が代」強制というような形で利用しようとする意図は、明らかに大きな矛盾に逢着せざるをえない。なぜなら新ガイドライン関連法案の問題に明らかに示されている対米従属の現実は、ナショナリズムの視点からは許されないものだからである。うがった見方をすれば、新ガイドライン関連法案が討議されようとするまさにそのときに、「日の丸・君が代」を国旗・国歌として法制化しようとするのは、対米従属をナショナリズムの象徴化によって相殺し、あるいはおおいかくそうとするものといえるかもしれない。

そのような意図があるかどうか、またあるとしてもそれが実現されるか否かは別として、「日の丸・君が代」強制に示された「日本人としての自覚」を強めようとする方策は、確かにアメリカ主導の地球化への反感を、国民国家の枠組強化に利用しようとする面を含んでいる。

しかし、国民国家の枠組強化という方向が、米国主導の地球化に伴う問題を解決することに役立たないことは明らかである。というのは、国民国家の枠組強化は国家的基準のおしつけ強化となり、日本の場合、その国家が対米従属によって米国の覇権強化に貢献しているからである。

ここで考えるべき点は、同じく地球化ともよばれる最近の傾向の中にみられるもう一つの側面である。それは通信技術の発展により、国民国家の枠組と関係なく、市民個人が国境を越えて直接に情報を交換できるようになったという面である。この面からみれば、多様な個人が、その違いを互いに尊重しながら、創造的な対話を発展させる可能性が国籍や国境の意味を変えはじめたとみることができる。

この可能性を考慮に入れるならば、「日の丸・君が代」という忌わしい記憶をも伴った象徴に頼って、閉鎖的・排他的傾向を示しがちな「国民」意識を培養しようとする方向が、時代錯誤であることは明らかである。国境を越えた市民文化による公共圏確立の担い手となる人間を形成するためには、(4)「脱学校社会論」（I・イリッチ）(5)までも視野に入れた開かれた場での討論が必要である。国家権力による「日の丸・君が代」強制という状態の克服は、その最も初歩的条件に外ならない。

（1）Emil Lederer, *Japan-Europa*, Frankf. a. M., 1929. *S*. 230.
（2）大田昌秀『沖縄の民衆意識』弘文堂新社、一九六七年、三四二頁。
（3）三國一朗『戦中用語集』岩波新書、一九八五年、一二三頁。
（4）公共圏確立の過程について詳しくは、石田雄『社会科学再考』東京大学出版会、一九九五年、二〇四頁以下参照。
（5）イヴァン・イリッチ『脱学校の社会』東京創元社、一九七七年。

（『週刊金曜日』一九九九年三月二六日号）

なぜ謝罪と補償ができないのか

――「記憶の共同体」の問題――

Ⅰ　視角

与えられた主題に対して私に期待される役割は、「内から見た日本」を論ずることであろう。この役割を果たすため私は「集合的記憶」という視角から接近する。すなわち「なぜ謝罪と補償ができないか」という問題を、この視角から見ると、過去の栄光だけを記憶し、過去の汚辱は忘却する「記憶の共同体」を作ろうとする動向が謝罪と補償を困難にしているといえる。「記憶の共同体」とは、栄光と汚辱の過去を選別して記憶する集合的記憶が、閉鎖的排他的な「国民意識」の上に成立した場合に、これを「想像の共同体」（B・アンダーソン）にならって呼ぶために私が作り出した概念である。

Ⅱ　戦前の「記憶の共同体」

「おくれてきた国民」（H・プレスナー）として先進帝国主義諸国に追いつこうと西欧化を急ぐ日本は、他面においてそのような「外面的開化」（漱石）に伴う国民的アイデンティティの危機に対応するため、古い文化的「伝統の創造」（E・ホブスボウム）に努める。「万世一系」の皇室を中心とする「万邦構成される。

無比の国体」という造られた伝統をめぐる「記憶の共同体」が「修身」「国史」の教育を中心として

Ⅲ 敗戦後の変化と反動

敗戦とそれに続いた占領とその間の民主化政策は、外からの力で「記憶の共同体」に終止符を打った。古い教科書の使用禁止、追放、東京裁判などは「記憶の共同体」にとって二重に屈辱的な最後となった。すなわち敗戦による従属で栄光が失われただけでなく、忘却の下においていた侵略戦争の残虐さが白日の下にさらされたからである。占領末期の「逆コース」以後の政府の動きは、冷戦下アメリカの極東戦略の下で、どのように「記憶の共同体」を再建するかの努力で特徴づけられる。教科書検定において「侵略」を忘れさせようとする努力、利益と栄誉の配分による「記憶の共同体」の社会的基盤の培養等が主な戦略であった（利益配分については五三年軍人恩給復活に始まる日本国籍を持つ戦争犠牲者に対する援護立法が、栄誉配分については六四年の戦没者を含めた叙勲制度の復活が注目される）。

六〇年代の経済成長、それに伴う国民的自負心の増大、それを基盤とした七〇年代からの「日本文化論」、八二年教科書問題、八三年映画「東京裁判」以後の「東京裁判史観」批判、そして九〇年代の「従軍慰安婦」問題その他侵略戦争の被害者からの謝罪と補償要求の噴出などがその後の変化を特徴づける。

Ⅳ　最近の動きと今後の課題

九〇年代に戦後補償を実現しようとする動きは、最近新たな困難に直面している。九五年のあいまいな表現になった国会決議と首相談話でもう過去のことは終わった、アジアの指導者たちの中にも過去にとらわれず未来を志向しようという声があるではないか、「自虐史観」を克服して未来をめざせ、という主張が、自由主義史観の提唱者その他の歴史修正主義者の間に見られる。彼らの「記憶の共同体」を再建しようとする企ては、バブル崩壊後の最近の社会的不安や不満に根ざした、汚辱の過去を忘れ栄光の過去を礼賛したいという願望を背景にその影響を強めようとしている。その背景となっている社会的不安はグローバリゼーションやその圧力の下に強められていく自由市場至上主義による生活の脅威に根ざしたものであり、社会的不満はそれに加えて新ガイドライン関連法にみられるアメリカの戦略に対する従属と、すでに明らかな沖縄の基地問題などの矛盾に対して、アメリカにNOと言えない日本政府の態度に向けられている。したがって周辺事態法と同じ国会で通過した国旗・国歌法によって、この従属性への不満に心理的補償を与えようとする企ても、結局のところ画一化された儀礼を政府の方針への服従の踏み絵として使うほかはなくなっている。

今回の一連のシンポジウムは、侵略戦争における被害者の声を聞き、アジアの隣国に厳然と存在する戦争の記憶を明らかにし、国内における「記憶の共同体」再建の企てに対して、加害の事実の記憶を明らかにし、他の国における謝罪と補償の事例からも学びながら、日本政府による謝罪と補償を実現するように内外の力を結集することを課題とすると考えている。

（「戦争犯罪と戦後補償を考える国際市民フォーラム」一九九九年一二月一〇～一二日・パンフレットより）

戦争の記憶をめぐる選択

戦争の記憶に関し選択を迫られているのは次のどれをとるかである。①「汚辱を捨てて栄光をめざす」（中曾根）方向で侵略戦争による殺戮や人権侵害の記憶を抹殺し、「国民の歴史」の栄光だけを強調する支配的な集合的記憶に同調する。この順応は「波風をたてない」という意味で「平和」な日常生活を保証する。②戦争の惨禍について支配的記憶において忘却させられた加害の面を明らかにし、戦争の悲惨を被害者の立場からみることにより、その悲惨をくりかえさない努力を困難でも続けていく。

面倒なのは、今日の権力状況下では殆どの人が抑圧の被害者であり、同時に加害者という両面性を持ちながらそれに気づいてはいない点だ。日常の生活の中で無意識に抑圧に加担するか、それとも力の支配とそれを支える集合的記憶を問いなおす行動に出るかが問題だ。後者はより多く人権を侵されてきた人の記憶からの問いかけに応えて人間の尊厳を回復する道を求めることである。（詳しくは拙著『記憶と忘却の政治学』（明石書店）を参照していただきたい。）

（「断絶の世紀　証言の時代――〈戦争の記憶〉をめぐる対話集会」二〇〇〇年四月一五日・パンフレットより）

抹殺された記憶の復権を

——戦争を伝えること——

学徒出陣で戦争を体験した世代として語るべきことも多いが、ここではむしろ戦争の記憶における多様性に注意をひきたい。同じ世代の戦争体験でも、フィリピンで戦った者と内地にいた者、沖縄で地上戦に従事した者と空襲も経験しなかった者の戦争体験には大きな差異がある。軍隊の階級の上下による違いも無視できない。

さらに軍隊以外の人、まして日本人以外の被害者まで含めて考えれば、体験の多様さはいうまでもない。またその体験の記憶となると多様性は一層大きくなる。記憶とは過去の単なる再生産ではなく、現在の価値観による選択を伴うことが避けられないからである。

日本人に広くみられる戦争の記憶において圧倒的な比重を持つのは原爆の被害体験に関するものである。この記憶の重さのため、日本軍による加害に対する戦争責任意識が減殺される傾向があることを、シュミット元西独首相も『ツァイト』誌で指摘している。

一般に加害の面を記憶から抹殺する傾向があることは、原爆を投下したエノラ・ゲイ号が米国の首都で展示された際、被爆少女の黒焦げの弁当箱など被害の事実を示すことを拒否した例にもみられる。

米国にとって「正しい戦争」を勝利に終わらせた栄光の象徴が、被爆者の悲惨によって傷つけられることを恐れたからであろう。

しかし同時に、アメリカではこの展示をめぐって「歴史戦争」ともいわれたほどの激しい論争があった点も忘れることはできない。

日本の場合では、加害の悲惨な事実が敗戦後の東京裁判で、はじめて白日の下にさらされたという点が問題を複雑にしている。加害の記憶に注意をひこうとする者が、東京裁判史観に影響されていると非難されるのもこのためである。

近代国民国家には、栄光の歴史を礼賛し汚辱の過去に関する記憶を抹殺する一般的傾向がある。その意味では記憶は権力状況に影響される面を持っている。日本でも中央の権力が、同化政策によって周辺のアイヌや沖縄人、植民地台湾や朝鮮の人たちの固有の言語や文化の記憶を抹殺し、「国体」を中心として作られた伝統の記憶を強制した。

戦後は戦争による加害の記憶を抹殺するため、教科書検定で「侵略」を「進出」と改めさせ、アジアの隣国から抗議を受け、また「侵略」に訂正した。

「従軍慰安婦」「南京大虐殺」など加害に関する記憶を抹殺しようとする傾向は、戦争責任意識を弱め、その結果半世紀を経てもなお戦後補償を終えていない状態が続いている。戦時中の強制労働への補償をめぐる不二越訴訟が最高裁で和解により一応決着したのは本年（二〇〇〇年）七月のことである。この種の問題はなお多く残されている。

戦争犠牲者援護立法において、（原爆被害者を例外として）日本国籍を持たない者は対象から除かれ、市民を排除して軍人、軍属、準軍属に対してだけ、階級に応じた軍人恩給などの補償がされていることは、政府公認の記憶における選別と序列化を示すものである。

太平洋諸地域に「皇軍将兵」の遺骨収集団を派遣しながら、その地域で戦争の被害をうけた住民を記憶の外におきがちなのも、同じく閉鎖的な集合的記憶の特徴による。

外に対して外国人に対する加害を忘れるような集合的記憶は、内においては記憶の等質化を強める傾向を示す。教科書検定によって教育されるべき「国民的記憶」の内容を規制し、「日の丸・君が代」の儀礼を画一的に強制することも、国民の記憶を等質化し、敗戦で崩された閉鎖的な「記憶の共同体」を再建しようとする方向を示している。

記憶の国内的等質化を強制しようとする企てが矛盾に直面したとき、それを外からの脅威によるものとして排外的同調性の強化にむかうと、そのような「記憶の共同体」に支えられた国家は硬直化して破局への道を歩む。そのことは日本の敗戦に至る過程で明らかに示されたところである。

外に対して閉じた、内では等質的な「記憶の共同体」をめざすことは統合強化に役立つようだが、実は危険である。外への加害の記憶を抹殺することからは、アジア隣国との信頼醸成を期待することは難しい。内における記憶の画一化は、多様な意見の積極的討論をさまたげ排他的同調性を招く。

戦争の記憶の多様性を生かして違った記憶の間に意味のある討論を作り出すためには、まず抹殺された記憶の復権が必要である。

アメリカとカナダでは戦時中の日系人強制収容に対する謝罪と補償がされた。それは抹殺された少数者の記憶に復権が認められたことを意味するだけではない。未来にむけて多民族共生への道を開く積極的措置であった。

ナチス統治下のドイツ企業で強制労働をさせられた人に補償するため、ドイツ政府と経済界が設立した財団が「記憶・責任・未来」と名づけられたのは象徴的である。抹殺された記憶の復権により過去から学び、加害に伴う責任を果たすことこそは、平和な未来を築くために不可欠の前提である。

（『朝日新聞』大阪本社版 二〇〇〇年八月一二日夕刊）

権力状況の中の集合的記憶と教育

「記憶・責任・未来」というのは、ナチス統治下にドイツ企業で強制労働をさせられた人たちに補償するためにドイツ政府と経済界が設立した財団の名称である。この三語は、二〇世紀の終わりに当たって「過去の克服」を達成しようとする志向を象徴的に示している。

この財団が成功裡にその目標を達成できるか予測することはここでの課題ではない。現実には多くの困難があるであろうが、「記憶・責任・未来」という三つの言葉は、私が本稿で扱う主題、すなわち記憶と教育を権力状況の文脈において考えるという課題にとって鍵になる概念を示していると思われる。

まず「記憶」という語は原文では Erinnerung である。この語は、一九八五年五月八日ドイツ連邦議会のヴァイツゼッカー大統領演説で用いられたもので、永井清彦さんの名訳では「心に刻む」となっている。すなわちナチス政府によってなされた加害の事実を「心に刻む」ことの必要性が、この敗戦四〇年に当たる日の演説で最初に強調されているのである。

そしてこの言葉の意味を、大統領自身次のように言いかえている。「心に刻むというのは、ある出来事が自らの内面の一部となるよう、これを信誠かつ純粋に思い浮かべる《ゲデンケン》ことであります」と（『荒れ野の四〇年――ヴァイツゼッカー大統領演説』永井清彦訳、岩波ブックレット、一九八六年、一一頁）。

歴史における加害の事実を正面から見すえ、それを深く心に刻むことによって、はじめてそれにたいする責任をとるという態度も生まれる。「責任」Verantwortung とは問いかけに応ずることを意味する。英語の responsibility と同様に「他者からの呼びかけ、訴え（appeal）を聞いたとき、それに応答を迫られることを意味する」（徐京植、高橋哲哉『断絶の世紀 証言の時代』岩波書店、二〇〇〇年、九〇頁）。そして、このような問いかけに主体的に対応して、謝罪と補償というかたちで責任を果たそうとする時、はじめて「過去の克服」の上に平和な未来をめざすことができる。すなわち「未来」とは、気候の変化のように予測の対象となる将来のことではなく、人間が主体的にかかわるもの、すなわち創り出すものとしてとらえられている。

記憶をめぐる日本の現実

以上のような基本的な考え方を前提として日本の現実をみると、残念なことに、この方向とは逆の傾向が最近強くなっている。たしかに日本でも『荒れ野の四〇年』が訳出された影響もあって、八六年夏から「アジア太平洋地域の戦争犠牲者に思いを馳せ心に刻む会」が毎年開かれることにもなった。このように「心に刻む」という言葉を用いたものを含めて戦争の加害を記憶しようとする運動が、戦後補償の要求運動とともに多くなった。

しかし、このような運動に対抗するという意味からも、記憶をめぐる反動的傾向が強められている。『南京大虐殺』のまぼろし」とか、「従軍慰安婦」は売春であったとかいうかたちで、戦争における加害の事実に関する記憶を抹殺し、被害者からの補償要求を拒否しようとする一部世論の動向が目立っている。

政府としても「女性のためのアジア平和国民基金」というかたちで国家の責任を回避する迂路をとるか、「弔慰金」などとして一時金のかたちで国籍を奪われた戦争被害者にたいして、お気の毒だからお金をあげるので、謝罪の必要性も責任もないという対応を示している。

今年（二〇〇〇年）七月最高裁における「不二越」強制労働への補償訴訟の和解でも、司法は法的判断を示すことを避け、「和解金」を支払う会社側は謝罪の必要性を否定し、罪の意識もないことを示している。

このように過去の加害について責任を認めない態度からは、平和な未来を志向するという努力も期待できない。アジアの隣国との信頼醸成も期待できないままで、その都度膏薬貼り的対応を続けているのが現状である。

このような記憶をめぐる今日的状況を教育との関連でみれば、自由主義史観を主張する人たちが、汚辱の過去に関する記憶を抹殺し、もっぱら過去の栄光を賞賛する『国民の歴史』を教科書によって普及しようとする点が特徴的である。「新しい歴史教科書をつくる会」の動きが代表的なものである。

こうした記憶をめぐる状況がどのようにして成立しているか、その矛盾はどこにあり、この矛盾を克服する道はどこに見出されるか。このような問題を教育を焦点として考えていくのが本稿の課題となる。

権力と記憶の関係における教育の役割

一つの社会における集合的記憶が、一方では歴史的連続性をもつと同時に、他方では国家権力を中心とする権力状況に規定される面があることは、すでに別に詳しく論じた（石田『記憶と忘却の政治学』明石書店、二〇〇〇年）。ここでは教育がこの間にどのような役割を果たすかを中心として考えてみたい。

権力と記憶の関係において教育が果たす役割は二面的である。その一つのすぐ目につく役割は、国家が国民統合に役立つ集合的記憶を育成する手段として教育が使われる面である。しかし他方では教育が人間形成を自主的に達成することを促進する面に注目するならば、教育は既存の集合的記憶を問いなおす可能性を生み出す役割ももっている。以下まず第一の役割に注目し、本稿の終わりの部分で第二の役割に言及することにしたい。

教育が権力による集合的記憶培養の手段とされる面も、さらに分ければ直接的な手段とされる場合と、比較的目立たない間接的な手段である場合がある。直接的手段とされた典型的な事例は、戦前日本の国史・修身教育にみられる。すなわち帝国主義国家の形成を急いだ日本では、高度に中央集権化した学校制度を通じて国民統合強化のために閉鎖的・排外的な「記憶の共同体」の培養が図られた。記憶に関してみられる教育の権力による利用は、まず消極面では国内における対立や多様性の忘却と、積極面では等質的な記憶の創出にみられた。たとえば周辺のアイヌや沖縄における、あるいは植民地台湾、朝鮮における固有の文化・言語の記憶を抹殺し、さらに積極的には万世一系という神話的要素を含む「国体」的な創られた伝統の記憶を心に植えつける役割が教育に期待された。

国史教育は、いうまでもなく創られた伝統を官製的な記憶として普及する主要な手段となった。同時に「神道は祭天の古俗」（久米邦武）という「神の国」の科学的究明が弾圧され、南北朝正閏論争のように万世一系に疑問を示すものを記憶から抹殺する過程が国史教育の裏側に伴っていた。教育「勅語ノ旨趣ニ基」づく修身教育がもう一つの柱として忠君愛国の精神を培養する手段とされた。この背後には、勅語に十分深く拝礼しなかった内村鑑三を「乱臣賊子」と非難するという排除の面が社会的強制力として存在していた。

このように集合的記憶の維持培養の直接的手段として教育を利用する体制は、次第にメディアを通ずる間接的培養によって補われる面を大きくしてくる。これは日本のマス・メディアが早くから寡占化し（一九二四年には『大阪朝日』『大阪毎日』購読者百万突破）、多くの読者に競って訴えようとするため、横ならびになり、国民的同調性を強める傾向にあったことと関連している。

官製的な集合的記憶培養の直接的手段としての教育の役割に致命的な打撃を与えたのは、いうまでもなく敗戦と占領に伴う国史・修身教育の禁止を中心とした教育改革であった。日本国憲法によって思想言論の自由が保障されたことも、多様な意見によって閉鎖的な「記憶の共同体」を内から崩していく要因となった。

しかし、占領の圧力によって促された改革にたいしては、「逆コース」とよばれる反動が続いた。

東京裁判によって南京大虐殺など加害の悲惨な事実がはじめて明らかにされたことへの反動として、加害の記憶をよび起こそうとする企てを「東京裁判史観」による自虐的な考え方だと非難する傾向も生まれた。このような「逆コース」的世論を背景に、教科書検定で加害の記憶を抹殺する傾向も出てくる。

社会的誘因による見えにくい規制

敗戦によって集合的記憶の直接的な培養手段としての役割を奪われた教育は、戦後ではより間接的な培養手段として新しい機能を担うことになる。その機能を支える論理は言論市場における「自由競争」に求められた。ある公立中学校で人権教育のため差別の経験について在日韓国人の話を聞く企画を立てたところ、それは少数の偏った意見だから、日本には差別はないという人の意見も聞くべきだという主張によってこの企画そのものが廃案になった。

この例にもみられるように、思想言論の自由が法的に保障されているもとでは、言論の自由市場ですべてが決定されるべきだという意見がある。この意見が見落としがちなのは、公正な競争が成立するためには、多様な意見が平等な条件にあるという前提を必要としていることである。現実の権力状況のもとで不利な立場にある人の声が十分に聞かれる配慮がされない限り、「自由競争」は声の大きい多数の同調性をおしつけ既存の集合的記憶を強化する結果になる。「君が代・日の丸」についても言論は自由であるという人がいる。しかし実際には公立学校で教頭になろうとすれば、次のような質問に文部省が期待するような回答をする必要がある。「国旗・国歌の扱いについて、あなたは教頭として、どのように教職員を指導して、まとめていきますか」と（下村哲夫編著『校長教頭試験問題集』学陽書房、二〇〇〇年、三一八頁）。

もちろん教頭試験をうけるかどうかは、各教員の自由である。ただ教頭・校長にならない場合には、それだけ昇給はおくれ、退職金・年金も不利になることを覚悟しなければならない。すなわち選択の自由は、収入のちがいなどの社会的誘因によって、現実には見えにくい規制をうけているのである。同じように社会的誘因は、より広く集合的記憶の形成維持に物質的基礎を提供している。戦争被害者援護立法において、原爆被害者を例外として日本国籍をもたない者は対象から除かれ、市民を排除して軍人・軍属・準軍属に対してだけ、階級に応じた軍人恩給などの補償がされていることは、政府公認の記憶における選別と序列化を示すものである。いいかえれば、このような現世利益に支えられたかたちで、靖国神社を崇敬する遺族会の記憶も維持され、政治的影響力をもっている。

「公益」の政府による独占とその矛盾

すでに述べたように一見「自由競争」のかたちをとりながら、社会的誘因を手段に権力を中心にして形成された集合的記憶は、さらにしばしば「公益」の名によって正当化される。教科書検定の場合における政府介入が正当化されるのも、元来は市民的公共性を基礎とすべき「公益」が政府に独占された結果である。戦後改革への反動として閉鎖的な「記憶の共同体」再建にむけられた集合的記憶は、その同調性にたいする批判者を「公益」の名によって排除しようとする。

アジア太平洋戦争の被害者たちの抹殺された記憶をほり起こそうとする努力、あるいはこれと結びついた補償要求の運動は、次の両面で支配的な集合的記憶の側から「公益」の名による拒否反応にあう。その一面は、一度被害者個人への謝罪と補償を認めたら、すでに日韓交渉などで決められた「請求協定で完全かつ最終的に解決済み」という建前をこわし、次つぎに要求が出てきて「国民負担」を大きくするという経済的不安によるものである。もう一つの面は、日本の汚辱の過去をあばくのは、太平洋戦争史観という占領当局におしつけられた精神の奴隷となった結果であって、「日本人の誇り」を傷つけるものであるという精神面からの拒否である。

後者の精神的側面は、「公益」の名による戦争肯定と結びついている。「特攻隊は祖国郷土家族天皇などの……『公（おおやけ）』を守った」という小林よしのりの『戦争論』（幻冬社、一九九八年、九一頁）は、その代表的表現にほかならない。

このように戦前の「記憶の共同体」を再建しようとする時、思想・言論の自由という建前にもかかわらず、その同調性はしばしば暴力をも伴う社会的規制として現われる。昭和天皇の病気に伴う「自粛ムード」に続く長崎市長にたいする右翼の銃撃は、その典型的な事例である。

同じような暴力性は、一九八七年五月「赤報隊」と称する匿名集団による朝日新聞阪神支局の襲撃と記者の殺傷にも示された。この暴力は、単に一回の脅威を意味するだけでなく、マス・メディアで働く人たちに組織防衛の配慮から自主規制をひきおこす恐れがあるという点で集合的記憶形成に深刻な影響がある。

しかし、このように暴力に訴えなければならないということは、それが強制しようとする同調性が、その内容において合理的な説得では維持できない弱さをもつことを示している。このような弱さは、教育においても、同調性が画一的強制によって実現されようとする場合に明らかに露呈されてくる。

教育における外面的画一化と逃避

政府が教育を官製の集合的記憶を国民に培養する直接的手段とした戦前の場合には、その記憶がもともと合理的説得になじみにくいものであったから、外面的儀礼の画一的強制によるのは不可避的傾向であった。

たとえば「皇祖皇宗の遺訓」としての教育勅語を教育の基本としようとしても、同じ「皇祖」の後裔と認めることのできない植民地の人たちに説得力をもつことはできなかった。「皇国臣民ノ誓詞」というかたちで単純化し、その唱和を強制しても、「我等ハ皇国臣民ナリ忠誠以テ皇国ニ報ゼン」というところを、ひそかに「彼等ハ」と誦して抵抗したという京城帝国大学生の事例も報じられている（石田、前掲書、一四七―八頁参照）。

敗戦後新生日本では「個人の尊厳を重んじ、真理と平和を希求する人間の育成を期するとともに、普遍的にしてしかも個性ゆたかな文化の創造をめざす教育」（教育基本法前文）が目標とされた。しかし、今やこの基本法の見なおしが保守政治家の間で叫ばれるとともに、「国旗・国歌法」にも促され「日の丸・君が代」の画一的強制がすすめられている。

一方では一九九九年新高校学習指導要領でカリキュラム編成を自由化する方向を示し、「自ら学び自ら考える」力を育むといいながら、他方で卒業式に「日の丸・君が代」の儀礼を画一的に強制するのは、明らかに矛盾した指導といわなければならない。

実はこのことは、「君が代」の歌詞説明に不統一や無理があることに示されるように、「日本人としての自覚を養い」（『高等学校学習指導要領解説』八九年）ということの内容、すなわち教育されるべき伝統としての集合的記憶の内容に合理的説明になじまない面があることの結果である。

教育内容について、開かれた合理的討論による検討を認めないままで画一的強制を行うことの困難は明らかである。その強制は生徒の反抗をひきおこすか、それが不可能かあるいはその気力がない場合には、不登校のような逃避という結果を生み出すことになる。

教科書検定と集合的記憶の方向づけ

教育内容についての合理的説得力という問題を集合的記憶との関連でいえば、教育内容における集合的記憶は多様な記憶との合理的討論にたいして開かれたものであることを前提としなければならない。

ところが現実に教科書検定で行われてきたことは、多様な記憶との討論の可能性を、次の幾つかのやり方で困難にする方向を示してきた。①言及しないことによる忘却の強制（非人道的な加害の事実に触れないよう指導すること）、②婉曲的いいかえによる加害性の消去（「侵略」を「進出」とするなど。ただしこれはアジア隣国からの抗議で訂正)、③主語をなくすことによる責任主体の抹殺(「日本軍は……戦線を広げた」を「戦線が広がった」に訂正させられた——家永三郎『歴史と教育』大月書店、一九五六年、一四頁)。

この最後のものは、戦争を台風のような自然災害のようにみることによって責任から逃れる論理である。この論理は、すべての戦争に悲惨な事実は不可避であるという相対化とともに戦争責任の否定に頻用される手法である。

このほかに④「国民的栄光」の一面的賞揚(日本海海戦の東郷平八郎の英雄化など)を加えることもできる。ここまでくると「虚偽記憶」にきわめて近いところまできているということもできるであろう。

被害者にたいする人間的理解力の問題

現在支配している集合的記憶について、合理的検討を可能にするためには、まず記憶の多様性を認め、異なった記憶からの問いかけに答えていかなければならない。しかし現実には加害者は加害の事実を容易に忘れ、被害者は被害体験を長く記憶にとどめるのが一般的傾向である。

アメリカでは原爆投下は「正しい戦争」を勝利に導いた栄光の面で記憶され、原爆を投下したエノラ・ゲイ号の展示は被爆者の記憶によって傷つけられてはならないという声が勝利した。日本では被爆体験は記憶にとどめるが、その記憶の反面で国民以外の人にたいする加害の事実を忘れ去る傾向がある。

したがって歴史教育において重要なのは、支配的な集合的記憶において加害の事実に関する記憶を抹殺する傾向があることを自覚し、抹殺された記憶の復権およびそれとの対話に努めることである。それは歴史教育という特殊な科目にとって重要なだけではない。権力状況においてより不利な立場にある人の問題を敏感に理解するということは、人間の尊厳の重要さを自覚して、現実社会のなかで人間形成をする上でもっとも肝要な点である。「強者」や加害者の側からは見えない、あるいは忘れられたものが、「弱者」や被害者の側から明らかになるという関係は、記憶のちがいによって明確に示されるところである。記憶に関する政治は「知識の周辺で繰り広げられた権力闘争」であるともいわれる（イアン・ハッキング『記憶を書きかえる』早川書房、九八年、二六二頁）。逆にいえば記憶は権力状況の指標として、教育における人間形成の志向を考える手がかりになる。

集合的記憶の不断の問いなおし

集合的記憶が権力状況に規定されている現状のなかでは、記憶の問いなおしは既存の権力状況への挑戦を含まざるをえない。そして権力状況は単に国家権力に関してみられるだけでなく、一見それと対抗する組織にもみられるものであるから、支配的な記憶の問いなおしは他の集合的記憶に依存するというかたちで達成できるものではない。なぜなら対抗的な集合的記憶もまた、それを支える権力状況とともに問いなおされるべきものだからである。

この意味で一九五〇年代後半から日教組によって提唱された「国民教育」の運動には、「国民」という思考枠組によって集合的記憶を固定化する傾向があった点で問題がある。「権力は腐敗する」という金言が対抗的政治勢力にも妥当することを看過する危険性は常に存在する。

また集合的記憶を問いなおす過程は、教育そのものの問いなおしともならざるをえない。なぜなら集合的記憶は既存の概念操置に支えられたものであるから、それを問いなおすことは、教育が既存の概念に依存することをやめ、自主的な人間形成をうながす本来の姿にかえることを必要とするからである。すなわちＰ・フレイレの表現をかりれば、上から既存の概念や記憶を注入する「銀行型教育」から、それを問いなおす「問題提起型教育」への転換が要請されることになる（『被抑圧者の教育学』亜紀書房、七九年、六三頁）。

一つ具体例をあげよう。青山学院の雨宮剛教授の指導をうけた学生の「プロジェクト95」では、自分の大学の戦争へのかかわり方を反省するとともに、過去の戦争被害者の声をきくためにフィリピン体験学習を続けている。事前に歴史を学び、戦争責任に関する自分たちの考え方を、「平和と和解のステートメント」としてまとめ、日本軍の残虐行為の跡を訪ね、このステートメントを述べた上で、生き証人から体験を聞き、自分たちの歴史認識を問いなおす努力が積み重ねられている（青山学院大学プロジェクト95編『青山学院と戦争の記憶――罪責と証言』雨宮剛発行、二〇〇〇年参照）。

このような試みの与える教訓は、単に教育制度の範囲にとどまらない。日本社会で生活している多数派の人たちは、意識しなくても現在の権力状況のもとで支配的な集合的記憶の影響下にある。そしてこれに順応することは、「波風をたてない」という意味で「平和」な日常生活を保証する。しかし戦争の惨禍をくりかえさないためには、支配的記憶において忘却させせられた加害の面を明らかにすることが必要である。

こうして各個人は日常的に自分の努力で支配的記憶を問いなおす課題に直面している。どのような権力もそれに必要な物語としての記憶をつくり出すということを自覚した上で、さまざまな社会的誘因に抗して、人間の尊厳を中心として、あらゆる集合的記憶を不断に問いなおす日常的努力が求められている。

（教育科学研究会編集『教育』No. 659　二〇〇〇年一二月号）

Ⅳ　対話の中で考える

インタビュー

「前事不忘　后事之師」

――軍隊体験の回想（尾形憲さんを聞き手として）――

『わだつみ』への抵抗感

――石田さんは東北大学一年の時に学徒出陣され、戦後、東大へ入られたのですね。そのへんのことを含めて、戦争体験と、戦後は政治学を志された経緯をお話しいただけますでしょうか。

石田　私は自分の戦争体験については、学徒出陣二五周年記念会編『昭和十八年十二月一日』（若樹書房、一九六九年、後に石田『平和と変革の論理』れんが書房、一九七三年に収録）にちょっと書いただけ、それもどちらかというと戦後体験が中心で、ほとんどしゃべったことがない。自分の戦争体験はこうだと言うと、自分で勝手に固定したイメージをつくってしまうということになりやすいので、あえて今まであまり書いてもいないししゃべってもいないのですが、せっかくのお話なので……。

『きけ わだつみのこえ』にちなんで申しますと、この本を最初に読んだときから私は正直なところ抵抗感があった。渡辺一夫さんが、「かなり過激な日本精神主義的な、ある時には戦争謳歌にも近いような若干の短文までをも、全部採録するのが「公正」であると主張したが入れられなかった」と書いておられますが、最初に出版された当時、戦争謳歌的なものを載せることはかなり問題があったということはわかる。ただ今日から考えてみると、『わだつみ』に収録されたものが出陣学徒の多数意見であったと取られると、後世の歴史家を大変誤らせるのではないか。

私はこれを読んだ時に圧倒されて立派だと思いました。戦争中にこれだけのことを、とにかく書いて残した人がいるというのは驚きでした。奴隷は自分が奴隷であることを忘れたときに最も奴隷的であるという言葉がありますが、私について言うならば、手紙でも、「拝啓　皆様お元気ですか。小生も軍務に精励しておりますからご安心ください。敬具」と、それしか書けない。それ以外書いたらもちろん検閲でひっかかるからということはありますけれども、それが内面化して、それ以外に自分を表現するすべを知らない。そういう状態におかれていたと思う。毎日毎日動物のように訓練されていると、思考能力がなくなってきて、自分の考えを自分の文体で表現するということ自体がおよそ不可能になってくる。それと、毎日「反省録」を書かされて、それを教官に見せるわけですから、それがもう習い性となって、「反省録」に書くような表現形態しかできなくなる。私の学徒出陣の仲間で、重砲兵学校に行っているときに、検閲をのがれるため外で投函してもらったはがきが見つかってひどくおこられた者がいましたが、その内容はといえば「腹が減って仕方がない。頼むから何か食い物をもってきてくれ」というものです。『きけ わだつみのこえ』に載せられた文章はあまりに立派だから、多くの人がそこに示されたのと違った状態におかれていたということを忘れてしまうのではないかという点が私にはいちばん心配です。

それともう一つは、学徒兵でない渡辺清さんたちがあとでわだつみ会に入られたので、だいぶ事態は変わってきましたけれども、当時徴兵猶予を受けられた階層は大変に限られた階層であって、そういう意味でも、たとえば『戦没農民兵士の手紙』や、『あの人は帰ってこなかった』（ともに岩波新書）、これは戦没農民兵士の未亡人の聞き書きですけれども、こういうものをぜひみていただきたいということと、一九六四年に『あの人は帰ってこなかった』が出たときには、強制連行で朝鮮半島から、むりやりに引き離されて連れて行かれた夫たちの問題、そこで残された妻たちの問題、樺太の韓国人の問題は、全くわれわれの視野に入ってこなかった。それが四〇年以上経ってからようやく問題になった。いわんや「従軍慰安婦」の問題が、どうして今まで放置されていたのかということは、どうしてもこの際問題にしなければいけないと思う。

軍隊体験と「従軍慰安婦」問題

私は徴兵検査で第三乙になって東京湾要塞重砲兵連隊に配属になった。実は海軍に志願したんです。それは簡単にいえば、陸軍はいかにも野暮ったい、海軍の方が少しカッコいいという感じで志願したのですが、体が弱くて海軍はだめ。それで陸軍、しかも要塞重砲、又の名を「用ない」重砲というんです。要塞で貼りついているわけですから、何もすることない。それでかろうじで生きて帰れたようなものですが、ただ私としては海軍を志願したのと同じ理由で、要塞重砲は大変に嬉しかった。嬉しかったというのはどういうことかというと、私はどう考えても、軍刀でもって人を斬るということはできそうもない。それから捕虜になってはいけないから、というんで腹切らなければいけない。これはどうもできそうもない。ところが海軍だと、見えないところへ弾が飛んでいって沈んでくれる。だから人を殺す時に自分で刀で殺さなくてもいい。それから死ぬときにも軍艦と一緒に死ぬんだから、どうということもない。それと同じことで、要塞重砲の場合には、遠くで人が死んでくれるんだから、見なくてもすむ。それから砲台を敵に渡してはいけないから、最後には、大砲の先にもう一つ弾を詰めて発射すると、砲台もろとも吹き飛んでしまう。それで腹を切らなくてもいいと大いに安心したのです。だが、私は喜び勇んで行ったわけでもないし、そうかといって徴兵逃れのために一生懸命努力したわけでもないので、徴兵猶予がなくなってホッとした。つまりあの当時は、ほかの若い人が戦争に行くのに、学徒だけが特権階級で戦争に行かないのは、非常に肩身が狭い思いをしていたので、むしろホッとしたというのが正直な気持ちでした。

あとはとくに変わったことはないのですが、実は「従軍慰安婦」の問題が起こってきてから、はっきり思い出すことが三つある。

一つは、幹部候補生になって学校へ行きますと、幹候教育が終わったときに将校になる心得をいろいろ言うのですが、最後に「これから〝突撃一番〟の使い方を教えてやる」というわけです。私はいやだから、「石田候補生使役に行ってきます」といって部屋を出た。今にして思えば、何を教えたか聞いておけばよかったと思うのですが、使役に行ってきますというとずらかれる。使役（雑用）は人が嫌がるものですから、使役に行ってきますというとずらかれる。

二つめは、学校を出て、幸いなことに元の隊、剣崎の砲台に戻って、将校教育というので、また横須賀の重砲兵学校に見習士官で行った。そしたら同じ召集だけれども、海千山千の中尉があるとき、私と同期の慶応大学から召集された男と二人に、おまえら女知らないだろうから今晩教えてやる、付いてこいと、今は防衛大学になっていますが、あそこから馬堀海岸の駅に行って電車に乗った。私と慶応ボーイの二人は、いやだから途中で逃げようといって、三つぐらい先の駅でドアがパッと閉まるとき飛び下りた。二人でビール飲んで帰って寝ていたら、後で帰ってきた中尉が怒りましてね。私はどういうわけか殴られなかったけれども、その男は殴られた。今に至るまで、おまえのおかげでひどい目に遭ったというんですが、「女を買う」というのは将校として一人前になるための必要な通過儀礼であるという意識があったと思う。

それから第三の事実は、剣崎の砲台で小隊長をやっていたときに、これも海千山千の伍長でしたか、軍曹でしたか、隊長殿、一つ慰安所をつくりましょうと言うのですね。内地ですけれども、第一線勤務で、一年に一回しか休暇がない。あとは外出禁止です。そこで自分を慰安所係の下士官にしてくださいと言う。これはどうせできっこない話ですから、冗談だとわかっていたから私も、それじゃおまえは外泊はいらんなと言ったら、いや、カアちゃんは別ですって（笑）。これも慰安所を必要とするという当時の兵隊の気持ちが非常によく出ている。

そういうことを、「従軍慰安婦」の問題が起こってから思い出してみますと、われわれの世代にとっては、「従軍慰安婦」が存在したということは、誰の目にも自明のことである。しかも軍隊がやっていたということは明々白々なことで、政府が、あれは民間の業者がやっていたんで、政府は関係しませんでしたなんて、そんなばかなことは言えた義理ではないというのは、われわれの世代の人間だったら常識だと思う。ところがその常識であったことが、ようやく最近になって若い歴史家たちの努力によって、いろいろ資料を発掘して立証されたというのは、これはわれわれの怠慢です。その当時きちっと資料を残しておけば、もっと早く片がついた問題で、今ではかつての「慰安婦」の方々も、かなりの数の方が亡くなって、生きている方も老い先みじかいというときまでそれをやれなかったのは、一体どうしてだろうというのは、正直なところ私の今の最も痛切な思いですね。

植民地差別の問題について、恥を申しますけれども、私は、『破局と平和』(東大出版会)という六八年に出した戦中戦後の政治史の本で、全然植民地の問題を扱っていない。あとで家永さんが『太平洋戦争史』で植民地問題を始めて取上げられて、これはいかん、私も改訂しなきゃいかんと思った。今度岩波で『近代日本と植民地』というシリーズが出た。植民地問題がようやく今ごろになって問題になったのは、韓国なり中国なりで民主化が進んでくれれば、日本の植民地主義に対する批判を押さえきれなくなるということですから、それだけの理由はあるのですが、日本人としては、他から批判されるまでとりあげられなかったというのでは、何とも申し訳のないことです。

軍隊経験のことを一言だけ付け加えるとすれば、一つは、軍隊というのは驚くべき官僚組織である。戦争を三〇分か一時間すると、大隊本部にいた私としては次の二日ぐらいは「戦闘詳報」を書かなくてはいけない。その作文のいかんによってどうにでもなる。さっき私といっしょに逃げて殴られた男は、房総半島で小隊長をやっていた。そこでグラマンを一機落としたので、私が、「力戦奮闘、遂に敵機を撃墜した」という作文をしたら、それが勲章甲になりました(笑)。

もう一つは、権力を持っている官僚制に伴う腐敗ですね。これはあるとき軍用電話で、たまたま聞こえてきたのですが、要塞司令官が明日行くから、魚の新しいのと野菜のいいのをしっかり用意しておけと。要塞司令官が来るといえば、ちゃんとおみやげを持たせて帰すというのは、これはあたりまえのことなんです。その他軍隊にはいろいろなからくりがあって、エンヤコラで砲台を作る基礎の地突きをやるときに手伝ってもらう漁師の奥さんたちに、金を払う時、ハンコを預かっておいて二重帳簿にして、書類上は全部出たことにしておいて、実際には出面に従って払う。そうすると当然のことながら金が浮く。決してこれは個人が私するわけではないけれども、連隊長が来た時に料理屋で酒を飲ませる金になる。軍隊というところは命がけで戦争をするところだと思っていたのに、なんのことはない、これはものすごい腐敗した官僚組織だということを、しみじみ感じました。父親が役人だったので私は当然役人になることを期待されていたのですが、役人にならないという決心をした一つは、権力を持った組織は必ず腐敗するということが、目に見えてわかったからです。

植民地支配への反省の上に

『わだつみのこえ』に書いたような方ならば、戦争が終わってうれしいということでしょうけれども、私の場合には、奴隷であることを自覚しないままで奴隷になっていたわけですから、敗戦は完全に価値観の転倒をひきおこし、どうしていいかわからない。そうならば、どうして自分はこんなにみごとに騙されたかということを、一度はっきりしなければ先へ進めないということで、研究者になる決心をし、私が最初に取上げたのは修身教科書なんです。出発点はやはり『きけ わだつみのこえ』

の手紙を書いた人たちとは違うんだ、完全に騙されていたんだというところから出発したわけで、どんなに騙されたかということは、自分の体験を考えればすぐわかるわけですから。ただその時も、自分がなぜ騙されたかが関心事で、日本国家が植民地に対してどうしていたかということは関心の対象にならなかった。

私が植民地の問題に体験的に気がついたのは、七〇年代に水俣の調査に行った時でした。もちろんその前にベトナム反戦の運動があって、加害者という意識は、その中で生まれていましたが……。水俣の調査をしてみると、あのときの工場長をはじめとして主な人たちは朝鮮窒素からきている。朝鮮窒素で労働者を人間と思うな、牛馬と思って使えという管理体制をやっていた人たちが水俣へ帰ってきて、それでとにかくむちゃくちゃなことをやった。人命をなんとも思わないという経営体質、それはまさに朝鮮窒素が朝鮮でやっていた経営体質なんです。

そのことからだんだん考えてみますと、斎藤実総督が朝鮮でやったことは、斎藤内閣が日本でやったことと同じことなんです。「文化政治」というのは、やがて日本で精神総動員運動をやるという、それと同じことなんです。みんな朝鮮でやったことを日本にもって帰ってきてやっている。朝鮮総督をやった人の半分は総理大臣になっています。

ということは、植民地支配で起こったことがだいたい一〇年後に日本内地で起こるというふうに考えていい。朝鮮窒素でやったことが水俣で起こったことと同じことなんです。それがたまたま戦後まで続いたということで、それは戦後の処理をちゃんとしてなかったから、ズルズルとつながっている。戦後の暴言の数々は、植民地支配の体質が全然抜けていないということで、それは経済援助にいたるまで続いている。

なぜ今まで戦争責任の問題が片づかなかったかというと、重要なチャンスを二回失っていると思う。第一回は敗戦です。敗戦は、アメリカに負けたのだという意識が強い。アジアの国に対して負けたという意識はない。後にヘルムート・シュミットが、日本人の中には、原爆による被害と戦争責任と相殺する傾向があると言っています。一九八六年の一月二四日、彼が『Zeit』という雑誌での日本特集の中で書いている。敗戦のとき本来ならば戦争責任の問題を考えなければいけなかったのに、いちばん重要な侵略した相手のアジアに対する責任を考えていない。これにはいろいろな問題があります。たとえば極東軍事裁判の問題にしても、多くのアジアの人たちは代表されていない。キーナンを代表とするアメリカの都合で天皇の戦争責任も対象外になった。BC級戦犯に至るまでみんな占領軍が、オランダがやったりオーストラリアがやったりということであって決してインドネシアやフィリピンがやったわけではない。アジアからの責任追求は全然問題にされなかった。

第二回目は、それぞれ国によって時期は違いますが、平和条約を結んだ時、その裏側には賠償問題がある。そのときに本来ならばきちっと戦争責任の問題も解決されるべきだった。ところが、冷戦の問題があって、講和というのは、アメリカの極東政策の一環として、アメリカのイニシアティブの下でやられた。

それから賠償の問題についていえば、これはもっぱら経済援助にすり替えた。日韓条約にいちばん典型的に出てくるわけですけれども、それでみんな片づきましたという口実のためにだけそれが使われるようになった。それから東南アジアについて言うならば、吉田茂が言っていたと思いますが、先様の面子《メンツ》を重んじて賠償という名前は使うが、実は投資なんですと。それは日本の経済復興に非常に大きなテコになったわけで、それはその後ずっと、「経済援助」なるものにズルズルとつながっていく。だから賠償というのは、決して戦争責任に対する償いではなくて、新しい経済進出ということにされてしまった。それが同時に、全部これで戦争の償いは終わりましたという口実に使われるようになった。ということで二重三重にチャンスを失った。

ではどうして変化が起こったかといえば、フィリピンでマルコスが倒れ、韓国で全斗煥が倒れ、というような民主化が起こってきたことによってようやく押さえ切れなくなる。その前には、七四年に田中首相がインドネシアに行った時に、一〇万人を越える暴動がジャカルタで起こる。それで日本政府はびっくり仰天して、どうしてこんなことが起こったのか、相手の政府は日本の経済援助をありがたいと言っているし、合弁のパートナーも結構と言っているのに、日本の商社が沢山焼かれたのは、いったいどうしたことかと不思議に思った。日本の賠償以後の経済援助、それは当然日本にもリベートが返ってくるし、それぞれの国の腐敗した支配者の懐を肥やすことになったわけですけれども、それに対する不満、それから地場産業を壊していくことに対する不満が、暴動という形でないと出せなかった。それは七〇年代までの問題だと思う。八〇年代に入ってようやく少しずつ、これは国によって違いますが、民主化が進んできて、押さえきれなくなった。それが私は敗戦から四〇年以上経って「従軍慰安婦」の問題が出てきた最大の理由ではないかと思う。

それと私は、日本の社会科学者の責任は大きいと思う。一言で言えば、人権についての感覚がいかに鈍かったかということです。日本国憲法できちっと人権を保障しながら、人権感覚が実になまくらだった。

それはどうしてかと思うと、一つはマルクス主義が、生産力主義だった。日本は経済復興しなければ食うものはないということで、それなりの理由があったのですが……。要するに生産力中心だった。マルクス主義は、階級闘争を中心とするという面では一九六〇年代の高度成長の過程で影響力を失って、近代経済学がそれにとって代わるようになりますが、生産性を中心とするという点においては、マルクス主義と近代経済学は両方同じなんですね。わずかに経済学者の中で、都留重人さん、宮本憲一さん、宇沢弘文さんとか、ごく限られた人は、社会的費用を考えに入れなければいけないということで、少数派として福祉、公害の問題に取り組んでこられたわけですけれども、社会科学者は、どうしても生産力中心の考え方で、ソビエトの崩壊、マルクス主義の再検討と言われていても、はたして人権という価値まで反省が及んでいるかというと、私はその点は、今までの惰性が断ち切れないという危惧が非常にする。それと専門分化で、人権なんていうのは法律家のやることで、私はそんなことは知りませんよ、日本的経営というのはこういうものだという話だけしていればいいんですということになるわけですね。

弊害だけ言うと不公平ですから、プラスの面を言えば、日本の弁護士さんが、公害にしても冤罪でも、今度の「従軍慰安婦」の問題にしてもそうですが、実際の裁判の過程で実績を積み上げてきた役割は大きいと思う。

それともう一つプラスを付け加えれば、日本の国内の人権問題について、女性とマイノリティの人たちが、女性は性差別の問題、マイノリティの人たちは民族的偏見・差別への反対運動をやってこられたことが、ようやく少しずつ実ってきた。それと若い人たちが、「従軍慰安婦」なんてとんでもないことがどうしてあり得たのか、常識から考えればあり得ないことだというすなおな驚きから、戦後補償の問題にしても一生懸命やってくれている。

そうだとすると、戦争を体験した人間が、おれたちはこういう苦労をしたんだという話は、現在の問題をどうみるかという視点がないと、それは昔の話で、今とは関係ない話になってしまう。

ところがカンボジアに「従軍慰安婦」を送れということを書いた人がいるわけです。これは本当に驚きいった話で、エイズを持って帰るといけないからというのですけれども、これこそ「従軍慰安婦」を強制的に連れていったことに対する反省がひとかけらもない。それをあわせて考えないと、昔は苦労しましたが、それは昔の話です、今は戦争がなくて平和で結構ですということになってしまったら、これ一体なんの教訓をあれだけたくさんの人をアジアで殺した戦争から学んだのかということになってしまいます。

〝国際貢献〟〝政治改革〟

――戦争中騙されつづけてきて、アジアの人たちに対してわれわれは大変な加害者になったわけですが、戦後も依然として騙されていて、そういう政府をわれわれは許しているという問題がある。それじゃわれわれは、これから何をすべきなのか。ＰＫＯの問題、それから「国際貢献」のためには改憲という意見も出ていますし、国連をどう考えるかというようなことについて、ご専門の立場からお話をうかがえればと思います。

石田　たしかに今はある意味で平和で結構ですが、事態は戦争中よりもむずかしくなっていると思う。というのは、戦争中は、軍部が新聞を検閲していたことははっきりしていた。ところが今、新聞になにか強制力が加わっていると普通の人は思わない。ところが国際貢献は必要だ、政治改革で政治がよくなるというのは滔々たる世論になっている。国際貢献は必要ないなんていったら非常識だ、政治改革はおかしいと言ったらそのほうが頭おかしいと言われてしまう時代になってきた。そうするとこれは非常にむずかしい。はたしてマスメディアは本当に自由かという問題に関わってくるわけですけれども、マスメディアが巨大組織になったということは非常に大きい。みんな組織防衛のために自己規制が働いて、世の中の風潮とあまり外れたことは言うまいということになってしまう。だからマイナーなネットワークが非常に重要になってくるので、国際貢献はおかしいじゃないかという意見は、少数意見としてどんどん出さないといけないと思う。

国際貢献ということで言えば、これは何もアジアの国が日本に自衛隊を出してくれることを期待しているわけでは毛頭ないのであって、日本の政府が、出さないと国連安保理事会の常任理事国になれないのではないかという狙いで出しているわけです。いちばん反対が強いのはシンガポールで、日本の軍隊が国境を越えたら大変だということは、アジアの諸国ではみんな危惧をもっている。

だからもともと、日本は良心的兵役拒否国になって、非軍事的な貢献だけをやるということにすれば、アジアの危惧もない。もちろん良心的兵役拒否者が骨を折らなければいけないのはあたりまえのことで、決して危険を避けてはいけないということもあるわけです。だけれども、危険ではない、危険なら撤収しますよとごまかしておきながら、自衛隊を連れて行くのは、国内に対してもおかしいし、国際的にもそんなことが通じるはずがないのを通じるかのように言ったことがおかしい。

おなじことは政治改革にも言えるので、政治改革は、そもそもの話は、金丸事件が起きてけしからんという話から起こったのだけれども、いつのまにか選挙制度はどうするかという話になって、すり替えもいいとこだと思う。だけど「改革」というと、新しくなるんだ、世直しができるんだという印象を与えて、その改革の中には憲法改正も入って、憲法を守れと言っているのは保守的なやつだということになってしまっている。

憲法問題は守旧派に徹する

――社会党は創憲と言ってますね。山口二郎さんが言いはじめて、『世界』の四月号に、私の近しい方々も名前を連ねて、平和基本法を制定しようと言ってますが、これについてはどうお考えですか。

石田　もし憲法を変えるなというのが守旧派だというなら、私は守旧派に徹するつもりです。憲法の理念を否定しないで、その理念を実現する方向に向けて現状をどう変えていくかを努力すべきであって、現状に合わせたように、憲法を変えたり、事実上憲法解釈を変える法律をつくるというのはおかしい。

今アメリカであろうとロシアであろうと、第三世界の特別な国を除けば、みんな軍事費を減らしているというのに、日本だけが軍事費を増やしているのはむちゃくちゃな話です。今までは隣りにソビエトという物騒な国があるからと言っていたのだけれども、隣りの物騒の国がつぶれかかっているのに、いったい何のために富士の裾野で国内ではとても使えない大きな大砲の実弾演習をやるのか。自衛隊は合憲かどうかなんていう段階ではなくて、自衛隊は何のために必要かと、そもそも初めから考えなおしてみる必要がある。そうすれば、まず軍事費を減らしていく。少くとも、緊急救助隊のような非武装の救助に当たるものにたくさんお金を注ぎ込んで、武器にお金を注ぎ込むことはもうやめようというのが、これはあたりまえの考え方じゃないですか。そうだったら、ＰＫＯでも何でも、安心して出せるわけですからね。たとえば道路をつくるのなら、道路をつくるために訓練された人を派遣すればいいのであって、何も自衛隊を派遣する必要はない。

ネットワーク、さらに国際的なネットワークを

――『昭和十八年十二月一日』で書かれていますが、よかれと思ってやったことが、たとえば五・一五や二・二六事件など、客観的にはファシズムへ道を開いた。そういう意味では、若い人たちはせっかちになってはいけないとおっしゃっています。わだつみ会でも年々高齢化していって、若い人たちに対して、どういうふうに反戦平和の思想を継承してもらえるかという点が悩みなんですが、その点について助言をいただければと思います。

石田　それを書いたときは六九年で、全共闘世代の人たちがだんだん実力闘争へエスカレートしていく状況の下で、つまり正義感だけあって、結果についての見通しがハッキリしないと逆効果になり

ますよということをそこでは書いたのです。ところがそれ以後、「過激派」なるものますます影響力がなくなって、むしろ天下泰平のムードのほうが圧倒的に強くなってしまったわけですから、むしろ正義感を持つということが必要だと言わなければならない空気になってますけれども、だから今の若いものはだめになったとは思わない。非常に実際的になっているというのは、それなりにいい面もあると思う。ただ実際の効果がわってしまうから、逆にシラケてしまうという危険性はありますね。

それは私は一つのネットワークの問題だと思うんですけれども、孤立しているとどうしてもシラケる。しかし志をもっている人は必ずいるわけですから、そういうネットワークにうまく入れば、運動を展開していくことができると思う。極端に言うと、今の政党は、正直なところどうにもならない。だから期待がかけられるのは、無党派のネットワークの人たちが、自分たちなりの政治的発言をしていく。地方選挙の中では、ようやく無党派の活動家が、一人二人と当選できるようになってきた。そのことの意味は私は非常に大きいと思う。それをだんだん積み上げていって、国会でもそういう自立的な人が出てくるようにする。

それからもう一つは、国際的なネットワークだと思う。残念ながら教科書問題でも、外側の圧力がなければ「進出」を「侵略」に直すことができなかった。「従軍慰安婦」の問題もしかりです。今は国際的なネットワークの時代ですから、それぞれの国で、お互いに民主化の勢力が手を取り合って、政府がおかしいことをやれば、それをお互いにチェックしていくということでやらないといけない。たとえばマルコスが不正をやっていたのを暴露しようとしたら、日本の大使館が押えたという報道がある。これは日本の民主化の力の弱さとフィリピンの民主勢力の弱さ、両方の問題です。

私が知っているのでは、アジア人権基金などで、若い人がアジアにどんどん出ていって、人権活動をやりながら問題を掘り起こしているようなボランティアの活動が、ＪＶＣ（日本ボランティア・センター）にしてもそうですけれども、出てきたというのは、非常に希望のもてることです。そういうところに、マスメディアが十分注目しないで、国際貢献とか政治改革と言っているのは、メディアの意図的な操作というよりはむしろ、記者クラブの制度の中で馴れ合っている弊害がある。考え方の枠組みが政府の考え方の枠組みといつのまにか同じになってしまう。通産省詰めの記者は通産省のお役人と同じような考え方、そうしないと情報が取れないから、取るために必要だと思って仲良くしているうちに、そういう考え方になってしまう。そうだとすれば、民間のネットワークをつくりながら情報も集めるし、そしてそれを分析していくということにならないと、どうも……。

――どうも長時間ありがとうございました。

（『わだつみのこえ――日本戦没学生記念会機関誌』No. 96　一九九三年七月号）

学徒出陣五〇年に想う

——殺された人の視点を忘れずに（学生さんたちと）——

学徒出陣を思いおこす時に……

——国際貢献やＰＫＯなど、時代が大きく動いていく今、大学と平和について考えることは有意義なことだと言えます。石田先生ご自身の体験などを踏まえ、学徒出陣五〇周年にあたり思うこと、また政治学者としての現在の関心などについてお聞かせ下さい。

石田　学徒出陣は特殊な体験です。どうして学生が兵隊に行かなくてはならなくなったか、考えることは確かに重要でしょう。でも、そこに至るまでの歴史的経緯に触れないのはフェアではない。学徒出陣五〇周年だけが問題ではないのです。その前のことを考えなくてはいけない。たとえば、九・一八（一九三一年、中国侵略開始）七・七（三七年、日中戦争開始）と一二・一三（同年、南京虐殺）などは中国では絶対に忘れられない記念日です。その時中国で何がおこったか。私たちはアジア・太平洋戦争で殺されたアジアの人たちのことを最初に考えなくてはいけないと思います。これらを全然問題にしないで学徒出陣のことだけを言うことはできない。

こう思うのは、一つには私がドイツに住んでいたことと関係があります。一九八五年大統領演説ではまず、ナチス・ドイツに殺された人のことを思えということが言われていました。日本で学徒出陣について考える動きがあるのは良いことだが、実際にアジアで殺された人のことを考えているか、気になります。「きけ わだつみの声」にしても大変良い映画だと思うけれども、殺された人たちのことはあんまり出てこないんですね。まず、アジア・太平洋戦争戦争で犠牲になったアジアの人々のことを考えなくては、これが私の根本的な考え方でです。

私自身わだつみ世代で戦場に行ったのですが、殺すのは一般的にイヤだとは思ったけれども最終的に考えたのは「死の美学」というか、どうやって綺麗に死ぬか、ということで正直言って実際に殺された人のことは考えられなかった。

「戦争責任」忘却の背景

――今指摘されたようなこと、我々はどうも戦争の犠牲になったアジアの人々のことは忘れがちである、といったようなことですが、その背景には何があるとお考えですか。

石田　なぜ、いまだに日本軍が殺したアジアの人たちのことを忘れていられるか、ということについては三つの歴史的な契機があると思われます。

一つめは、敗戦の時、これは広島・長崎に関わることです。つまり、日本軍は原爆という超兵器にやられたのであって、アジアのナショナリズムに敗北したとは思わなかった。また、占領軍の中心になったのもアメリカだし、極東軍事裁判もアメリカ主導だった。南京大虐殺というような日本軍がアジアに対して行ってきたことについても、アジアの立場から問題にするのではなくて、人道に関する罪という視点が中心でした。

二つめは、普通講和・賠償といった時に戦争責任ということは必ず問題になるはずですが、日本の場合はアメリカ主導で事が進んだために、そこが曖昧になった。アメリカにしてみれば、日本が強い同盟国になることが重点課題であったのですから、アジアの賠償請求や戦争責任への糾弾を押さえ、反共のシフトを作ることを第一としたのですね。結局講和・賠償もゆるやかなものとなり、形としても工場の輸出や役務の提供ということで賠償した。つまり賠償という名目で新しい市場を開拓することになったのです。戦争責任が忘れられ、ヒモ付きの経済援助になり、戦後の南北問題にすりかわってしまったのです。

三つめはニーズ（ＮＩＥＳ）諸国の勢力が強大になってきたことと、アジアの中に日本に学んで経済発展をしようという国が出てきたことによって、日本側に文化的優越感が生まれた。日本はアジアの模範であるということになって、戦争責任はまたどこかへ行ってしまった。

これは歴史の皮肉ですが、イギリス、フランスなどは戦勝国ですけど、戦後インドやアルジェリアなどの独立問題に直面して旧植民地のナショナリズムに正面から対処しなくてはならなくなりました。ところが、大日本帝国は連合国によって潰されてしまった。そこで植民地や占領したアジア諸国に対する戦争責任という問題意識がなくなってしまった。おまけに冷戦の下でアジアの権威主義的な政権と日本の保守勢力が結びつく。アジアの政権は日本の経済援助で潤っているから、民衆の批判を抑えようとしていきます。政府の側では戦争責任や日本の経済進出に対する不満という問題を抑えこんでしまいます。こうした民衆の不満を抑えきれなかったのが一九七四年のジャカルタ大暴動であり、マルコス政権、全斗煥《チョンドファン》政権の最期だったというわけです。今では民主化されたアジアから「従軍慰安婦」の問題が起こって、これも抑えきれなくなっています。

他人の痛さわかる人間に

――我々学生は様々な機会を通じて平和について学んできており、今の話も頭ではわかるのですが、どうも理解に「限界」を感じるような気がします。

石田　私はみなさんを責めているわけではありません、むしろ責任は政府、そしてその先棒をかついだ学者にあると思っています。

一例をあげますと、ある女子学生ですが、私の講義の感想として「戦争犯罪人は処刑され、戦争責任の問題は片付いていた。『従軍慰安婦』の問題はお金をせびっているのではないか」と書いていました。私はこれを読んで、今の学生にはもう拉致されるとか、「慰安婦」になるとかというイマジネーションを喚起することが難しいのかと思いました。でも、その学生を責める気にはならない。日本社会全体の問題、とくに現代の教育のありかたとか、そういう問題だと思うからです。戦争当時、「従軍慰安婦」の存在は常識でした。敗戦の時にしっかりその責任を明らかにしておかなかったので、今になって歴史家が資料を掘り起こす作業をしている。その点では社会科学者として責任を感じます。問題なのは、一つには時間的なことです。昨日明日のことしか関心にはなくて、五〇年前何があったかとか、次の世代のこととかは考えられなくなってしまった。もう一つは空間的なこと。日本人という自分たちの仲間さえよければいい、という視野狭窄に陥ってしまっていることです。日本人の戦死者に対しては世界のどこまでいっても遺骨を集めようとするが、自分たちが殺した相手のことは考えない、これはかなり重い病気です。

なぜ殺された人のことを思うことが出来ない社会になってしまったか、ということに繋がる話をしますと、私が東大を辞める前、学内広報で門を入ったところに障害者用トイレの位置を示す掲示をすることを提案した。これは今でも実現されていないみたいですが、反対意見としては、学内に身障者はいないじゃないか、という人がいるかもしれない。しかし、身障者がいないからこそ、我々は努めて彼らのことを考える必要があるのではないでしょうか。

抑圧された人の目で

石田　恵まれた生活に安んじていると、その繁栄の犠牲になった人のことを忘れるような心の貧しい人間になってしまいます。人の足を踏んでいる人は、踏まれた人の痛さがわからないという。ところが、人権を踏みにじられた「従軍慰安婦」のような人たちは、決してその苦しみを忘れることはできません。

このような抑圧された人たちの眼でもう一度今日の日本をみなおすことが必要です。学徒出陣で学校生活を中断され、戦場に送られた犠牲者たちを思いおこすとき、さらに日本軍によって犠牲にされた人たちのことを考え、二度と殺す過ちをおかさない誓いとして憲法第九条を心に刻みつけてほしい。

――今日はお忙しいところどうもありがとうございました。

（東京大学消費者生活協同組合『せいきょうニュース』No. 608　一九九三年一〇月一三日号）

異質な他者の視点をふまえて歴史を見る

——内海愛子さんとの対談——

内海　藤岡（信勝）＝西尾（幹二）現象に代表されるような反知性主義、反実証主義が出てきた時代状況を位置づけておくというのが今日のねらいです。具体的に彼らが要求する歴史教科書の書き直しの箇所の検討ではなく、今、なぜこうした主張が出てきたか、彼らが一定程度受け入れられていく政治的な土壌と、社会的風潮が何なのか、ということを見極めておこうと思います。アジアからの批判があるのはもちろん十分理解した上で、戦後史の中での課題として考えたいと思います。

石田　私は、いろんな資料を示して個別に反論することは必要であるけれど、それだけではどうも十分ではない、という気がしています。たとえば、『教科書が教えない歴史』をみても、今の教科書にこういうことが書いてない、ということは縷々述べてあるけれども、歴史はそれぞれの人が自分の史観をもって語るのであって、それをお仕着せで何を書いてはいけない、何を書くべきだ、というのはそもそもおかしい。問題はむしろ教科書検定にあると言わなければいけない。ところが自由主義史観を言う人は、「正しい歴史」ということばを使います。正しい歴史をひとつ決めてそれを教えればいいというのはおよそ自由主義には反する考え方で、そもそも自由主義を言うならまず教科書検定をやめろというのが筋でしょう。それぞれの歴史家がそれぞれの史観に従って自分の歴史を書いて、どれがいいかは教師と生徒が決める、というのが自由主義のあるべき姿だと私は思います。

もっとさかのぼって言うと、私はここに三つのレベルの問題があると思う。ひとつは人間のレベル、もうひとつは知性のレベル、第三はアカデミズムの問題。それを区別して論議しないとおかしくなる。

内海　三つのレベルについてお話しいただく前に「正しい歴史」という考え方についてですが、彼らのイメージしている「正しい歴史」は、昔の国定教科書のイメージが強いと思う。国家が、これが歴史であると認定することを要求しているように思える。「正史」ということばにやはり怖さを感じる。これだけ経済が多国籍化したなかで、なぜ「正史」への要求が出てくるのか。

石田　藤岡氏はもとマルクス主義に近い考え方をしていたといわれているが、旧社会主義国ではまさに「正史」という考え方をとっていたわけです。マルクス主義に従えば、こういう世界史の法則がある、という考え方です。ところが、世界史の法則が崩れた。冷戦終結で自由主義的な考え方が出てきていいはずだったけれど、不安が起こってきた。それでなにかに頼りたいという気持がでてくる。それに乗じて、今こそ正史を、というのが出てきたので、それは全体の知性の頽廃と関係している。

内海　藤岡氏の場合はいま石田さんがおっしゃるように考えることもできると思いますが、西尾幹二氏と小林よしのり氏は違うところから発想していると思うんです。これは石田さんの三つのレベルに符合していくと思うので、それを念頭に置きながら話していただければと思います。

人間失格が蔓延している

石田　第一の人間のレベルというのは他者、とりわけ異質な他者を理解できるかどうかだと思います。たとえば、南京大虐殺は三〇万人ではなかったと、そうすると、三万ならいいのか、ということですね。また、橋本首相は、近所の床屋さんが祀られているから靖国神社に参拝したと言っていますが、そうすると、南京大虐殺で殺された人の遺族は、いったいどう思っているのか、ということを人間として理解する能力がなければ、これは人間失格ではないか。まして、この場合何も中国が攻めてきたわけじゃないので、日本が勝手に攻めていって、日本が攻めていかなければ殺されなかったはずの人が殺されたということを考えると、靖国神社に祀られている人の遺族とは話が全然違う。

内海　異質な他者というのは、もっと具体的に言うと、アジアの被害者ですね。被害者と一口にいっても重層的ですよね。アジアの人たちはまったく無関係なところで日本の戦争に巻き込まれ、侵略されて殺されていった人、こういう言葉があるかどうかわかりませが、「絶対的被害者」です。その人たちの視点をふまえて日本の歴史を見ることが重要ですね。

石田　つまり国籍の違う人は理解できない。しかし国籍の違う人であっても色の白い人は理解できる。国籍が違って、あるいは国籍が同じでも弱い者の立場を理解できない、ということだと思うのです。そうすると、役人がＨＩＶの感染者の立場を理解できないとか、そういうこととある意味で共通している。人間失格が今や役人から政治家から、普遍的な状況になっている。

人間のレベルとしてもうひとつの問題は、「他の人もやっているじゃないか」という言い方です。これはドイツの歴史家論争の場合に、「スターリンの下でも強制収容所があった」とか、日本だと九五年の国会決議をめぐる論議[1]で、「他の国もやっている」という言い方になって出てくるわけです。これは人間自身をおとしめる。つまり人間はみんな悪いことをするもんだ、だから俺も悪いことをしていいんだ、となる。それをやったら人間はどこまでも堕ちていくので、最初の方を人間失格とすれば、第二の方は人間堕落というか、堕落史観ですよね。人間はどこまでも悪いことができるという。

内海　戦後、日本が裁かれたBC級戦争裁判から考えなければならないのは「個の責任」ということではないかと思うんです。他の人がやっていても、軍隊の命令であったとしても、個として自分の行為にどう責任をとるのかが、あの戦争裁判の本質的な問いかけじゃなかったかと。

石田　それは、非常にむずかしいところで、組織の行為の結果に個人はどのように責任を負うか、それは組織内の地位による違いがあると同時に、組織と個人の良心との関係というより一般的な問題を含んでいる。もう一つ重要なのは戦争裁判の二面性を理解しないといけない。つまり戦争裁判が勝者の裁判だったというのは紛れもない事実です。だからといって全部ダメだったかというとそれはまた別で、今言われた個人の責任を追求したという点で画期的だった。その点を産湯といっしょに赤子を流すようにして、あれは勝者の裁きだったということで全部流してしまうことに問題がある。これはつまり善玉・悪玉主義であって、ものごとを多面的に見ることができないという問題に関わってくる。BC級の場合の善玉・悪玉主義のもう一つの危険は、有罪かどうかということによって、あの人たちが一方で加害者でありながら、他方で軍国主義の被害者であったという二面性を見逃す点にあります。

内海　国籍の違う人を理解できない、他者の目を理解する能力を持たない、という点ですが、戦後日本の出発のなかで、米国をはじめとする連合国との関係で戦争の処理をしたが、その中でアジアへの視点が抜けてしまったことはこれまでも言われています。米国との関係だと、戦勝国と敗戦国という構図がぴたっとはまる。だからアジアを侵略した日本を見る視点が欠落してきた。在日朝鮮人の問題などから、日本が植民地や占領したアジアで何をしてきたのかがようやく見えてきた。

これまで関わった運動などから、事実をよりリアルに認識できるのは社会的弱者であり、被害者だ、ということを痛感しています。やった側、加害者の側はディテールを忘れてしまうのですが、被害を受けた人は五〇年たっても自分の受けた被害をじつに細かく語れる。加害者には見えない部分が、被害者の証言のなかから見える。ところがその加害者も重層的で日本人から差別されていた朝鮮人や台湾人軍属がその下にいた捕虜や民間抑留者、時にはインドネシア人からは、加害者として見られている。異質の他者を理解するということと、被害者、弱者の視点から歴史を見るということは重なっていくと思います。

石田　自分たちの仲間うちだけで接していると、それ以外のことが見えなくなる。とりわけ強い者が弱い者を理解するというのは難しい。それは踏んでいる人は痛みを感じないけど踏まれた人は忘れない、ということと、もうひとつ、「社会ダーウィニズム」が明治以降日本の社会を支配しており、強いことはいいことで、弱い者は自分の責任で負けたんだからそんな奴のことは考える必要がない、という正当化の論理があるわけです。悔しかったら勝ってみろと。それが弱者に対する理解を非常に難しくしている。

たとえば今若い素直な人たちは、「従軍慰安婦」の問題にぶつかって、なんでこんなとんでもないことがあり得たのか、と驚きを感じる。ところがエリートの人たちは驚く能力を失っている。そういう意味では今のパワーエリートは人間失格の度合いがいちばんひどい。

内海　驚く能力ということなんですが、弱者の声に素直に心を傾ける能力はたしかに大人になればなるほど削ぎ落とされていくと感じます。今学校で教えていると、大学一年生くらいの人は、「従軍慰安婦」の問題に素直に驚く。そんなことが許されていいのか、と怒りをもつ力がある。それをうまく形にして表現できるかどうかは、今度はこちらの責任になると思うんですが、たしかに怒る力、驚く能力が、日本のなかのエリート、これには偏差値の高い学校の学生も含みますが、その人たちに著しく減退しているという感じがします。何かしたり顔でわかったように話す……。

石田　マックス・ウェーバーが「新しい考え方が古い文化の中央から生まれたことはなく、必ず周縁から生まれる、なぜならそこでは驚く能力があるからだ」と言っています(2)。周辺にいる人は他の文化と接触するから驚く能力があり、問い直すことができる。驚きと問い直しということが新しい思考形態の契機になるというのです。日本の近代の歴史を見ていると、最初はたしかに驚きました。ところが、だんだん翻訳も出てくるようになって驚かなくなり、問い直さなくなった。敗戦でもう一度驚いたけれども、それももうひとサイクル終わってしまった。

内海　高度経済成長の時期に、「もう米国に学ぶことはない」という形で日本が居直った時期がありましたね。傲慢な日本人ということが言われた時期です。驚く能力、問い直すのではなくて、学ぶ姿勢を拒否した。それがバブルが崩壊して、追い詰められている中で、もう一度考え直すのではなくて、居直ったままで自己完結しようとしている、そういう感じがします。

大学で作られない知性

石田　次に知性のレベルにいきますと、知性の能力というのは距離をおく能力だといわれている。それはつまり他人を理解するということと同じで、他人を理解することは自分に距離をおいて外から見ることができるということです。ところが仲間うちだけのコミュニケーションを展開していくと、距離を置かなくてもすむ。つまり異質な他者がいなくなったら、自分を外から見ることはできなくなってしまう。別の表現を使えば多元的な見方ができなくなる。ひとつのことが善か悪かであって、あるいは外の人＝悪人というのがひとつの極としてある。他者からは見たらこうなる、という違いがわからなくなる。それが知性の役割の頽廃だと考えます。

ここでメディアの問題が入ってくる。メディアというのはインテリジェンスの問題でインテリジェンスというのは知能指数によって計られるものですが、刺激に対してどう早く反応するか、という意味での知能です。ところが、知性、インテレクトというのは、そうじゃなくて距離をおくこと、多元的に見ること、考え通して体系的に見ていくことです。ところが今日の日本ではマスメディアはインテリジェンスの方にだけ作用しがちになる。そうすると、非常に早く、同じような反応を引き出す、そういう作用をメディアがしている。もうひとつは、非常に断片化し、体系的に考えない。見せられ、読まされる方も断片的な方が楽なので、持続的にひとつの問題を書かれるということにしんどさを感じるようになってきている。これは、メディアの影響がたいへん大きいと思うのです。

内海　それはたしかにメディアの功罪の罪の部分としてあると思いますが、知性が欠如するという点についてては、今学校教育現場が養成しているのがまさにそのインテリジェンスじゃないでしょうか。マークシートで育ち、それができる人がエリートとして認定される中で、多元的な視座をもって見たり、体系的に考えるということは価値としては逆に捨てられてきている。

石田　薬害エイズの問題でたたかっている川田龍平さんにしても、沖縄で基地反対運動をしている知花昌一さんにしてもそうですが、体系的に闘争をやってきている人が考えに考えぬいていくと、社会の体系がわかってくる。彼らは昔は知識人とは言われなかっただろうが、今は知性の人なんです。なんとか次官という人は東大法学部を出ていてもぜんぜん知性の人じゃない。そこがたいへんはっきりでてきている。

内海　社会的弱者は自分たちの存在をかけてたたかっていればどうしても問題を体系的に、多元的に考え、また自分たちの主張をいかに相手に認めさせるか、と考えざるをえない。そこでいわゆる大学教育によらない知性で作られていく。朝鮮人戦犯の李鶴来《イハンネ》さんにもそれを感じます。

アカデミズムの退廃が作りだした学者たち

石田　三番目のアカデミズムのレベルまでいくと、アカデミズムの場合は厳しいトレーニングの問題が入ってくると思うのです。たとえばどうやって資料を集めて、それを他の資料とつきあわせて裏づけるためにはどうすればいいかということと、もうひとつ、推論のルールです。途中で論理が飛躍したらいけないとか、一定のルールがある。アカデミズムを克服すべきだという声が多いけれども、私はそうではなく、むしろアカデミズムの貧困こそ問題にすべきであって、そういうアカデミズムがないから学者が妙なことを言い出すことになるのだと思う。

先程の知性のレベルとアカデミズムのレベルを結びつけると、たとえばピエール・ブルデューが社会学的対話ということを言っています(3)。それは最初にふれた人間のレベルの問題から関わってくるのだが、弱者のところに行って対話をすることによって、そこで問題を発見し、資料を集めてくる。最初から図式をもっていってそのために資料を集めるのではない、そうかといってただ黙って受動的に向うの言うことをそのまま聞けばそれで資料になる、というのでもない。やはり相手を理解し、相手の問いかけに応じて対話が発展していくということ、それはつまり人間として成長するということですが、その中で初めてアカデミックなトレーニングも生かされていく。

ところが今アカデミシャンと称せられる人びとの中の多くがこういう一連の動きで果している役割というのは、アカデミズムの欠如をもっとも悪い形で立証する、つまりルール違反を重ねて、メディアにのっかって有名になるということだけを目標にして動いている。これはアカデミズムの頽廃、知性の頽廃、人間的失格と、三つを全部一緒にしたような形になっている。

内海　アカデミックなトレーニングというのもやはり必要だと思うんです。たとえば戦争の時の証言をとるという時、いわゆる「慰安婦」問題に象徴的に表われていますが、日本の軍でも将校は状況についての全体の見取り図を描けるんです。情報が与えられている。ところが末端の兵士や軍属は自分の周辺のことしかわからない。極端な場合はどこに自分がいたのかもわからない。「慰安婦」と言われる人たちはなおさらです。全体の社会状況から切り離されてある場所に閉じ込められていて、自分のいた位置は見えない。それを捜し出すのは、私たち話を聞く側の責任です。社会的弱者の声を聞くというのは、リアリティがあるだけにそれを客観化するのはたいへんだと思うんです。それを私たちは中間の媒介者としてやっていかなければいけないと思っています。

さて、石田さんの指摘する今の日本のメディアの状態、大学を含めたアカデミズムの頽廃が、「新しい歴史教科書をつくる会」の動きとなって表われていると思うんですが、以前の教科書問題と質的に違って、彼らに共感する層がかなり厚くなっているということがあると思うんです。そこが先の三つのレベルで語られたことから総合して出てくるとすれば、そこを克服していくためにはどういうことをやっていけばいいんでしょうか。

石田　各人が自分の場を持ちながらネットワークを作って協力していく以外にはないと思う。社会の中で自分の位置を見定めて、そのうえで他と協力するということが必要なので、そこでも基本的な距離をおくとか、他人を理解するということから出発していくよりほかしかたがないのではないか。

内海　ソビエトの崩壊以降、ある意味では運動のなかの価値観の問い直し、見直しがあり、どこに依拠しながら自分が考えて発言し、行動していくのか、一時期混乱しましたね。今自分たちの行動の基軸をとらえ直し始めている、という感じがします。

石田　少し前までは進歩的文化人と呼ばれるものが旗をふって、それにくっついていったのに対して、そんな誰かに価値を教えてもらうというのはだめだということになった、そういう消極面では意味があると思うのです。ただその場合、頼るべき価値がまったくない、価値ニヒリズムみたいなのが普遍的になっているので、却って何か珍しいものが出てきた時に飛びついてしまうということがあると思う。

私はやはり、進歩というのはあると思う。ただ、単線的な発展というものがないだけで、進歩というのは何かといえば、より人間らしい社会をつくるということだと。そのためには、誰かの価値をそのまま通すということではなくて、どうしたらみんながより人間らしく生きられるかということを探していくほかかない。そこで初めて社会学的対話だけではなくて、異なった価値の間の対話ということが必要になってくる。そういう意味では今の状況はプラスの条件かもしれない。

もうひとつ、一時第三世界万歳という傾向があったでしょう。第三世界という集団としてとらえて、これが第三世界の声だと言われれば平伏してしまうのではおかしいので、第三世界のなかにも権力構造があって個人の抑圧があるわけですから、あくまで個人の立場で考えるのが大事ですね。それはどこの問題であっても、集団としてとらえて、そこの声はひとつであると考えるとおかしなことになる。そこでしばしば挙げ足をとられて、「なんで土下座しなければならないんだ」ということになる。

内海　いかにアジアの人と顔の見える関係で対話できるか。戦争中の虐殺の話を聞いていると、相手が人格ある人間として認知できていない。それで虐殺が心の痛みとして残っていない。自分の脳裏に具体的なアジアの人たちの個別の名前や顔があってこそ、アジアについて語れる。他者、異質な他者を個別具体的に語れる関係を一人一人がどうつくっていくのか、これは現在の日本のなかだけでなくアジアとの関係のつくり方にもかかわると思います。

今日はありがとうございました。これからも議論を続けたいと思います。

（一九九七年二月一日ＰＡＲＣにて）

（1）敗戦から五〇年で国会で反省決議をという案に対し、戦争で悪いことをしたのは日本だけではないと反対意見が出た。結局六月九日の決議文では「世界の近代史における数々の植民地支配や侵略行為に思いをいたし」という一節が反省の前に加えられた。

（2）M・ウェーバー『古代ユダヤ教』参照。

（3）P・シャンパーニュ「社会的対話についての考察」（『思想』一九九七年二月号所収）の中での解説による。

（『月刊オルタ』一九九七年三月号、今回一部加筆――後に “Looking at History through the Eyes of the Other”, *Ampo* Vol. 27, No. 4, 1997 として英文で公刊）

V　折にふれて思う

巻町・住民投票の歴史的意味

出来るだけ多様な手段をつかう「過程としての民主主義」

住民投票の背景にある「自治」ということに力点をおいて話をすすめるにあたって、そもそもの明治の初めからの話をしてしまいますと、「自ずから治まる」という意味で「自治」を明治政府は地方自治に使ったわけです。自ずから治まるというのは地方の名望家の支配をそのままその地方行政の中に取り入れたということ。そして「自ら治める」という他動詞の意味のほうは、採用しなかったのです。特に中央の自治ということをいうとこれは民主共和になるからよくないと。だから中央の自治は認めない。その場合の「自治」というのは自分で自分を治める、他動詞の自治ですね、そうなるから危ないというので排除する。地方の自治だけを中央の官僚支配の下に使おうというのが明治政府のやり方だったわけです。それが戦後「民主化」が行われてもなおかつ続いてきた。それをどうやって打ち壊していくかというのが実はプロセスとしての民主主義の課題になる。過程としての民主主義というのは、いろいろな手段を使わなければいけないということになるわけです（詳しくは石田『自治』三省堂、一九九八年参照）。

巻町の反原発運動では、地方議員の選挙から町長選挙、町長のリコールから住民投票条例の制定という、地方自治法上のあらゆる手段を使い、補助的に司法的な手段、裁判に訴えた。自主投票をやったときに町の体育館を会場として貸すわけにはいかないということを前の町長が言った。それに対して、地方自治法の違反であるということで裁判に訴えたところ新潟地裁で勝訴した。そういう裁判の闘争があるわけです。たとえば砂川闘争なんかの場合にも、宮岡政雄さんという砂川闘争の指導者が、砂川の法務大臣といわれるほどいろいろな裁判を使ったわけですね。その途中でたとえば「伊達判決」というような形で東京地裁で駐留軍の違憲性が問題にされるという事態もありまして、それは後に最高裁でひっくり返されるわけですけれども、とにかく司法的な手続きも使う。そしてそれだけではなく制度外の手続き、これはピケットを張るとか、町議会の前でハンストをやるとか、そういう様ざまな方法を使って、そして自主投票までやる。自主投票をやるについてはさっきも言いましたように体育館を使わせてもらえない。それならば自分たちで金を出しあってプレハブをつくって、そのプレハブで投票をしようじゃないかという形で自主投票をやって、その勢いでとうとう住民投票までもっていったということなのでありまして、巻町の住民投票がある日突然めでたく成功したというわけではありません。ありとあらゆる手段を使って住民投票を成功にみちびいたということでありまして、そういう「プロセスとしての民主主義」というのを考えないと、大変安直な制度依存やあるいは制度がだめだからやめてしまえ、というようなせっかちな話になってくるだろうというふうに思います。

組織にとらわれない

そこで、どういう形でプロセスを進めていくかということで様ざまな運動組織上の問題がありますけれども、それをいちいち細かい項目まで申し上げていくわけにもいきません。ひとつ重要なことは、「自治」というのは自然に治まるのではなくて自ら治めるということで、そのことは個人の独立と平行関係にあるということです。

つまり、組織というものをひとつの生き物のように考えてしまいますと、これは運動体の場合でも白紙委任とか丸抱えということになる。これは私が『現代組織論』（岩波書店、一九六一年）という本で勝手にこしらえた用語ですけれど、とにかく組織丸抱えでやってしまうということになると、個人の自治というものがその中から生まれてこない。そこに運動の弱さが出てくる。

簡単なことをいいますと、たとえば組合というのが丸抱え、全員加盟であるという建前をとりますと、給料から天引きして組合費をとるということになって、とかく白紙委任で異議なしというようにお任せしてしまうということになり、運動として「組織依存」がおこる。あるいは組織引き回しが起きる。これは両方見合ったものですけれども。それに対して自治というのが、集団が独立するだけでなくその集団の中の個人が独立することであるということを考えますと、組織の作り方自身が変わってくる。これはあとで「革新共闘」の問題を申し上げる中でふれることになりますけれど、「保守」の側でも組織を系列化しますし、革新の方でも組織を系列化します。できることなら政党の外に組合をつけ、その組合の周りに大衆団体をつけるという同心円的なものを作りたい、これはたくさんの人を動員するには非常に便利ですから、そういうふうにしたくなるわけです。ところがそうなると組織が化石化するというか、だんだん動かなくなってくる。ところが、巻町の場合には、幸か不幸か、そういう組織があまり強くなかった。革新の方でも。したがって、いろいろと自分たちの頭で考えながら組織をつくっていったということが、非常に重要な、成功の隠れた原因になっていると思います。

それぞれが独自に働く

巻町の反原発運動には六つの団体があります。それぞれ社会党系、共産党系という色彩のちがいがあるものもあるにしても、それぞれ自主的な市民組織です。「共有地主会」というのは原発反対のために五一坪の土地を共有しておられる会ですね。「原発のない住みよい巻町をつくる会」、これは高島さんという弁護士を原発反対のための町長候補に推したときの推進母体でありまして、今も続いているのですが、うかがうとこれは特に会員というのがあるわけではないという話です。それと「青い海と緑の会」というのは、相坂さんという方が原発反対ということで町長に立候補したときにできた会です。「折り鶴署名運動グループ」は女性を中心としてもっと広い範囲で、場合によっては匿名で、鶴を折ってそれを原発推進の町長のもとへ届けようという運動から始まった会です。このようにいろんな運動がいろんな時期につくられて、お互いに他を排除せず、人によっては一人でいくつかの組織に入っている。それが六つ集まって「住民投票で原発を止める連絡会」を作り、その他にまた、「巻原発住民投票を実行する会」ができた。実行する会というのは、原発反対というのではない、とにかく住民投票で決めましょうということで、これにはもちろん反対の方がたくさんはいっていらっしゃるわけですけれども、この会の場合には原発反対ということは言わない。ただ住民投票をやりましょうということだけを言う。そういうふうに、いろいろな会がそれぞれの目的をもって独自な働きをしている。そしてお互いに排除せずお互いに吸収するということをしないで、役割を分担していく。

その中で面白いのは、たとえば「青い海と緑の会」は三〇代から四〇代くらいのお母さんたちがかなり多いわけですが、「原発のない住みよい巻町をつくる会」はそれよりももう少し上の世代になります。このように、ひとつの組織ができるとそれはある世代の仲間で結びつく傾向が多いものですから、その中に新しい若い人を入れていくというよりは、新しい若い人を組織する場合にはまた別の組織ができた方がやりやすい。そういうこともあって、いろいろな組織ができ、それによっていろいろな世代の人が中心になった組織が併存してゆく、協力してゆくということになり、それと二重三重になって連絡会があり、実行する会というような形で層を成し、あるいは二重三重に重なり合って組織ができてゆく。これは、いわゆる革新自治体の時代に地区労協を中心にして大衆団体を周りにくっつけていくというのとはかなり違った様相を呈しているのではないかというふうに思います。

これは実は、二七年間の実際の知恵によって生み出されてきたものですけれども、それをもういちど地域自治の歴史的文脈という中でみるとどうなるか、ということを急いでみてみたいと思います。

地域自治を歴史的に見ると

戦後の改革は、まず最初に残念ながら外圧によって起こったわけです。戦後の民主化政策というもので、特に農村の場合、地主が経済的に基盤を失い、あるいはかつて大政翼賛会の幹部をやっていたような人たちが公職追放になるという形で昔の支配層が動揺してきます。そこで、動揺してきますとそのあとにいろいろな新しい支配層が出てきます。中にはかつて小作運動の指導をしていたような人たちが出てくる。あるいは最初に田中角栄が出てきたように新しく土建業をはじめてお金を儲けた人達が出てくる。こういうような形でいわゆる戦後期に様ざまな新しい層が出てくると、古い層のほうも、たとえば学歴とか経験とかそういうようなものがありますから、一挙にいなくなるわけではありません、そういうのが混在している時代があります。それがだいたい一九五〇年代の後半に入りますと、これは地方で調査をしているとすぐ分かるのですけれども、地方の有力者の社会的背景が変わってきて、組織を背景にするようになってくる。だからある人は農協を背景に出てくるし、ある人はたとえばタバコ耕作組合を背景に出てくる。ある人はかつての農民組合運動を基礎にして出てくるとか、そういう形で何らかの形で組織を背景にして出てくる人が個人の名望家に変わっていくという傾向になります。

そういう傾向が進み、五五年体制が安定していく中で、保守側の組織が系列化していくと同時に、革新側も系列化していく。そこでまさに自民党とそれをめぐる様ざまな業界団体というようなもの、あるいは社会党をめぐる組合というものが系列化して固定票を集めていくという状態になっていくわけですね。ところがその両方に共通したものは何かというと、それはさっき申しました丸抱え、白紙委任という状態、つまりその地域の農民の九〇パーセント以上は農協に入っている、あるいはその地域のタバコ耕作者は全部入っているというような組織形態ですね。あるいは酒屋さんは酒屋さんで全部入った同業組合という組織になっているわけです。

そういう状態が五五年体制の中で一応安定したかに見えたわけですけど、六〇年代の後半から、汚職や公害の問題をめぐって様ざまな不満がぶつぶつと出てくる。そしてそれをめぐって公害反対の市民運動も起こるし、汚職反対の市民運動も起こってくるということで革新自治体の時代というのが出てくるわけです。これは典型的には社共両党が協力をして地区労協が旗振りをしてそのまわりに組合が手足になって動く。それに市民運動が協力をする。ところがだんだんやってるうちにたとえば三島市の場合ですと、革新共闘でヘドロ反対の市長を出したつもりだったらその市長がいつのまにか製紙会社にとりこまれてしまい、市民運動はもう一度「革新」とは何かということを問い直して、今度はその「革新の市長」に反対する形で市民運動を展開しなければならないという場合もあります。いずれにしても革新自治体は、一方では東京の美濃部都政にみられるように、福祉や公害防止について国家水準よりも高い水準を達成したという意味で、大きなメリットがあったわけですが、しかし同時に、皮肉なことに高度成長が終わって財政事情が苦しくなってくると、思うように施策ができない。

それだけならいいのですが、さっき申し上げた組織上の欠陥というのがこの段階になってくると非常にはっきり露呈してくる。つまり丸抱え白紙委任の組織がそれぞれ既得権をもった利益集団になってしまう。そうすると社共で協力していた集団の間に必ず分裂が起こる。被差別部落解放運動の中にも社共の対立が起こるし、その他いろいろな問題について社共に属する集団の間の対立が起こってくるということで共闘組織内部でも指導が動揺してくる。そうすると既成の組織全体への不信というのがおこってくる。今度は今日的な段階ということになるわけですが、五五年体制が崩れて連立の時代になりますと、一方で流動化が起こってくる。社会党が政権に入ったのだからちっとは俺たちのいうことを聞いてくれるのではないかと思ってたらさっぱりだめだった、それだけではなく、共産党をのぞいては野党というべきものがなくなってしまったということが起こったこと。もう一つは組織一般、革新組織を含めて組織一般への不信がおこってきたということになります。

ところが他方ではプラスの要因としては市民運動の中で昔の組織のノウハウを使いながら新しい市民組織をつくりだしていく。たとえばベ平連という新しい組織ができる。これはたしかに小田実のような大衆指導をやる人がいて、しかし同時に吉川勇一みたいに、昔共産党で組織運動をやっていた、ノウハウを知っている人間がいて、それが縁の下の力持ちをやって小田の発言を支えてきたわけです。それはひとつの例に過ぎないわけですが、一方では今までのノウハウを使いながら、しかし今までの組織の悪いところ、悪いところというのは組織を囲い込んで他の組織と対立をする、あれは裏切り者だからあいつとはいっしょにできないとか、あの組織といっしょにやると食われてしまうのではないかとか、そういうケチな組織形態ではなくて本当にさっきの、個人の独立の上に立って組織の自立化をはかるというタイプの組織がだんだんにできてきている。それは個人の意識が強まってくるということあるいは人権感覚が強まってくるということと平行しているわけですけれども、とにかく組織の指導者にお任せするということではなくて、自分たちが手作りで組織をし、自分たちが指導部をコントロールしていくというタイプの組織がだんだんにできてきた。それがＮＰＯという形でいろいろな、あるいはボランティア組織という形でいろいろな所に出てくる。そしてそれが、普遍的な目的のために国際的なネットワークも作り上げるということでＮＧＯが活発化してくる。

社会的自由を確立する

その場合に一番重要なのはやっぱり最も抑圧された人の声がどういう形で反映されるかということであって、それは抑圧された人たちが団体として代表されるかどうかということではなくて、組織の中で最も抑圧された人の声がどういう形で出ていくかという問題になってくるわけです。その点では、女性の運動とそれからマイノリティ、例えば在日韓国・朝鮮人の運動がもった意味というのは非常に大きいと思うのです。それはつまりわれわれが他者の目で自分を見るということを意識する上での非常に重要なきっかけになる。

つまり、足を踏んだ者は踏まれた方の痛みが分からないということなので、加害者はとかく被害者の声を忘れてしまう。それは、戦争のような血を流す加害の場合でも、それから組織の圧力、いわゆる構造的暴力の場合でもおなじわけで、そういう意味で一番声を出しにくい少数者と接することによって、自分が他者との対話をすることができるようになる。つまり、セルフガバメント（自治）というのは、ただ単に集団が独立をするということだけではなくて、その集団の中の個人が自立することとパラレルでないとうまくいかないんだということを申し上げましたけれども、その場合に個人の自立というのは実は他者との対話の中でしかあり得ないというふうに思います。

たとえば、教科書的になって申し訳ありませんが、ジョン・ロックという政治学者が自由ということを言ったときに、それをやっつけるロバート・フィルマーという保守的な思想家が、おまえの言うような自由を人びとが主張したら、世の中めちゃくちゃになってしまう、ということを言ったのに対して、ジョン・ロックは、あなたの言っているのは自然的自由だが、わたしが言っているのは社会的自由のことなんだという回答をしたという話があります。つまり自然的自由というのは欲望に従ってやるということをこの場合ロックは言っているわけで、社会的自由というのは他者との対話によって自分の権利を他者との関係で考える、つまり自分の自由を尊重するというのは他者の自由を尊重することであるということなしにはあり得ない。それを社会的自由というものだという回答をしているわけです。

巻町の住民投票に至る過程での二七年間で、ひとつの新しい組織のあり方、あるいは新しい運動のあり方というのをつくり出してきたというのは、自治というのを集団の自治だけではなくて、個人の自立、つまり別の言い方をすれば社会的自由の確立という形で実現していったというところにあるのだろうと思います。

一九九三年コロンビア大学出版会から公刊された D. Dalton, *Mahatma, Gandhi* という本では、目的としての「スワラージ」(自治)とそれを達成する手段としての「サチャーグラハ」(非暴力直接行動)の結合にガンディの特徴をみようとしています。そしてこの結合の場合には、自治が自己規律と結びついている点も重視します。同じような見方はアフリカ系アメリカ人の神学者J・コーンがマルコムXとM・L・キングの関係を論じた本にもみられます。このコーンの本は『夢か悪魔か――キング牧師とマルコムX』という題で翻訳がでています（日本基督教団出版局、一九九六年）。この本の日本版への序文でコーンはこの本が「日本における正義の闘い、特に在日韓国人のこの国における平等権獲得の闘いについてのより深い理解をも、提示することになるであろう」と書いているのは示唆的です。そういう意味でも少数者、これは必ずしも数の少数多数を言っているわけではないので、抑圧された、声を出しにくい人たち、たとえば女性などのように数においては男性と同じ場合もありますし、それから原発に関していえば、その原発の立地、原発がおかれる場所の住民、そうした少数者は相当な数にのぼるかもしれませんが、そのような人たちの声が大切です。

とにかく声を出しにくい人たちの声をだしていくという中でしか自治というものは実現しないし、そして自治というものは最初にも申し上げましたように個人の自立を基礎とした自己統治（セルフガバメント）、これなしには民主主義というものも実現しない、そういうことを申し上げたかったのです。

（一九九六年一一月二六日に行われたたんぽぽ舎主催の集会「脱原発と住民自治をめざして」における講演の抄録。『技術と人間』一九九七年五月号に加筆）

出会いの風景

選びとる国籍

ケネス・ボールディング教授との最初の出会いは、一九六二年ダートマス大学で催された日米民間人会議の際であった。非公式、非公開だったこの会議の一般的印象については、最近『社会科学再考』（東京大学出版会）という本の中でふれたが、その中に書かなかった忘れられない一光景がある。

豊田利幸教授が原爆被害に関して発言した後にボールディング教授が立ち上がって次のように述べた。「私は自由の国アメリカに恋をしてこの国の国籍をとった。そのアメリカが原爆投下で悲惨な結果をひきおこしたことを知って心が痛む。しばらく考えたいから休憩にしてほしい」と。

一九四八年に一度選びとった米国籍をすてかねない勢いのこの発言は、私に強い衝撃を与えた。それまで私は国籍とは生まれながらのものだという実感しか持っていなかったからである。

その後ボールディング教授と一九七四年インドのヴァナラシで催された国際平和研究学会（ＩＰＲ

A）の会議でも同席することになった。

たまたまインド航空のストライキのためヴァナラシから別の会議のあるニューデリーまでローカル列車で一緒に移動することになった。インド人乗客と隣り合って満員列車で旅を楽しんでいる教授の姿は、どの国籍をも選ぶことのできる人間を私に印象づけた。

最後に会ったのは一九九二年京都のＩＰＲＡ大会の時だった。車椅子で参加した彼は、一人で二つの報告をこなす活躍をして帰っていった。それから間もなく病に倒れ、やがて国籍のいらない天国に旅立った

一九九五年一月二日号『シュピーゲル』誌は、二重国籍を求める外国人のデモがハンブルクで行進したことを写真入りで報じている。国籍の意味が問いなおされる度に、いつも私は彼の一九六二年の発言を思い起こす。

政治的成熟

一九七二年六月一日のことだったと思う。当時教えていたメキシコ大学院大学に出かけたところ、いつもは愛想のよいユダヤ系メキシコ人女性の同僚が血相を変えてかけより、一つの新聞記事を示した。そこには、日本赤軍派の青年がテルアビブ空港で二六人を殺し八〇人を傷つけたという報道がのっていた。

彼女は一体どうしてこんなことが起こったのか説明しろと私に迫ってくる。とにかく事実を確かめ

なければ分からないとその場は済ませ、納得のいく説明をさがそうと努めたが、夏に帰国するまでそれは不可能であった。

帰国してからもこのことが気になっていたところ、秋になって旧知のハワイ大学パトリシア・スタインホフ教授が日本赤軍派の研究をしていることを知り、その成果に期待した。

空港事件で生き残り受刑中の赤軍派兵士に面接調査をする許可をえたスタインホフ教授は、イスラエルに飛ぶ前に日本に立ちより受刑者の父親にも会うことに成功した。九州での父親との面接を終え、羽田からテルアビブに向かう短い時間に、空港に出むいた私に彼女は次のような中間報告をきかせてくれた。

まじめな教師の息子として育てられた受刑者の「政治的社会化」における問題は、鋭い社会的正義感と政治的成熟の不足との間の不均衡にあると。

確かに、自分の行為が生み出す政治的効果を予測できる能力を政治的成熟とよぶとすれば、その不足は深刻な危険を伴う。政治学を教える教師として、政治的成熟の重要性をあらためて痛感した。

さらにこの事件の場合、普遍主義的正義感が閉鎖的集団への献身にすりかえられたようにみえる。その後事件を記憶する人も少なくなったが、動機が普遍志向から特殊集団への忠誠に移り、常に視野をひろげる政治的成熟ではなく目的達成の効率を限られた視野で判断する傾向は一層強められた面がある。

柔軟な対応

「月をめざす国もあるが、私たちは村をめざす」というニエレレ大統領の言葉に魅力を感じてダルエスサラーム大学で教えることにしたのは、一九七八年夏のことだった。

着いた翌日、大学で大統領と学生の対話集会があった。政策批判をする学生の教条主義的発言、特権意識による待遇改善要求などに対して、「教師」という愛称で親しまれている大統領は、懇切にさとすように対応していた。

彼の指導したウジャマ社会主義は大きな困難に直面していたが、現実への柔軟な対応には適応能力を感じさせるものがあった。

「泥で家を造れというのはセメントを使えば輸入が必要となるからだ」という説明は、この国が中国路線にそって「自力更生」をしているのではと予想していた私の図式主義的な先入見を訂正することに役立った。

タンザニアで思いがけず出あった一人の日本人のことも忘れられない。彼は一〇年前に三五人の工場から始め、それを九百人以上のタンザニア労働者を七人の日本人で指導して、ラジオ月産二万台、乾電池生産量東アフリカ第一という工場にまで育て上げた工場長である。

はじめは雨が降ると従業員が出勤して来ない。そこで雨傘を支給したら、そろって出て来るようになったという。今日では各職場に掲示してある生産目標は、月により時間により異なっている。

私が訪ねた時は断食月だったから、当然他の月より低い生産目標となっていた。時間ごとの違いは、一〇年間の経験から工場長が割り出したものだ。

もっぱら東京の方だけをむいて第三世界の人は怠け者だとぼやく日本人ビジネスマンの偏見とは、この工場長は全く無縁であった。

別れるとき私を車で大学まで送るようにスワヒリ語で従業員に指示したとき、彼は「ンドゥグ（兄弟、同志）」というよびかけを使った。

過去を直視する

一九八二年一月二〇日、当時ベルリン自由大学で教えていた私は、夜のテレビでこの日に民族差別反対のデモが行われ、保守系のベルリン市長が挨拶をしたという報道に接した。ボンでも社民党のシュミット首相が、ヴァンゼー会議四〇周年に当たり過去を厳しく反省すべき旨の談話を発表したと報ぜられた。

四二年ヴァンゼー会議で、ユダヤ人の「最終解決」と称して抹殺計画がたてられたことは私も記憶していた。しかしそれが一月二〇日であることは忘れていた。私はそれを恥じる以上に、日本軍が一九三七年一二月一三日に南京を攻略し大虐殺を行ったということを、果たして何人の日本人がこの日に思いおこしているかを反省させられた。

その後九二年のヴァンゼー会議五〇周年に際し、この会議の行われた建物が歴史資料館として公開されることになったという。この建物の風景も出て来る映画『ショアー』が日本でも公開されるようになったが、この映画を最初に見たときの衝撃も忘れることができない。

ユダヤ人虐殺の生き証人へのインタヴューを九時間半にわたって記録したこの映画は、一九八六年のベルリン映画祭で受賞して間もなく、ドイツ（統一前の西独）のテレビによって四日間連続で毎日一部ずつ放映された。

当時ベルリン高等学術研究所にいた私は、これを連日みることができた。実は一回だけ研究所の研究会があって見逃したが、その分は研究所でビデオにとってくれたものを同僚と一緒にみることができた。ドイツ人にとって見るのがつらいこの映画を、多くの人が見ることに努めていたことは印象に残った。

他者とくに被害者の眼からみた過去を直視することのできない者は、厳しく将来を見とおすこともできない。将来を見とおせない者は「清水の舞台からとびおりる」無謀をあえてすることになりがちである。

五〇年という長さ

一九九〇年代の最も衝撃的な出あいは、元「従軍慰安婦」の方たちとのそれである。その存在については、学徒出陣で応召した軍人として戦時中から知っていた。しかし、なぐるける、刀できりつけるという暴力の下で性の奴隷とされ、戦後も「白い目」でみられる差別の中で生きてきた宋神道《ソンシンド》さんたちの話をきくのは、身をきられる思いであった。

そのような中で一九九二年冬「ＰＫＯに従軍慰安婦？」という題の、ある月刊誌にのせられた文章のコピーが、関西の在日韓国人男性と思われる方から送られてきた。その執筆者は、ある全国紙の編集委員まで勤めた人だが、彼はその文章で次のように書いていた。

カンボジアに派遣されている自衛隊員がエイズを持ち帰らないようにするため「冗談ではなしに、従軍慰安婦を送るのも一案」というのだ。九二年一二月一〇日フィリピンからの元「従軍慰安婦」の体験をきく会で、パネリストの一人としてこの提案に抗議しなければならないことを、心から恥ずかしく思った。

一体われわれは過去の戦争体験から何を学んだのか。半世紀の間に都合の悪い面は忘れて、自分たちのためだけの歴史を作りあげてしまったのだろうか。こうした疑問を持つのは、過去の戦争がアジア解放のためのもので侵略戦争ではなかったというような発言がくりかえされるからである。

「過ぎ去ろうとしない過去」に終止符をうつのに十分な長さがたったといえるかは、ドイツの歴史家論争の一つの争点であった。そして元首相シュミットは「半世紀は長い。だがドイツ人が絶対に再び過ちを犯さなくなるには、十分に長くなかった」と、ドイツが国連常任理事国になることに反対した。日本人にとって五〇年という長さは何を意味するのか、深く考えてみる必要がある。

（『朝日新聞』夕刊、一九九五年七月三一日〜八月四日――なおタンザニアの体験について詳しくは拙著『「周辺」からの思考』田畑書店、一九八一年参照）

先に逝った人たちによせて

（先に逝った人たちの中で私にとって決定的に大きな意味を持つのは、恩師丸山眞男先生である。しかし、その比重の大きさのため、丸山先生について書いたものは他の人に比べられないほど多い。それらを集めれば、それだけで一冊の本になる位の量に及ぶ。したがって、この本では――別の機会を期待しつつ――すべて除く決断をしなければならなかった。）

辻清明

――「対民衆官紀」という概念について――

辻清明という名前を最初に私に鮮烈に印象づけたのは「日本官僚制と『対民衆官紀』」と題する一九四七年一〇月号『世界』にのせられた論文であった（現在は『新版日本官僚制の研究』東京大学出版会、一九六七年、一八七頁以下に収録）。この論文に衝撃的な印象をうけた時、私はまだ法学部二年生で行政学の講義で辻先生に接する以前であった。

当時私は、「天皇陛下ノ官吏」として「官吏服務規律」にしたがい天皇制政府への「無定量」の服従義務を負うことを任としてきた父の意思に反して、公務員になる途を拒否し研究者になることを志したところであった。この論文は、まさにそうした当時の私が、古い天皇制官僚制の問題性をえぐり出し、民主的公務員制度の確立に向けて理論的な方向づけを求めるに際して、限りないはげましと鋭い示唆を与えるものであった。

人権を無視して検挙率をあげるという形で「機械的能率」を高めていた天皇制官僚の批判的分析ををするに当って、何のための能率かということを問いなおす「社会的能率」という概念を導入した点において、この論文は新しい視点を私に与えてくれた。すなわち真の行政能率とは、「民衆の意思と人格の尊重に基礎づけられた」社会的能率でなければならないという視点は誠に新鮮であった。この論文が同時にアメリカの「科学的人事行政」への物神崇拝を批判するというもう一つの面を含んでいた点については、私がその重要性を意識するまでになおしばらくの時間を要した。

ともあれ「対民衆官紀」というはじめての用語法に接したことは、その後私が天皇制官僚制の批判的分析をしていく上で、常に不可欠な視点として思考の基底をなすこととなる。ただこの用語法は、その後一般化することがなかった。そのことは、恐らく戦後の日本がたどった執行権優位の近代化路線と大きなかかわりを持つものであろう。

この論文が発表された当時、辻先生によって「対民衆官紀」の確立に貢献する主体として期待された公務員組合は、その期待された役割を十分に果すことなく、今日では政治的影響力を失っているかにみえる。しかしそのことは、一九四七年にこの概念を提示したことの意味を失わせるものではない。

ましてこの概念が役割を果し終わって不必要になったことを示すものでは決してない。この概念が一般化されなかっただけに、「対民衆官紀」の確立という民主国家における公務員制度の課題は十分に意識されることさえなく、今日でも未解決なものとしてわれわれの前に残されている。そのことを想起させるのは、最近における証券界のスキャンダルが高級官僚の天下りを媒介とする業界と大蔵省のなれあいによるものと指摘されている事実である。

しかも、この論文が書かれた当時に比べて今日のより大きな困難は、一九四七年二・一スト当時には大きな政治的役割を果した公務員組合が、企業別組合の戦闘性喪失とまさに同じ理由で、抵抗や異議申立ての主体としての役割を失っている点に見られる。もっとも企業別組合が直接的に企業の利益増大のため生産性向上に協力を求められているのに比べれば、公務員組合はボーナスのような利益を誘因として労使一体を求められることはない。それは総評の中で公務員組合が最後まで最も戦闘的な部分をなした重要な原因であった。しかしこのような事態も、国鉄分割民営化という荒療治で国鉄労組が崩壊させられると共に、変貌を強いられた。

したがって今日では「対民衆官紀」の実現を求めていく主体は、より直接的に行政サービスを受ける人たち（いわばその消費者としての市民）に求められる外はない。消費者運動や公害被害者の運動がなければ組合は外に対して企業と一体化する傾向を示すのと同じように、行政サービスの受け手からの要求が強くなければ、公務員組合が公務員制度の民主化に役割を果すことは期待できない。

「対民衆官紀」という概念が提示された頃大きな問題であった民に対する官の身分的優位性は今日著しく減退した。それに代わって巨大組織の寡占的支配に伴う民衆疎外は、より匿名的なものとして進行している。この論文で引用されている福沢の『文明論之概略』で示された抑圧移譲の傾向は、今や巨大組織の寡占という官民の境界をこえたものとして体系化されている。そのことは証券スキャンダルにおける官民癒着の状況にも示されている。しかもこの抑圧移譲の体系は、無限の連鎖として系列化されて全社会の末端に及び、最後にはその抑圧は国外のより弱い者（ＯＤＡでは第三世界の民衆）に向けられている。この状況の中では「対民衆官紀」はたえずより抑圧された周辺部分からの問いかけによって検討されなければならない。それが「対民衆官紀」実現のための今日的課題というべきであろう。

（『みすず』一九九一年一二月号）

ルソン島で戦った二人

今日のとくに若い読者にお願いしたいことは、フィリピンの戦場で地獄をみた人たちの文章の行間にある現実（それはとても活字にできないものであった）を知る想像力をもってほしいということである。戦争とは決してゲームの中のヴァーチャルリアリティの世界で示されるように、勇壮でスリルに満ちたものではない。戦争こそは人間がその極限状況において人間性を失う危険に追いこまれるという最も悲惨なものであるということを忘れないでほしい。科学の進歩は、戦争における殺人を直接目にみえないものにしている。しかし、それは目にみえないだけで、戦争の悲惨が人間性を脅かす本質は変っていない。殺人の現場が直接みえないだけ、より多くの想像力を使って、戦争の悲惨がみえないという困難を克服してほしい。

阿利莫二

一九九五年三月肌寒い雨の降る日、東大第三内科の病室に阿利君を見舞ったのが生前に会った最後になった。別れるとき手を握って「何しろフィリピン以来の疲れだから一度ゆっくり休むといい」と言った。ルソン戦で「死の谷」をさまよってから、奇跡的に生還して以後、研究室での民主化闘争にはじまり、多くの社会的な活動を続けて、最後に総長の激職まで勤めたのだから、疲れがたまるのは当然で、私としては総長をやめてからゆっくり休養をとった上で老後を楽しんでもらいたいと思ってこう言った。ただそのときには総長としての最後の仕事である卒業式に出ることができるとは思えなかった。言葉を発することも大儀そうにみえたからである。

それから間もなく法政の友人から彼が卒業式に出席したことを聞いて驚いた。そこにはルソン戦の「死の谷」で必死に生き続けた彼の姿をみる気がした。

彼の訃報を聞いてから岩波新書『ルソン戦――死の谷』（一九八七年）を読みなおした。同じく学徒出陣をした一人としてまたフィリピンで親しい学友を失ったものとして、この本に描かれた戦争のきびしさに、読む度に新しい衝撃を感じる。その一つ一つ例をあげることはできないが、少なくとも次の一節だけは彼の戦争観を示すものとして引いておかなければならない。「ここで強調したいのは、戦争そのものが、大なり小なり非人間性、残虐性をどこかで求めるということである。戦場における狂気の沙汰からは、程度の差はあれ、いかなる軍隊も逃れられない。戦争を語るとき、誰が残虐だったかも重要なことだが、戦争そのものが残虐を生み出すということの方がもっと大切だ。戦場のヒューマニズムが輝きを放つのも、戦場が異常であるが故に稀少な正常さが光をもつからだ。戦場美談の陰には常に戦争の悪がある」と（六九頁）。

戦後五〇年のこの年に、右の一節を読むのは特別の感慨がある。戦争の非人間性、残虐性の面は忘れ去り、「英霊」の顕彰をしようとする動きがくりかえされているからである。

生きながら地獄をみた彼は、この本を書くことによって元気になったようにみえた。それは「あとがき」でも書いているように「もし生きて還った者があったら、必ず故国の人に語り告げる」という戦場での戦友に対する約束の一部を果しえたと思ったからであろう。そしてそのことによってとりもどした元気で総長としての仕事にはげんだ。その仕事の中には学業半ばで死んだ学徒兵への追悼も含まれていた。そして総長としての最後の仕事としての卒業式を終えて此の世を去った。

（阿利莫二追想集刊行委員会編集発行『回想の阿利莫二』一九九六年より抄録）

神島二郎

神島さんの戦争体験の意味について一言だけ触れておかなければならないのは、彼のフィリピン体験が持った特別な重要性である。日本の侵略戦争によって戦場となったフィリピンで、多くのフィリピン人が殺され、在留邦人と軍人の多くが餓死するのを見たことは、およそ戦争では軍人だけでなく一般市民がどのように犠牲になるかを体験したものとして、「非武装平和」の必要性を説き続けるようになる契機となったものと思われる。私もまた「非武装平和」を主張する点で神島さんと同じ立場に立っているが、彼が戦場における市民の運命に注目することは、従軍しながら内地にいた私よりは早かったように思われる。これは彼が特異なフィリピンの体験を思想化した結果であろう。

この点について個人的に話を聞く機会のなかった私として、書かれたものからあとづけると、次の幾つかのものを発見することができる。最も古いものとしては『近代日本の精神構造』（岩波書店、一九六一年）の「あとがき」でふれられている箇所があり、その後には「戦争と日本人——三六年目にルソンの旧戦場を訪ねて」（『磁場の政治学』岩波書店、一九八二年、所収）、「ルソン戦の経験から」（『転換期日本の底流』中央公論社、一九九〇年所収。なお同書一八七頁にも関連した箇所がある）などである。

なお沖縄戦への特別な関心と、それを通じて「非武装平和」の途を求める論理を構成しようとする起点もまた、フィリピンの体験にあったように思われる。「戦争末期の沖縄戦の経験は貴重である。国土における軍隊防衛は住民の安全保障にならないことを教えたからである。……戦場地域住民の人権が問われるようになれば、安全保障上軍隊のもつ意味は乏しく、ましてわが国のように防衛の前提となる侵略そのものがありえないところでは、軍備も基地も無用である。有用だというなら、それは住民の安全保障ではなく、別の目的に奉仕するものだ」と（『磁場の政治学』一八〇頁——『世界』一九八〇年七月号に掲載された「非武装主義——その伝統と現実性」の一節）。これが、神島さんのフィリピン戦の体験、そして敗戦の衝撃から学んだ基本的な価値観の中核をなすものであっただろう。


（神島二郎先生追悼書刊行会編・発行『回想　神島二郎』一九九九年より抄録）

久野　収

――志の一貫性と思考の柔軟性――

久野さんと最後に言葉をかわしたのは一九九七年九月一三日「災害被害者支援法」を市民＝議員立法によって実現するための集会の際であった。文京区民センターの会場で講演を終えた久野さんを、小田実さんたちと一緒にタクシーに乗るまで見送ったとき、久野さんは突然私の従兄坂田昌一（物理学者）の思い出を話しはじめた。既にかなり前に死んだ一九三〇年代のこの友人と私との関係を憶えていた記憶力に感服したと同時に、久野さんが六〇余年にわたって権力への抵抗の姿勢を変えなかったことをあらためて想起させられた。滝川事件当時から今日まで一度も「転向」によって志を曲げなかった人は、たしかに稀有の存在である。

しかし、志の固かった久野さんは、決して頑固な硬直した意見の持主ではなかった。いつもその時の具体的な状況の中で思考する柔軟性を示していた。この柔軟性を維持できたのは、久野さんが常に運動と共に歩きながら考えたからであろう。一九七二年公刊の『平和の論理と戦争の論理』（岩波書店）の「あとがき」では「前半は、『平和問題談話会』とともに、後半は、『べ平連』とともに歩みながら書かれている」と述べている。その後一層大衆文化が一般化する中で市民運動の目立った昂揚がみられなくなると、多元化したより不定型な幾つもの運動にかかわることになる。私が最後に会った集会も、その一つであった。『週刊金曜日』が晩年の運動の拠点となった。

志の一貫性と思考の柔軟性という両面の統一を可能にしたのは、市民主義と名づけた原理の内容と、失敗から学ぶプラグマティズムの方法であった。「一人一人の市民、だれでもの自己運動の観点」（前掲書、三九四頁）を中心とする市民の立場は、「西側と東側の敵対的国境を超える」普遍主義的なものであり（『市民として哲学者として』毎日新聞社、一九九五年、二七一頁）、またいかなる組織の拘束もうけない「〝自主的〟個人」の「横の連帯的形成」によって支えられるものである（同前、二二四頁）。この不動の立場に立って革命の論理から平和の論理を区別したことは、冷戦後の今日では一見自明の真理のようにみえるが、一九四〇年代末から六〇年代にかけては画期的な意味を持つ主張であった。

「戦前、戦争防止のために幾分の努力をし、しかも防止を果せなかった世代の一人」（『平和の論理と戦争の論理』三九五頁）として、戦争防止の初心を戦後も貫こうとした久野さんは、多くの困難に直面し何回も政治的敗北を経験した。「政治的〝敗北〟も、そこからほんとうの教訓が学びとられ、思想原理がきたえ直されれば、将来の政治的勝利に結びつくことができる」（同前、三九〇頁）という考え方こそ、久野さんの志の一貫性と思考の柔軟性を結びつける鍵であった。

失敗から学ぶことにより思想原理をきたえ直すという方法こそ久野さんが後世に遺した貴重な遺産であると確信する。

（『市民の意見30の会　東京ニュース』№53　一九九九年四月一日）

「権利のための闘争」の先駆者、川本輝夫

色川大吉さんを団長とする不知火海総合学術調査団に参加して、一九七八年から八〇年の間毎夏休、水俣に調査に入っていた時のことである。私は毎朝「川本詣《もう》で」と自分で勝手に名づけた儀礼から一日の行動を始めるのを常としていた。

この「川本詣で」の儀礼は、朝起きてすぐ、泊まっていた大和屋旅館を出て裏の鉄道路線をこえ、旧道を通って川本さんの家まで坂を走って上がり、時には浜元二徳さんの家の方まで走って十分に汗をかいてから、宿に帰って冷水を浴びるということから成り立っていた。この儀礼を必要としたのは、一つには生理的理由による。

毎日夕食後、その日の調査結果を報告してから深夜まで討論が続くのが通例であった。討論内容は時によって異なるが、共同体の評価をめぐるものがその焦点の一つであった。討論が白熱するにしたがい焼酎の量もふえ、就寝する頃には相当のアルコールが蓄積される。毎朝その日の活動に入る前に、まず宿酔《ふつかよい》を克服することが必要になる。大和屋旅館から川本さんの家に至る上り坂は、それに丁度適した斜度になっている。

「川本詣で」の意味は、単に宿酔克服という生理的必要から出た消極的なものだけではなかった。私にとってこの儀礼の持っていた積極的な精神的意味は、川本さんの家の前を通ることによって、彼の持っていた戦闘的エネルギーを自分の内に充電することにあった。この儀礼中に川本さんに実際に会っ

たことはなかったが、その家の前を走りすぎることによって、その日の活力を与えられるという効果を期待することができた。

川本さんの戦闘的エネルギーの内容について深く考えるようになったのは、調査報告が色川大吉編『水俣の啓示』（筑摩書房、一九八二年）として公刊された後のことであった。ある集会で川本さんに会ったとき、二人の間の個人的会話で、今度は国家と県の責任を問う訴訟で「行政裁量収縮理論」を使っていこうと思っていると言われた。私は大学の法学部出身で行政法の単位もとったのだが、この理論に接した記憶はなかった。その後勉強して、一定の要件の下に行政裁量がゼロに収縮し、権限不行使が違法とされるという主張であることを知った（石田『社会科学再考』一七三頁）。この理論を官僚法学を中心としていた大学の講義で教えられなかったのは当然である。行政当局の裁量権を逆手にとってその責任を問う理論だからである。

「行政裁量収縮理論」まで使って国や県の責任を厳しく問いただす川本さんの姿勢をみて、私は法学部の学生だった頃ルドルフ・イェリングの『権利のための闘争』が近代法秩序の原理を理解するための古典的名著であると教えられたことを思い起こした。そのとき同時に「権利の上に眠る者」は、そのような近代法秩序の主体となりえないというコメントもつけ加えられていた。

同じく国家からの損害補償を求める場合でも、「権利のための闘争」によることなく、政府に依存する姿勢を示したならば、そこで与えられる補償は政府（中央であろうと地方であろうと）あるいは広く政官財の鉄の三角形をなす体制への従属を強める手段として利用されることになる。緒方正人さんのように水俣病患者としての認定申請を拒否するのは、このような従属を否定する一つの方法である。川本さんの場合は水俣病への補償を権利として闘いとることによって、政府への依存ではなく、政府の責任を問いつめて行こうとする。この二つの方法のどちらを選ぶかは、それぞれの生き方全体にかかわるもので、あくまで個人の選択の問題である。

しかし、川本さんのように、水俣病患者として「権利のための闘争」という道を選んだ場合、この近代法原理は「自由市場」の中では強者の権利の正当化に使われがちであるという状況と正面から対決することを覚悟しなければならなかった。放置すれば弱肉強食の世界となる「自由市場」の中で、抑圧され差別された側の立場から「権利のための闘争」を展開することが、正義の実現のためには常に求められているにもかかわらず、これが容易に実現されないのも、この困難のためである。

川本さんが「水俣をひっちゃがす」過激な異端者として保守派におそれられていたのは、彼がこの困難をこえて弱肉強食の状況に正面から挑戦したからであろう。生産拡大至上主義の「水俣の繁栄」という同調性の中で、抑圧され差別された水俣病患者の、人間としての「権利のための闘争」の先駆者として、川本さんの闘いが持った歴史的意味は、今日あらためてより広い文脈の中でとらえなおされる必要があると思う。

（川本輝夫さんを偲ぶ会編・発行『川本輝夫さん追悼文集』一九九九年）

Ⅵ　本をめぐって

R・J・リフトン他『アメリカの中のヒロシマ』上下

――〝米国版広島物語〟の作られ方――

アメリカで支配的な原爆投下に関する歴史物語は、ノーモア・ヒロシマを中心とする日本のそれとは大きく異なる。そのことは原爆投下五〇年を記念するスミソニアン航空博物館での原爆展をめぐる論争で、あらためて明らかにされた。

被害の実状を示す展示を含めようとした原案に対して、戦争で生命を捧げた米兵を侮辱しないようにという強い在郷軍人会の主張は、広い世論の支持を受けて議会までも動かした。結局原爆を投下したエノラ・ゲイ機は「誇り高く、愛国的に」展示されるべきだというので、被害に関する展示はとりやめとなった。

この過程を明らかにすると同時に、ここに至るまで原爆被害に関する「否認の五〇年」（原著副題）がなぜ続いたのかを究明するのが本書の主要課題である。原爆投下は本土攻撃で失われる「百万の米兵の命を救うため」に必要であったという「公式の物語」を作り上げ、多くの科学者やメディア関係者が同じような米国版ヒロシマ物語くりかえした。

被害の事実に眼を閉ざそうとするこのような「感覚麻痺の習性」は、原爆投下に対するやましさの意識による面があるという心理的分析は鋭い。それに加えて原爆を使える兵器としておくという政策的意図が、被害者からみた物語を否定し続けた他の要因であった。こうして自分が作り出した「核兵器のとりこ」となった状況が、真実を見る眼を失わせた。

しかし、考えてみると戦略爆撃を受けた集団的記憶をもたないアメリカでは、公式の物語に対抗して「きのこ雲」の下で何が起こったかに注意をひくことは容易ではない。著者の一人リフトンは一九六二年に広島で被害者の聞きとり調査を行い、『死の内の生命――ヒロシマの生存者』（邦訳、朝日新聞社、七一年）という著書で原爆が被害者に与えた心理的影響に関する分析結果を発表した。その当時から評者はリフトンと交友を続けているが、彼は常に被害者の視点から原爆と核戦争の問題にとりくんできた。今回彼が練達のジャーナリストとの共同作業で、米国版ヒロシマ物語がどのように作られ持続してきたかを分析したこの本は、それだけの迫力と説得力を持っている。

もちろん、この本に示されたような主張はアメリカにおける少数意見にすぎない。しかしこうした少数意見が「反米政治宣伝」だという非難にもめげずに主張されていることは注目に値する。しかし日本の場合を考えてみても、南京虐殺などの加害の事実を、被害者の眼で見ることがどんなに難しいかは、国会での「五〇年決議」をめぐる論議や、教科書問題の例からも明らかである。私たちは米国版広島物語が被害者の立場を無視した一面的なものとして作り上げられたことを批判する場合、同じようなことが私たちにもないか反省してみる必要がある。【大塚隆訳、岩波書店、一九九五年】

（『産経新聞』一九九六年二月二一日）

漱石『私の個人主義』（わたしの古典）

――個人の自由を妨げるものは――

古典は時代とともに新しい意味を生み出す。漱石の「私の個人主義」と題する講演の記録も、その例外ではない。

敗戦の衝撃にうちひしがれていた軍国青年の私にとって、この本は日本の過去を反省する上で決定的意味を持った。国民の一人ひとりが自分の考えを明らかにせずに「お国のため」というスローガンでひたすら走り続けた結果をみると、漱石が「国家国家と騒ぎ廻《まわ》る」ことに警告を発し、個人主義の重要性を説いた意味が、よく分かる気がした。

「人の尻馬《しりうま》にばかり乗ってから騒ぎ」する態度を批判した漱石の「自分本位」の立場を守るべきだという主張は、その頃印象深く読んだ福沢諭吉の「一身独立して一国独立す」という言葉とともに、新しい生き方を求める私にとって、大きなはげましとなった。

その後私が日本の政治思想史を専攻するようになってから、この漱石の講演の後半が講演をした場との関連で重要であると意識するようになった。

一九一四（大正三）年学習院で行った講演の後半で、漱石は個人の自由を妨げる要素として権力と金をあげている。当時皇族と華族の子供が大部分であった学習院の生徒に対して他人の自由を妨げる権力と金を持つことになる将来を考えて、個人主義を貫くと同時に他人の自由を尊重する責任を負うべきだと述べた。

戦後華族はなくなり主権在民となった。しかし「権力は腐敗する」という鉄則は続いている。今日では他人の自由を尊重することは、支配層の自制によるのでなく、主権者すべての責任となった。権力の腐敗を防ぎ万人の自由を尊重する政治をめざすため、主権者はまず投票によって社会的責任を果たすべきであろう。【『講談社学術文庫』など】

（『読売新聞』一九九八年七月一二日——参院選投票日——）

C・ダグラス・ラミス『ラディカル・デモクラシー——可能性の政治学』

——ラディカルな本のラディカルな読み方——

こんにち日本の論壇では「戦後民主主義」はアメリカのおしつけであったという面を一方的に強調する意見もあり、手あかにまみれた「デモクラシー」などという言葉はもはや古くさいものとして捨て去られようとする傾向もある。他方では現在の与党と野党第一党がともに「民主」の語を党名に入れており、デモクラシーはこんにちの政治体制の正統性を支える建前とされている。

こうした状況を前にして、私がなによりも著者に共鳴するのは、「今こそこの言葉を取り返し、この言葉がもつ批判力、ラディカルな力を復権すべきなのだ」（三九頁）というこの本のねらいである。なぜなら私も、著者とともにデモクラシーは「ラディカルに理解するならば、いまなお成就されていない約束がそこに含まれている」（同）と信ずるからである。

このような意図で書かれ『ラディカル・デモクラシー』と題されたこの本は、デモクラシーという言葉を生み出した古代ギリシャの昔からこの言葉がもっていた意味を、根本から問いなおす作業もしている。ただその場合にも「民主主義の傷だらけの伝統」を批判的に再検討する姿勢が示される（第四章）。

この本は英語で書かれアメリカで公刊される本の訳であるが、アメリカの読者だけを予想して書かれたものではなく、著者の視野は決して西洋の経験だけに限られるものではない。「どこにいるにせよ、民主主義論に関心のある政治理論家や政治活動家、学生、市民といった人びとに向けて書」かれたものである（日本語版への序文）。

日本で住み、教えている著者によって、フィリピン大学の第三世界研究所でその一部が書かれたこの本は、第三世界を含めた現代的な状況を頭において書かれている。

グローバリゼーションの傾向の下で、地球的な規模での「開発」が、また国内的な不平等を生み出す「開発」が民主主義に反することを示しているのも（第二章）、そのような視点によるものである。「一国民主主義」が「民主主義帝国」となり経済的従属と政治的抑圧を生み出す傾向があるという指摘も、またこのような視角からとらえられたものである。

さらに著者はこんにちの「開発」に伴う矛盾の根源にさかのぼって「機械の反民主主義性」にまで及ぶ（第三章）。機械が労働秩序を、本来それが根ざすべき自然から切り離された管理秩序とするからである。「自然との対話から生み出されるものでないこの秩序は上から下へ」の秩序となり（一五八頁）、人間を抑圧し、環境を破壊する。

このような各種の困難な諸条件を克服するため「批判的かつラディカルな政治思想の新たな土台探し」（日本語版への序文）を試みた著者は、そのような「思想の正しい名称こそラディカル民主主義だ」（三七頁）という見解に到達する。

しかも、さらに考えを深めていくと、「民主主義とは政治の本質、可能性のわざである」（二五六頁）

という結論に至る。この過程については――他の多くの重要な論点とともに――ここで詳しく紹介する紙面はない。しかし、この点においてこの本は考えぬかれた政治原論であるともいえる。

さて、このように厳しい現実の中で根本からデモクラシーを考えぬいたという意味でラディカルなこの本の日本語版の読者は、どのようにこの本を読むべきであろうか。ここでは私が考えるラディカルな一つの読み方を提案しよう。

著者は民主主義とはコモンセンスであるというトム・ペインの主張に賛成している（三七頁）。しかし同時に日本では「民主主義は不可能だという信念がすでにコモンセンスとなっている」ともいう（二四八頁）。それなら日本ではどうしたら民主主義を可能にすることができるか。私が提示しようとするラディカルな読み方とは、日常性に根ざすという意味でのラディカルなものである。

民主主義の不可能性を信ずることが日本でコモンセンスになりやすいのは、政治が非日常的なものと理解されやすいことと関連している。ラディカルという言葉が「急進的」と訳され「極端な」と理解される場合には、ラディカル・デモクラシーもまた非日常的なものととらえられがちになる。その場合には、六〇年安保でデモが国会をとりまき、大学闘争で棒がふりまわされる状況だけが思いおこされる。

しかし非日常的な政治的昂揚を、いつまでも続けることはできない。運動が沈静期に入ると挫折感を抱き政治に背をむけ、自分が関与しない非日常的な政治の場に外からの期待をかけるにとどまり、期待を裏切られたと考えて民主主義への不信感に陥る場合が多い。

現実の政治は、いやおうなしに毎日消費税を払わせられるように、われわれが逃れようもない形で日常生活に関わりを持っている。他方、市民一人ひとりは、投票するにせよ棄権するにせよ、有権者として日常的に政治的選択を行っている。選挙の時だけでなく、選挙の結果にも影響する政治活動は毎日のようになされている。

原発を拒否した巻町の住民投票や基地縮小を求めた沖縄の県民投票の結果は、大きく報道され、ラディカル・デモクラシーの非日常的な表現として注目をひきやすい。しかしその結果の背景にある四分の一世紀に及ぶ巻町の市民運動、あるいは「琉球処分」以後の沖縄の長い苦難の歩みを考える人は多くない。

実はラディカル・デモクラシーのラディカルである所以は、一時的に目立った活動をするよりも、日常的に草の根での不断の努力をつみ重ねることにあるはずである。「ラディカル民主主義は高潔な新しい倫理といったものをこの世界に持ち込もうとするものではない……すでに持っているコモンセンスの徳の一部をうまく使おうというだけの話だ」と著者がいう（二四三頁）のもこの点と関連しているだろう。

それでは民主主義が不可能だと信ずることが日本人のコモンセンスであるとすれば、われわれは絶望的な宿命論に陥るほかはないのだろうか。この文化的決定論の落とし穴からぬけ出す方法は、コモンセンスが一つではなく、また常に作りなおされる面をもつ点に気づくことである。

コモンセンスを一般に信じられている伝統的な考え方とすれば、その伝統は実は創造の所産でもある。それだからわれわれは、歴史的経験の記憶の中から、それぞれの史観にしたがって特定の要素をえらび出し、たえず新しい伝統を創造しているのである。

われわれが、ラディカル・デモクラシーを支えるべき伝統を創造するためにこんにち生かしていける歴史的経験の中には、さまざまな豊かな蓄積がある。北にはアイヌがウコチャランケとよぶ徹底的に相互討論する習慣があり、南の沖縄には「いざ行かん我等の家は五大州」(当山久三)という国境を越える発想もある。その中間に位置する部分では、寺院における意思決定に際して成員の「評定」によって「おきて」や「さだめ」という規律を自主的に定立する手続きもあり、それはやがて「村法」に一部ひきつがれた。

このような経験の記憶を生かして、こんにちのラディカル・デモクラシーを支えるコモンセンスとしての伝統を創造することは十分に可能であろう。ただその創造は、地球的視野のもとに地域の草の根から自律的な秩序(自主政治という意味の自治)を築き上げるための日常的な努力の中ではじめて可能となる(ここでいう「自治」に関しては、拙著『自治』三省堂、一九九八年を参照されたい)。

私はこの本を読んでいて、しばしば丸山眞男の民主主義論を思いおこした。丸山を古典的近代主義者と考える人は奇妙に思われるかもしれないが、丸山の「永久革命としての民主主義」というとらえ方は、この本の論旨と符合する点が多い。丸山は民主主義を制度と理念および運動の三つの局面からとらえ、制度としての民主主義に満足することも絶望することもなく、理念の絶えざる追求と運動の終りのない展開を続けるべきであるという点で「永久革命としての民主主義」を提唱しているからである(石田雄・姜尚中著『丸山眞男と市民社会』世織書房、一九九七年、一一〇頁参照)。

およそ徹底的に考えぬかれたという意味でラディカルな本は、時間的・空間的に特定された日常性に根ざして行動する中でという意味で、ラディカルに読まれるに値するものであり、そのような読み

方の中でたえず新しい意味を生み出していくものであると信ずる。【加地永都子訳、岩波書店、一九九八年】
（『ピープルズ・プラン研究』Vol.2 No.1 一九九九年一月）

加藤節『政治と知識人』

――「知性」の再生を――

政治思想史・政治学の観点から同時代認識を試みた諸論文を集めたこの本が、『政治と知識人』と名づけられたことには、それだけの意味がこめられていると思われる。「知識人」という言葉は、最近耳にすることが稀になった。しかし「知識人」という表現が「知性」の機能を担うべき人を指すものとすれば、今日ほど「知性」の機能が強く求められている時代はない。「知性」は「距離をおいた関心」によって特徴づけられるとL・コーザーが述べている。今日「情報」が氾濫し、簡単にテストできる「知能」が重んぜられるだけで、それらを使いこなし方向づける「知性」が欠けている場合があまりにも多い。

同時代の動きに強い関心を持ちながら、まさにそれだからこそ、それに距離をおいて、その分析を思想のレベルにまで深めていくという「知性」の営みが、いよいよ貧しくなってきているように思われる（詳しくは、石田『社会科学再考』東京大学出版会、二一〇頁以下参照）。

このような貧しい思想状況に抗して、政治思想史の専門家である著者は、今日われわれが当面している最もアクチュアルな問題への関心から出発し、それを人類の思想的遺産の文脈の中で、政治理論の観点から考察しようとしている。

たとえば沖縄問題を扱う場合でも、これを広津和郎、大江健三郎の作品を通じて思想のレベルで分析し、多数決原理という政治理論の視点から接近する。

政治理論からの接近という点では、戦後日本の「デモクラシーの試金石」として沖縄問題をとりあげ（五三頁）、「多数決原理」が「多数の専制」になることを防ぐ諸条件（七一頁以下）を満たしてこなかった点を指摘する。

これは極めて重要な論点であるから、「多数決原理」が「多数の専制」とならないための四条件を要約しておこう。①少数者が多数者になりうる可能性を残す　②多数者が絶えず自己吟味する責任を課せられる　③多数決によって生ずる義務負担はすべて平等であるべきだ　④多数決によっても奪ってはならない権利（基本権）の存在を前提としている、と著者はいう。

これは沖縄問題から出発して、民主政治の基本原理の中枢に及んだみごとな例である。

他方、政治学上の重要な概念の側から見て、「自由」「国家」「民族」「市民社会」などを論じた場合でも、形式的定義や、単なる理論史の紹介ではなく、すべて切実な現実的状況への問題関心に支えられたものとなっている。この具体例については、後に「自由」に関して論ずる際に言及しよう。

このように著者が現実政治と政治理論あるいは政治思想史を関連づけるやり方を、より良く理解するためには、日本の思想状況を著者自身が歴史的に分析した諸論を読むとよい。「戦後五十年と知識人」を論じたものと、政治学の二人の先人、南原繁と丸山眞男を扱った論文とは、この意味で極めて重要である。

「南原繁と丸山眞男――交錯と分岐」と題する論文では、この二巨人を三つの視点から比較する。思想の存在拘束性に関するものなど「方法における分岐」、政治思想への態度にみられる「ヴィジョンにおける交錯」、そして民族共同体や天皇制と個人に関する「思想における分岐」がこの比較で明らかにされる。

このように対照される二人が、日本の現実と厳しく対決する中で生み出した業績を、「われわれ自身の共有財産」にして、「歴史的現実に批判的に対峙すべき宿命を負う政治学」（一五〇頁）を、自分で担っていこうとする著者の姿勢は誠に印象的である。

このような姿勢を具体的に示す事例として、著者が「自由」を論じた一節をあげよう。著者は「自由論」が「自由」の実態と乖離している現状を克服し、「政治学の伝統に自らをつなぎ直す」課題を果たすための方向を、次のように示唆している。

「この国の政治学が、例えば、いじめによって差別される中学生、夫の暴力からの解放を欲する妻、企業論理に個人としての自由を蹂躙されている労働者、少数派ゆえに同化への圧力に苦しむ在日外国人、『異常』性愛者のレッテルの抑圧に苦しむエイズ患者や同性愛者、テロの恐怖にさらされる反天皇制論者に対して『自由への道』を提示する現実科学」となることが必要だというのである（一一六頁）。

ここに例示された深刻で切実な諸問題は、いずれも緊急に解決されなければならないものである。にもかかわらず「社会科学の中でももっとも実践的な学問」（五頁）である筈の政治学の領域で、正面からとりあげられることは誠に稀である。

むしろ現代日本における政治学者の多数は、中立的客観主義の名の下に、権力者の支配を容易にするための技術論を提供することに忙しい。そうでない場合も、現実とは無関係に西欧の理論を紹介することで満足するものが多い状態である。

このような政治学の現状とまさに照応した形で、現実の「政治」は「知性」による批判的分析にさらされることなく、ブレーキとハンドルを失った車のように暴走を続けているというほかはない。『政治と知識人』と題したこの本は、まさしくこのように乖離した「政治」と「知性」とをいかに媒介するかという、切実な課題にとりくもうとする懸命な努力の所産である。

ただ性急な読者に、あらかじめ警告しておかなければならないが、この本によって、先にあげた「いじめ」など具体的諸問題のすべてに対して政治学からの模範答案が与えられるわけではない。それを一人の著者から求めることが無理であることはいうまでもない。いや、元来一つの模範答案にしたがえば、難問も直ちに解決できるという期待そのものが、誤っているといわなければならない。読者がこの本を読むことによって身につけるべきことは、著者がここに例示した思考過程そのものである。より詳しくいえば、現実の問題に対する切実な関心から出発しそれに距離をおき、思想的基盤に支えられた理論的手続きによって分析する方法を学ぶことである。

偏差値的「知能」や、与えられた課題を達成する能率だけが重んぜられがちな現代日本で、人間らしい社会をめざす「知性」の再生を願う評者としては、この本から右に述べたような思考過程を学ぶ重要性を強調したい。

次の世代の人たちに、より人間らしく生きられる世界を残すために、私たちに問われているのは、次の二つの選択肢の中で一つをえらぶことだと私は考えている。断片化した短絡的思考か文脈的持続的思考か、短く狭い視点からみるか長く広い視野を持つか、情熱的なスローガンに動かされるか理性的構想力を働かせるか、そして閉じた共同体的心情によるか開かれた人間的感受性を育てるか、のいずれかである。

このような根源的な問いかけをする本が少なくなったのは、おそらくそうした真面目な問いをすることは野暮だとみる冷笑的態度、あるいは、どうせ世間は甘くないという諦念が支配的となったためかもしれない。

それだけに、この本のように真正面から、真正直に現実的な問題に深く切りこんでいこうとする仕事には、稀少価値がある。

この本の読者の中から、著者の志をつぐ政治学者が一人でも多く出ることを、老いた政治学研究者としての評者は、切に願っている。それ以上に「知識人」という古い範疇ではとらえられない多くの憂慮する市民たちが、複雑な状況の中で日常の態度決定をするに当たって、この本によって身につけた思考の方法を、十分に役立ててほしいと思う。【岩波書店、一九九九年】・

（『図書新聞』二〇〇〇年一月一日号）

内田義彦「社会科学の視座」

——日本語を鍛える——

「社会科学が日本語を手中に収めないかぎり社会科学は成立してこないし、日本語が社会科学の言葉を含みえないかぎり、日本語は言葉として一人前にならない」（「社会科学の視座」『思想』一九六九年一月号）という内田義彦の金言《アフォリズム》は、言葉の重要性に注目する一人の社会科学者としての私に長い間宿題であり続けている。

最近「記憶」が過去を未来につなぐ契機であることに関心を持ってみると、ここでも日常言語の役割が気になる。「日本軍は……中国全土に戦線を広げた」という教科書の文章を検定で「中国全土に戦線が広がった」に訂正させようとするのも（家永三郎『歴史と教育』大月書店、一九五六年、一四頁）、戦争をどう記憶するかに関連している。特攻隊は「祖国……天皇などの『公（おおやけ）』を守った」という「公」とは何か（小林よしのり『戦争論』幻冬舎、一九九八年、九一頁）。日本語を鍛えて社会科学の視座を確立する道は遠いが、これなくしては未来の平和は期待できない。

（藤原書店『機』No.104 二〇〇〇年五月号）

石原都知事「三国人」発言の検討

——三冊の本をめぐって——

石原慎太郎東京都知事が自衛隊で述べた「不法入国した三国人、外国人」が凶悪な犯罪を繰返している、災害時に想定される彼らの騒擾に対しては自衛隊の出動を願うという発言は、その後森喜朗首相の「神の国」発言などによって世論の関心を弱めたかにみえる。しかし石原と森の発言は、「青嵐会」（会長・中尾栄一、事務局長・石原）という同じ根から出て、異なった土壌の上に咲いたあだ花として共に注目に値する。石原発言に関する三種類の本が出そろったところで、もう一度この発言を検討しておくことが、今後の政治を考える上で、とくに必要である。

まず三種類の本を発行日順にとりあげ、その特徴を見よう。内海愛子、高橋哲哉、徐京植編『……何が問題なのか』（影書房刊、以下①と略記）は、編者の鼎談を冒頭に、十八人の執筆者による多様な視角からの発言を収めている。集団的編集の長所を生かした詳しい資料集、参考文献などを含んでいるのはきわめて便利である。

これに対して内海愛子ほか四人による『……と在日外国人』（明石書店刊、②と略記）は各執筆者による厳密な引用や註記を含む個別論文から成り立っている。その中の若干については後に触れる。姜尚中・宮崎学『……買えない四つの理由』（朝日新聞社刊、③と略記）は二人の個性的な評論家の対談と知事への手紙から成る。メディアの役割に注目した点が他の本と違う特徴である。

さてこれら三冊をまとめて、もう一度石原発言の意味を三つの論点から考えてみよう。第一は「三国人」という表現にみられる石原の差別意識である。「三国人」という用語が敗戦直後の特別な状況下で差別的に使われた点に関しては②の内海論文が歴史的文脈の中で明確に分析している。この差別意識は、重度障害者に人格はあるのかといった石原発言（①二一八頁）とも関連して、今後、福祉政策を含む都政の方向を考える上で十分警戒すべき点である。

第二に「不法入国」外国人を危険視した排外主義的な側面については、危険視の論拠とした外国人犯罪の増加がはたして事実かという問題がある。①渡辺英俊論文、②中島真一郎論文が統計の検討によって示すように、『警察白書』はことさらに外国人の危険性を印象づけている。来日外国人の人口構成比と刑法犯検挙人員構成比とをみれば日本人より外国人の方が低い犯罪比率となり、決して増加しているともいえない。国際犯罪組織にからむ犯罪は外国人犯罪問題であるよりは、暴力団に甘い日本の警察の問題でもある。

新井将敬の選挙ポスターに「北朝鮮より帰化」のシールを石原の公設秘書が貼ったことにも示されるような外国人への反感をあおり利用する傾向こそが危険である。

第三の問題は、石原発言が陸上自衛隊第一師団創設記念式典でなされた公的なもので、しかもその内容が外国人の騒擾に対処するため自衛隊の治安出動をうながすものであったという点である。この発言は関東大震災の際に当局が関係したデマによって数千の朝鮮人が虐殺された事実を想起させ在日韓国・朝鮮人にショックを与えた。しかし自衛隊の出動に関しては②木元茂夫論文を除いては、必ずしも十分注意されていない。

「軍事官憲の社会的思想戦への介入」と吉野作造によって批判された震災当時の大杉栄虐殺は、甘粕正彦憲兵大尉個人の犯罪とされている。また一九七〇年自衛隊の決起を煽動したのは、不法に自衛隊に侵入し自決した三島由紀夫個人であった。それに対して知事という公的地位にある者が、自衛隊の組織としての治安出動を期待したということの重大さは、もっと慎重に検討されるべきだろう。

森も八年前に、横浜の寿町には不法滞在の韓国人が多く彼らは本国で軍事訓練も受けているから、いざという時は暴動を起こすかもしれない旨を述べている。ここにも石原と森の考えかたの共通性がみられる。ただこの森発言は首相となる前の個人的なものであった。

森と石原が同根でありながら違う点を次にみよう。姜は石原を「劇場型のポピュリスト」とよんで（③九六頁）「田中〔角栄〕的な」地元、業界の利害調整型政治家と区別している。森はどちらかといえば「田中―竹下的」支配を継ぐものとして農村地域ではなお強い支持を持っている。しかし都市部ではこのような支配形態がもはや神通力を失ったことが、今回の選挙の結果明らかになった。

東京のような巨大な「劇場空間」では、自衛隊の式典という公式舞台での発言と、メディア戦術を駆使して世論を動員する「大衆煽動政治」の比重が大きくなっている（③一四八頁）。石原が「竹下―中尾的なもの」に抵抗しているようなポーズを示すのも、この劇場で大衆にアピールするためにほかならない。

森と石原とが同根だといったのは、表面上両者が対立するようにみえながら、実は「神の国」としての「国体」の同調性を強調する森と、外国人への反感をかりたてる排外主義的な石原とは、同じ「国粋主義」(選挙中の森発言での自己規定)の相補的な両面を示すものにほかならないからである。

石原発言が直ちに自衛隊の治安出動につながるとみるのは早計であろう。しかし、一方では石原は「ガイドラインに協力しない自治体があったら、中国は核を持っているし……国が滅びる」と米軍への全面協力を主張し(②一二四―一二五頁)、他方ではこのような従属性への不満とグローバリゼーションに伴うリストラなどへの不安とを、(主としてアジアから来た)「厄介な、迷惑千万な外国人」(②三八頁)への憎悪に誘導しようとしている。この方向が、自衛隊の災害出動に馴らして行き危機管理の名の下に有事立法を導入する企図と結びつくと、「普通の国」を通りこして危険な排外主義的軍事国家にむかう可能性もある。

①『石原都知事「三国人」発言の何が問題なのか』影書房
②『「三国人」発言と外国人』明石書店
③『ぼくたちが石原都知事を買えない四つの理由』朝日新聞社

(『週刊金曜日』二〇〇〇年七月二八日号)

戦争の現実と記憶
――短評二編――

C・ダグラス・ラミス『憲法と戦争』

この本のすぐれている点は、著者が次の三つの資格を一人で備えていることである。（1）現在スーパーパワーとして世界に決定的な影響力をもつ米国の暴力機構の中心をなす海兵隊に居た経験が戦争や軍隊を内から――つまり殺し殺される者としてみることを可能にしている点、（2）その米国と軍事同盟の関係にあり、しかも新ガイドラインで従属を深めながら、他方で憲法九条を持ち戦後五五年間戦争をしないできた日本の国籍を持つ女性と結婚し、日本国籍の子どもの父親であり、日本で教育に従事してきたものとして日本の将来を真剣に考えている点、（3）以上の複雑な関係を分析するために必要な理論的武器を持つ政治思想の専門研究者であるという点で、この面は著者が別の著作『ラディカル・デモクラシー』（岩波書店、一九九八年）に詳しく展開している。

このような三つ資格を持った著者が、これまで市民運動の人たちと活動していく中で考えた成果として生まれたこの本は、日本で憲法と戦争との関係を考える上できわめて重要な示唆を与えるものである。

たとえば沖縄の基地では、「よき隣人たれ」という教育が米軍の中で行われているというが、果たして殺人効率を第一に考える軍隊という「暴力の専門家」の組織でこれが可能かどうかは、著者の海兵隊の経験が示す通りである。因みに私は日本の軍隊が人間性を無視した「真空地帯」であったのは、それが非民主主義国の軍隊だったからではないかと考えた時もあったが、ヴェトナム戦争に反対する中で民主主義国アメリカの軍隊も同じであることを知るようになった。

また、戦争は、それが自衛戦争といわれようと、あるいは集団的自衛権の行使といわれようと、殺人を正当化するものであることに変わりはないという単純な事実から出発して、もっともらしい国際政治論や安全保障論に対する必要があることもこの本は示している。

軍隊は、平気で人を殺せる兵隊をつくりあげる組織であり、戦争は集団的殺人の正当化であるという明白な事実から出発して、着実に憲法の問題も生活の上に根を下ろした形で考えていくべきだというのがこの本の真髄である。

なお、生活のレヴェルから着実に考えを展開するというラミスさんの方法に関心を持つ読者は、この本の後に「しゃべり下ろし」――つまり質問への答えをテープにとった――本として『経済成長がなければ私たちは豊かになれないのだろうか』（平凡社、二〇〇〇年）をみれば、憲法や民主主義から経済成長にまで至る著者の幅ひろい議論を知ることができる。【晶文社、二〇〇〇年】

ベルンハルト・シュリンク『朗読者』

余りにも世界的に評判の高い本であるから、詳しく内容を紹介する必要はないと思う。後に強制収容所の女看守となった女性と法学を専攻するようになる少年との関係を描いたこの小説は、いろいろな読み方ができるという点でも面白い。いろいろな読み方とつきあわせてみるための前提として、私の個人的な印象を述べよう。

私はこれを読んで在日BC級戦犯のことを考えた。加害者であり同時に被害者でもあるという点が小説の女主人公と似ているからである。およそ具体的な権力状況のもとでは、加害者と被害者を黒白の二項対立で区分することは無理があるのがむしろ通例というべきであろう。

第二次大戦中に連合軍の捕虜収容所の看守として旧植民地から動員された人たちの中には、捕虜虐待の罪に問われてBC級戦争犯罪人となり処刑され、あるいは獄中生活を送った人が少なくなかった。その生き残りの人たちの中には国籍差別によらない日本人並みの補償を求めて訴訟を起こしている人たちがいる。その中には李鶴来《イハンネ》さんのようにオーストラリアに行って虐待した元捕虜に謝罪した人もいる。

しかし、この人たちは、日本軍国主義の被害者でもある。彼らに乏しい食料で捕虜を酷使するように命じた軍人は罪に問われず恩給も受けているが、この人たちは日本人並みの補償もされず、裁判所でもこれまでのところ立法政策の問題だといって救済されていない。

このように戦争中の加害と被害とが重層的になった中での複雑な関係は、敗戦から半世紀以上経た今日でもまだ清算されていない。そうした過去をどう克服するかは、戦争に加担した国々の事情によっても異なる。この本を読むことでドイツの場合の一面を知ることができる。日独と枢軸関係にあったイタリアでは、九〇年代に入って右翼の勢力が影響力を大きくしてきたことに危機感を持った作家アントニオ・タブッキが『供述によるとペレイラは……』（白水社、二〇〇〇年）という小説を書いた。六〇年前ポルトガルの独裁政権下の時代を舞台として普通の人間がどのように政治に引き込まれるかを描いたこの作品は、一九三八年のポルトガルの物語であるよりも、イタリアの九〇年代における過去との対話ともいえる。須賀敦子さんの名訳でこれを読んで、今日の日独伊の過去の克服の文学的表現を比較してみることもできるであろう。【松永美穂訳、新潮社、二〇〇〇年】

（土井たか子を支える会編『梟』21号 二〇〇〇年一一月）

読書日録

――その日の思い出とともに――

「灰色の領域」での選択

三月一日　朝鮮独立三・一運動記念日。ヨーロッパでは一月末アウシュヴィッツ解放記念日に、多くの犠牲者を出した北伊トリノで、ドイツの組織ゲーテ・インスティトゥトが主催する「独裁・戦争と集合的記憶」という主題の国際シンポジウムが開かれたという。その際に収容所から生還した高齢者も参加したと聞いたのを機会に、トリノ出身のユダヤ人生き残りの作家で八七年に自死したプリーモ・レーヴィの『溺れるものと救われるもの』（原著八六年、邦訳朝日新聞社、二〇〇〇年）を読むことにした。

印象は鮮烈だったが、とりわけこの本の中心概念としての「灰色の領域」の意味は重大である。悪人と善人への二分論を排し、抑圧されたものが抑圧する側になる「灰色の領域」に注目するレーヴィの視点は、直接的には収容されていた人たちの中に「特殊部隊」として虐殺に協力した人がいたのを見た経験に深く根ざしているに違いない。

しかし「灰色の領域」は単にアウシュヴィッツという特殊な場所、ナチス支配下という異常な時代だけの問題ではない。今日の日本で戦後補償の解決が、立法政策によるほかはないと多くの判決で示されていることを考えれば、ある意味で有権者のすべてがこの「灰色の領域」に属しているともいえる。なぜなら立法政策の不作為に、有権者は間接的に責任があることになるからである。「ラーゲルの真実がまったく広まらなかったことこそ、ドイツ人が犯した最も大きな罪」なのだというレーヴィの言葉を、今日の日本にひきなおしてみれば、過去の戦争における加害の事実を忘れ被害の面だけを選択的に記憶にとどめるという行為は、意識していなくても集合的忘却の罪に加担していることになる。被害者あるいは傍観者もまた加害者である責任から逃れることはできない。

日常生活の中で、それが「灰色の領域」に属するという意識を伴なわずになされる記憶の選択あるいは投票などその他の行為の意味を、もう一度問いなおす努力を、レーヴィはわれわれに求めているのではないだろうか。

『多民族的日本』の課題

三月一五日　一九二八年三・一五事件の記念日。この事件から同年秋の天皇即位式までに「左傾分子」と「不逞鮮人」（独立運動家）への激しい弾圧が東京と京都を中心に行われたことは、幼児体験として私の記憶に印されている（『平和・人権・福祉の政治学』明石書店、一九九〇年、三四頁以下）。

それ以後「大日本帝国」の膨張により「大東亜」の異民族支配は拡大し、敗戦後は「単一民族国家論」による少数民族の無視と抑圧が続いた。それに対して歴史家の間では「日本」という等質的な単位の虚構性を問い続けてきた網野善彦が、『「日本」とは何か』（講談社、二〇〇〇年）で長年の蓄積を総括した。赤坂憲雄『東西／南北考――いくつかの日本』（岩波新書、二〇〇〇年）による柳田国男の「一国民俗学」批判も公刊された。

ところが現代の多民族的状況については、専門分化が著しいためか、全体的展望を試みたものは意外に少ない。今回 John Lie, *Multiethnic Japan*, Harvard U. P., 2001 を読んで、多民族化した日本の現実と「日本単一民族国家論」の神話とのみごとな対照化を見る思いがした。

著者は韓国に生まれ、日本で少年期を過した後米国に移り、ハーバード大で博士号を得た米国籍の社会学者で、自分の体験と多くのインタヴュー、それに厖大な量の文献を駆使して多民族的日本の姿を全体的に明らかにする。同時に「単一民族国家論」が高度成長期以後「日本人論」流行とともに広まっていった過程を丹念に追う。

比較の視点を重視する著者は、「日本人論」が日本の特異性を主張することには根拠がないという。それと同時に日本が人種主義的な特異な社会であるという言説にも反対する。

現代日本が解決すべき課題は、多民族化の現実に正面からむきあい、「単一民族国家」という虚構の日本像を克服して、現実に対処する積極的施策を講ずることだと著者はいう。そのような施策によってこの本の叙述が古びたものになることを望むというのが著者の結語である。しかし、この期待にこたえるためには、なお多くの努力を必要とするだろう。

（『週刊読書人』二〇〇一年四月六日、四月一三日号）

敗戦・占領期の歴史と文学
――ジョン・ダワーと井上ひさしの作品――

ジョン・ダワー『敗北を抱きしめて』上下

戦後民主主義をみなおす手がかりに

最近では戦後民主主義といえば時代遅れの克服すべき対象とみる型にはまった考え方が、右翼保守派と左翼ポスト・モダン派の両方に支配的な傾向とさえなっている。そして、憲法九条といえば外からの押し付けという面だけを強調して、改憲への動きが実は冷戦下から始まった外圧によるものである面を見のがすような一面的見解が流行する中で、占領期を生き生きと描いたダワーの名著が訳出されたことの意味は極めて大きい。

再現された敗戦の「人間的経験」

第一の特徴としてあげられるべきことは、この本が様ざまな可能性を含んだ、錯綜した占領期日本の現実を、ありありと読者の前に再現した点にある。それはこの本によって、多様な日本人の「人間的経験」が「内側から」描き出された成果である。

この点をとりわけ深く感じるのは、私の個人的体験によるからでもある。一九六五年ニューヨークで独日占領に関する国際シンポジウムが開かれたとき、私は討論者として招かれたが、コメントを求められた報告の基調は「われわれの実験は成功したのか」という点にあった。私はこの報告では「実験動物」として扱われている日本人の側の受け取り方に注意が向けられていないと批判した。しかし、この批判に注意を払う空気はなかった。そこに出ていたアメリカの日本研究者のほとんどすべてが占領当局に関係していたからである。

実は、本書の著者が『吉田茂とその時代』（博士論文に加筆、七九年原著、八一年邦訳）を書いたとき、すでに「マッカーサーの日本」から「吉田の日本」へと視座の転換があった。外からではなく内から見るという方向の違いは、単に占領に関係していた世代から次の世代へという世代の変化によるだけの違いではない。

ダワーが中心的役割を果たした「憂慮するアジア研究者委員会」に代表されるヴェトナム反戦運動が引き起こした方法的反省がこの変化と大きく関係している。そのことは一九七五年ダワーがH・ノーマン著作集の序文で述べているところからも明らかである。そしてこの方法的反省は、「内から」という視覚を導入しただけでなく「下から」という見方にも力点をおくことになった。

占領軍から闇市のテキヤまで

本書の第二の特色としては、このような反省を基礎に、「上から」と「下から」の見方を巧みに組み合わせ多層的に時代の性格付けをしている点があげられる。

上は占領当局者たちから下は闇市のテキヤまで、上は憲法制定過程から下はカストリ文化の流行に至るまで、著者は多様なレヴェルの現象を広い社会的文脈の中に見事に位置づけている。このようなバランスのよい位置づけは、ノーマン復権を提唱したときの対抗的視点をさらに超えて総合的接近を試みることによって成し遂げられたものである。

同じように成熟した見方は、第三の特徴としての多面的な接近にも見られる。敗戦後日本のように「上からの革命」とか「配給された自由」のように内部に矛盾した要素を含み、多様な可能性をはらんだ時代を分析するには、一面的な図式によることはできない。そこで一方ではヴェトナム反戦運動の中で批判された近代化論のような単線的発展論を排し、他方では「日本人論」にみられるような文化決定論も批判して多面的な接近をすることが必要になる。

占領下の異文化の混淆

そしてこの点と関連して日米両国の異文化間の混淆現象に注目した点が本書の第四の特徴を示している。このような文化的混淆に注目する見方は、近代化論において近代化と西欧化を同一視しようとした点に対する批判をも含んでいる。

ダワーは、『人種偏見』（原著「容赦なき戦争」八六年、邦訳八七年）では、太平洋戦争中に日米双方に平行的に見られた人種主義的憎悪が相互関係によって加速化していった過程を分析した。その際には対象が敵か味方かという対抗によって妨げられない比較の視点を貫いた。今回の本では占領期に占領政策の実施過程において日米両国人が、現実に接触する中でどのように反発し、協力し相互に影響しあったかを具体的に明らかにした。

しかも同じ占領下でも旧敵国を矯正することに力点をおかれた初期と、中華人民共和国成立後共産主義封じ込め政策のための拠点として同盟国日本を強めようとした時期との違いにも注目しながらも、両期を通じて占領政策の実施過程を担ったのが戦前から続いてきた官僚制であった点を指摘する。官僚の内面指導によって特徴付けられる発展がしばしば「日本型」発展と呼ばれるが、実は**SCAPanese model**〔総司令部と日本人の合作によるモデル〕とでも呼ばれるべき日米混淆の雑種であったとダワーはいう。この雑種型の遺産がその後の日本で重要な役割を果したことはいうまでもないが、占領期の遺産にはその他に多くの要素が含まれていたことも著者の指摘しているところである。

ヴェトナム反戦の日本研究への衝撃

以上四つの特徴をもつ本書は、ヴェトナム以後の著者の研究発展の成果を示すだけでなく、広くアメリカにおける日本研究発展の最高の達成ともいえる。一九七〇年代にはヴェトナム戦争への批判を契機に日米の研究者の間で、日中戦争とヴェトナム戦争の類似性を既成事実への追随による戦線拡大、ナショナリズムの要素を理解することなく反共イデオロギーで鎮圧しようとして失敗した点に見出すことで合意したことを思い浮かべる（石田『社会科学再考』九五年、東大出版会、二三五頁以下）。

この時広い共通理解に達した日米の研究者は、それぞれの国における少数意見の担い手であった。ところがアメリカでは、まさにこのときの反省を契機に展開された日本研究の成果であるこの本が、多くの賞を受けるほど広く読書界に受容されるようになった。

しかし、日本では、現在問題になっている教科書は論外としても、占領期を扱った幾つかの概説書を見ても、アメリカの日本研究とは違った方向への展開が支配的であるように思われる。すなわちマルクス主義史観への反動もあって下からではなく上から、すなわち支配層の動きに焦点を置く傾向と、東京裁判史観への反発という名によって、いよいよ閉鎖的な、つまり国の外では通用しない一面的なナショナリズムへの傾向を強めている点が目立っている。

グローバリゼーションという名で経済の領域やＩＴの領域で地球的基準が求められている今日、日本とアメリカの知的動向におけるこのような鋏状格差の拡大がみられることは誠に残念なことである。

日米文化接触の遺産

勿論、ダワーも認めているように占領期の日米文化混淆の遺産には様ざまな要素が含まれている。占領後にも日米両政府の協力下に進められた政策へ反対した知識人の中には、まさに日米両文化の別の形での混淆を示している例も少なくない。六〇年安保の時米国への留学経験をもつ一二名の研究者が岸に反対し、日米の平和的友好関係を望んでアイゼンハワー大統領の訪日延期を求める宣言を発表したのもその一例である。

ヴェトナム反戦のときべ平連の指導者であった小田実や沖縄県知事として基地問題への抗議の意志

を示した大田昌秀は、ともにアメリカで学んだ民主主義の原理を援用して反戦、反基地の意見を示したといえる。

ダワーの本の翻訳が日本で広く読まれることによって、占領期の日米文化接触が生んだ遺産のこうした側面がもう一度強められていくことを願ってやまない。【三浦陽一・高杉忠明訳、岩波書店、二〇〇一年】

井上ひさし『東京セブンローズ』

敗戦前後の迫真的ドラマ

読み出したら八百頁に近い厚い本を読み終えるまで止められない。それは井上流の筆力による現実描写の迫真性とフィクションでなければ表現できないドラマ性のためである。

駒込根津宮永町で団扇（うちわ）製造職人であったが、戦争激化のため本職を続けることができなくなった山中信介をめぐる一群の人たちが本書の主人公である。この作品は、一九四五年四月から敗戦をはさんで翌年四月までの一年間に及ぶ信介の日記という形式で、敗戦前後の庶民が体験した日常生活を生き生きと描いている。

総力戦末期、繰り返される空襲、厳しい食糧難、その中で一億玉砕をスローガンに政府は町会末端まで国民義勇隊を組織する。他方庶民は、権力の腐敗を利用して、ヤミ商売などにより本音の世界でたくましく行き続けようとする。

ところがこうした一地域の日常生活は、主人公の逮捕によって、突然全社会の権力構造に巻き込まれていく。主人公信介は根津権現境内で「お偉方の言葉は美しいが、その志は誠に低いのだ。つまり結構な御身分の方々ほど若い血をすって肥えておいでだ」と話したことが、「不穏言動」による国防保安法違反であると、千葉県八日市場刑務所に敗戦後の九月二七日まで一一二日間収容される。

井上ひさしの日本語観

刑務所から出てきてみれば、占領下で上は政治家、官僚から下は町会長まで、すばやく転身を遂げ、またしても新しいスローガン「民主主義」を上から利用しようという点で変わりはなかった。戦前逮捕にかかわった特高の小林刑事に抗議しようとしたところ、逆に彼の世話で警視庁の嘱託として「庁内通信」の謄写筆耕（ガリ切り）をやることになる。さらに彼は、その後娘の恋人である総司令部情報教育局言語課長の下で働かされる。このようにして彼は日米の権力の執行過程を見ることになるが、アメリカ人課長との意見の対立から連合軍東京地区憲兵司令部地下留置場の五六日を体験することにもなる。

実は、このときの意見対立は、日本におけるローマ字化に対する主人公の反対から始まっている。ここにこのドラマが単なるエンターテイメントのためでなく、井上の日本語観に根ざす重要な主題にかかるものであることが明らかになる。物語は結局七人の女性（東京セブンローズとよばれた信介の娘たち）の色仕掛けによって、ローマ字化政策を阻止するという奇想天外な展開を示すことになるが、詳細はまだ読んでいない方の楽しみに残しておこう。

ここに取り上げられた言語政策という主題は、ただ日本語の伝統を守れという民族主義的なものではない。井上の日本語観は、さらに批判的な言語観を含んでいる。たとえば信介が「これは日本文化の危機なのだよ」というのに対し、著者は信介の妻に次のように反論させている。「御立派な漢字で男たちが天下国家を論じて、それで日本はどんな国になりましたか」と。ここで妻は、「大東亜新秩序……一億一心、大政翼賛、八紘一宇」などと数え切れないほどの例をあげている。

著者はまた物語の終わりの方で作中の別の人物に「セブンローゼズの皆さんが奪ひ返してくれた日本語を、天壌無窮とか、金甌無欠とかいふ、音と形だけはあって中身が空っぽな言葉をこしらへることに使はせないこと、これはよほどむづかしいことです」（旧仮名づかい原文）と言わせている。

著者は「あとがき」で、この本を「無能な指導者層の愚劣な施策に苦しめられたあの頃のすべての人びとに捧げます」と書いているが、今日でも「中味が空っぽな言葉」を使おうとする指導者層を警戒すべき事態は続いている。「構造改革」というような言葉の一人歩きによる危険性は強まってさえいる。【文藝春秋社、一九九九年】

（土井たか子を支える会編『梟』22号 二〇〇一年五月）

あとがき

この本が生れた経緯を説明するためには、どうしても約半世紀前の一九五〇年代はじめにおける現在影書房社長の松本昌次さんと私との出あいから話をはじめなければならない。松本さんの側には彼なりの物語りがあるに違いないが、ここではもっぱら私の側からの回想となる。

一九四九年から三年間東大法学部研究室で丸山眞男先生の指導の下に助手として研究を続けた後、助手論文を活字にしようとした時、二〇歳代の未熟な研究者の業績を公刊する英断をしたのが未來社の西谷能雄さんであった。こうして一九五四年一一月、私の最初の著作として『明治政治思想史研究』を未來社を通じて世に送り出すことができた。そのとき、同じく二〇歳代で未來社にいて編集を担当して下さったのが松本さんであった。

その後未來社からは、一九六〇年代はじめまでにさらに二冊の本を公刊した。そのときも松本さんの御世話になった。さらにその後未來社二〇周年記念出版としての『社会科学への道――著者に聞くI』(一九七二年)のときは、松本さんが聞き手となって、松本さんらしく運動との関連から鋭い質問をあびせてきた。ところがこの本の校正刷が当時私が教えていたメキシコに送られてきたのに対して、詳しく訂正・加筆をしたものを速達で送ったのだが、それが着いておらず、一年後に帰国して訂正のないまま活字になったことを発見した。

その頃から後の時期になると、私の著作は勤務先の関係で東京大学出版会から公刊されるものが多くなり、未來社とのおつきあいは少なくなった。やがて松本さんも未來社から離れ影書房をはじめた。

他方私自身も一九九〇年代後半に入ると教職を離れ、生活の力点を市民運動に移すようになった。こうして二〇世紀最後の年になって、松本さんと再度同じ市民運動の中で、ひとしく例外的に高齢世代に属する仲間として親しく接触することになった。そして、そのような接触の中でこの本を公刊する話も進められた。

「一期一会」ではなくて、二回にわたる出会いを考えるとき、この本の運命は、やはりそれなりに松本さんと私が属する世代の歩みの一面を反映しているように思われる。ここでも松本さんの物語は推測するにとどめ、私の物語の側だけから述べることにする。

「海ゆかば水漬《みづ》く屍　山ゆかば草生《む》す屍」と戦死を覚悟して、ひたすら「死の美学」を求めていた軍国青年の時代が、二〇歳代のはじめの晴れた夏の日、八月一五日に突然終わってから、新たなアイデンティティの模索がはじまった。敗戦後の堪え難い飢えの中で、新たな「生」を支える主導的価値を「民主主義」と「平和主義」に求め、研究者としての生活をはじめた。最初に松本さんと出会ったときには、彼も恐らく同じ価値をめざして編集者としての使命感に燃えていたに違いない。

それから半世紀、様ざまな社会状況の変化に対応しながら、しかも何とか当時の初心を貫きとおそうとして生きてきた証《あかし》として、ここに活字化された作品としての本書がある、というのが正直な感慨である。

様ざまな社会状況の変化という中には「高度成長」や「バブル景気」およびそれに続く不況などがある。その変化の中でも私たちにとって重要なのは、めまぐるしく変る論壇の空気であった。いつの間にか「平和」や「民主主義」は手あかにまみれた魅力のない言葉になろうとしている。

しかし、「戦後民主主義の虚妄」が叫ばれるのは、「民主主義」を与えられた制度として依存の対象としたことへの反動にほかならない。「永久革命としての民主主義」（丸山眞男）の必要性は、決して失われたわけではない。それどころではなく「大きな物語」（J－F・リオタール）の意味が失われ、価値を志向すること自体が有害無益とされがちな今日、具体的な人権の尊重をめざす無限の過程としての民主主義の意味は、ますますその重要さを加えている。

戦争の惨禍への反省から憲法第九条が歓迎された時代は過去のものとなり、非武装をめざす「平和主義」の非現実性が指摘され、「普通の国」として武装の強化をめざす道が主張されるようになった。さらに「一国平和主義」への批判から、「国際協力」の名による軍事同盟の強化や海外派兵の必要性を説く者も少なくない。

たしかに一国内での泰平ムードの享受に甘んじていることが許されないことは明らかである。しかし、だからといって「国際貢献」の名による集団的あるいは一国的軍事力強化や、軍隊の海外派遣が平和に貢献するものだとは言えないだろう。それどころか過去の戦争で沖縄の住民や「満州」の「開拓団」の人たちは軍隊によって守られたのではなく、結果的に「集団自決」にまで追いやられたものもいた事情を考えれば、「国家」の安全保障に当る筈の軍隊が「作戦第一主義」になり「国民」の安全を守るものでなかったことは明らかである。

戦後の事例を考えても、基地周辺で頻発する人権侵害事件、東京湾における潜水艦「なだしお」の釣り船との衝突によってひきおこされた事態などは、殺人効率をあげるように訓練された「暴力の専門家」（H・ラスウェル）が人間の生命や人権を守ることに不適合であることを示している。

方向として絶対平和主義をめざす軍縮と、それによる信頼醸成を進めていく中で紛争解決の非暴力化を促進し、世界の各地域における持続的発展を確保することが、今日人類的課題となっていることは明らかである。

このような基本的な方向において、われわれが敗戦後の再生に際してめざした平和主義と民主主義は、今日まで決して価値を失っていないと信ずる。たしかに敗戦直後には、若さに伴う性急さ、気負い、あるいは使命感に燃えたあまり思い上がりがあったことも、今日から省みて認めないわけにはいかない。また敗戦後から今日に至る間に社会状況と知的雰囲気に大きな変化が起ったこともたしかである。しかし、半世紀間状況の変化に対応しながら、しかも志を変えずに来た今日、とりわけ若い世代の人たちと一緒に市民運動に参加し、加齢に伴って低下したエネルギーで活動を続けているのは、次のようなささやかな願いからである。その願いとは、戦後培ってきた平和と民主主義の苗が、私たちの生涯のあとも一層育っていくことに僅かでも力をかしたいということである。

頑固に初心を貫くということは、どんな場合どんな相手にもお構いなしに同じことを繰り返すということであってはならない。また現実的、実際的であるということは、無原則に変化に追随することではない。具体的な現実と正面から立ちむかい、それと柔軟に対応しながら志を変えずに筋を貫いていくことが、理想主義的であり同時に現実主義的である困難な道であろうと思う。

このような道を弾力的に模索することは、世代をこえて志を同じくする人たちと具体的な目的にむけた市民運動の中で協力していく中ではじめて可能になると思う。そのような思いで市民運動に参加する中で、世紀末に松本さんと再会し、平和と民主主義の苗を世紀をこえて育てたいという共通の願いを、ささやかな形に残そうとする気持から、この本の公刊も企てられたといえるだろう。

今日の知的状況をみると、活字文化がその本来の機能を発揮することを妨げる条件として、マス・メディアにおける商業主義の圧倒的影響力がある。その影響力は、視聴率や購読者数を至上目的とする煽情主義によって、単に政治的無関心を深めるだけでなく、しばしば排外主義的同調性をあおる方向を示している。

このような逆流に抗して、良心的な編集者や草の根からの市民運動の組織者たちは、心ある少数者の意見が、理性的討論を促進するために不可欠な役割を果す点に注目し、その声に表現の機会を与えることに務めてきた。そうした努力のおかげで、この本に収められた文章も発表の機会をえてきた。そのような編集者や組織者たちに感謝するとともに、これらの人たちの将来の活動に期待し、心から声援を送りたい。

最後に、日常生活の中で性別や世代の違いによる多様な意見によって、私の考え方の展開に刺戟を与え続けてきた家族および地域の市民活動家たちに感謝したい。このような親密圏における対話の成果が、本の形で客観化されることによって、より広い公共圏の社会的文脈の中で、少しでも役に立てばと心から願っている。

難しい出版事情の中で、慎重な編集と校正によって、この本を世に出して下さった松本さんに重ねて厚くお礼をいうとともに、松本さんを助けてこの本を作ることに力を尽して下さった松浦弘幸さんに心から感謝したい。

権力状況の中で不利な立場に立つ者からの視角を重視することによって、「光」の当る場所からは見えにくい側面に注意をひこうとするこの本が「影」書房の出版物としてふさわしいものであることを願い、影書房の今後の発展を祈りたい。

二〇〇一年五月

石田　雄

石田　雄（いしだ・たけし）

1923 青森市に生まれ，「学徒出陣」から復員後 1949 東京大学法学部卒業．同学部助手を経て 1953 東京大学社会科学研究所助教授，1967 より 1984 まで教授，この間 78-80 の間所長．1984-89 千葉大学法経学部教授，1990-96 八千代国際大学教授．なおこの間 1962-63 ハーバード大学調査研究員．1965 ハワイ東西文化センター高級専門員．1971-72 エル・コレヒオ・デ・メヒコ客員教授．1974 オックスフォード大学・セント・アントニイズ・カレジ客員教授．1976-77 アリゾナ大学客員教授．1978 ダル・エス・サラーム大学（タンザニア）客員教授．1981-82 ベルリン自由大学客員教授．1985-86 西ベルリン高等学術研究所員．現在，東京大学名誉教授．

主要著書

『記憶と忘却の政治学—同化政策・戦争責任・集合的記憶』（2000 年，明石書店）『自治』1998 年，三省堂）『丸山眞男と市民社会』（1997 年，世織書房—姜尚中との共著）『社会科学再考—敗戦から半世紀の同時代史』（1995 年，東京大学出版会）『増補　市民のための政治学—政治の見方，変え方』（1993 年，明石書店)『平和・人権・福祉の政治学』（1990 年，明石書店）『日本の政治と言葉』上・下（1989 年，東京大学出版会）『日本の社会科学』（1984 年，東京大学出版会）『近代日本の政治文化と言語象徴』（1983 年，東京大学出版会）『「周辺から」の思考』（1981 年，田畑書店)『現代政治の組織と象徴』（1978 年，みすず書房)『日本近代思想史における法と政治』（1976 年，岩波書店）『平和と変革の論理』（1973 年，れんが書房）『メヒコと日本人』（1973 年，東京大学出版会）『日本の政治文化』（1970 年，東京大学出版会）『政治と文化』（1969年，東京大学出版会）『破局と平和』（1968 年，東京大学出版会），『平和の政治学』(1968 年，岩波書店),『現代組織論』（1961年，岩波書店）『近代日本政治構造の研究』（1956 年，未來社）『明治政治思想史研究』（1954 年，未來社）*Democracy in Japan*, Pittsburgh, Pa.: University of Pittsburgh Press, 1989 (Co-edited with E. Krauss) *; Japanese Political Culture : Change and Continuity,* New Bruswick, N. J.: Transaction Inc., 1983.; *Japanese Society*, New York: Rondom House, 1971.

権力《けんりょく》状況《じょうきょう》の中《なか》の人間《にんげん》
——平和・記憶・民主主義——

二〇〇一年七月六日　初版第一刷

著　者　石田《いしだ》　雄《たけし》
発行所　株式会社　影書房
発行者　松本昌次
東京都北区中里二―三―三
久喜ビル四〇三号
電　話　〇三―五九〇七―六七五五
FAX　〇三―五九〇七―六七五六
振　替　〇〇一七〇―四―八五〇七八

本文印刷＝スキルプリネット
装本印刷＝形成社
製本＝美行製本
©2001 Ishida Takeshi
落丁・乱丁本はおとりかえします。
定価　三、五〇〇円＋税

ISBN4-87714-281-9

藤田省三　戦後精神の経験Ⅰ・Ⅱ　各三〇〇〇円
藤田省三　《新編》天皇制国家の支配原理　三〇〇〇円
世界に拡げる会編　平和憲法を世界に　第一集　一〇〇〇円
内海愛子・高橋哲哉 徐京植　編　石原都知事「三国人」発言の何が問題なのか　一八〇〇円
安部博純　日本ファシズム論　八〇〇〇円
徐京植対話集　新しい普遍性へ　三〇〇〇円
山田昭次　金子文子——自己・天皇制国家・朝鮮人　三八〇〇円
小倉利丸　ネットワーク支配解体の戦略　二五〇〇円
山本建郎　《新編》プラトン『国家論』考　三〇〇〇円
藤本治　民衆連帯の思想　三八〇〇円
安江良介　孤立する日本——多層危機の中で　一八〇〇円
伊藤成彦　物語　日本国憲法第九条(仮)　二五〇〇円

〔価格は税別〕　影書房　2001. 7 現在